있음에서

함

으로

 디알로고스총서3

있음에서 함으로 From Being to Doing

지은이 움베르또 마뚜라나(베른하르트 푀르크젠과의 대담)
옮긴이 서창현

펴낸이 조정환
책임운영 신은주
편집부 김정연
홍보 김하은

펴낸곳 도서출판 갈무리 등록일 1994. 3. 3. 등록번호 제17-0161호
초판인쇄 2006년 4월 11일 초판발행 2006년 4월 22일
종이 화인페이퍼 출력 경운출력 인쇄 중앙피엔엘·예원프린팅
라미네이팅 금성산업 제본 일진제책

주소 서울 마포구 서교동 375-13호 성지빌딩 101호 [동교로 22길 29]
전화 02-325-1485 팩스 02-325-1407
website http://galmuri.co.kr e-mail galmuri94@gmail.com

ISBN 978-89-86114-86-7 04300 /978-89-86114-72-0 (세트)
도서분류 1. 사회과학 2. 생물학 3. 교육학 4. 인문학 5. 인물 6. 언어학

값 19,000원

있음에서

함

으로

From Being to Doing

움베르또 마뚜라나

베른하르트 푀르크젠과의 대담

서창현 옮김

2006

일러두기

1. 이 책은 Humberto R. Maturana, *From Being to Doing*, conversations with Bernhard Poerksen, trans. Wolfram Karl Koeck and Alison Rosemary Koeck, 2004를 옮긴 것이다.

2. 이 책의 초판은 *VOM SEIN ZUM TUN*(독일어본, 2002)이지만 이 책의 영어본도 함께 출판하여 국제적으로 배본하고 있는 저작권사인 독일의 Carl-Auer-Systeme Verlag에서 한국어 번역은 수정사항이 반영된 영어본 *From Being to Doing*에 준거해줄 것을 요청하여 이에 따랐음을 밝혀둔다.

3. 아무런 표시가 없는 주석은 지은이의 것이며 영역자의 주석에는 [영역자], 옮긴이의 주석에는 [옮긴이]라고 표시해주었다. 본문에 들어있는 대괄호([ ]) 안의 내용은 옮긴이가 읽는 이의 이해를 돕기 위해 덧붙인 것이다.

4. 외국 인명과 지명은 원어발음에 가장 가깝게 표기하는 것을 원칙으로 하였다. 다만 '이탈리아'처럼 특정의 표기가 관행으로 굳어진 경우에는 관행을 따랐다. 인명, 도서명 등은 처음 나올 때 한 번만 원어 병기하는 것을 원칙으로 하였다.

5. 단행본, 전집, 정기간행물, 영상·음반·미술·공연물에는 겹낫표(『 』)를, 논문·논설·기고문·단편 등에는 홑낫표(「 」)를, 단체명이나 행사명에는 가랑이표(〈 〉)를 사용하였다.

차례

서문

나는 움베르또 마뚜라나를 거의 50여 년 가까이 알고 지내오고 있다. 그는 자신의 청중들에게 — 그들이 철학자들이건, 물리학자들이건, 가족 치료사들이건, 기업 간부들이건 — 언제나 다음과 같이 강의한다. "내가 누구에게 말하건 간에 나는 한 사람의 생물학자로 말하고 있는 것입니다." 그는 베른하르트 푀르크젠과의 매력적인 대담에서도 이러한 태도를 견지한다. 푀르크젠은 통찰력 있는 지적인 파트너가 되어 철학과 논리학의 복잡한 문제들에서부터 일상생활의 근본적인 윤리적 물음들에 걸쳐 있는 생각들에 대해 인상적인 파노라마를 펼쳐내고 있다. 여기에서 선택되고 있는 중심적인 관점은 삶 그 자체의 관점이다. 이 가치 있는 책의 어디를 펼치더라도 여러분은 한껏 고무된 마음으로 이 책을 다시 덮게 될 것이다.

하인쯔 폰 푀르스테르
비엔나대학 명예교수, 일리노이대학 명예교수
2002년 2월 래틀스네이크 힐

감사의 글

나는 2000년 5월, 산티아고의 중심부에 있는 칠레 대학의 연구실에서 움베르또 마뚜라나를 처음 만났다. 바로 거기에서, 그러니까 그의 연구실에서, 마뚜라나의 **신경철학**(neurosophy) — 자연 과학과 철학의 경계선들을 따라 형성된 엄밀하면서도 한편으로는 무모한 특별한 혼합물 — 을 대화 형식으로 펼쳐 보일 한 권의 책을 편집하는 계획이 구체화되었다. 우리는 이 첫 만남의 과정에서 주요 논점들에 대해 일정한 합의에 이르렀으며, 관찰자의 발견과 인지생물학에 대해 — 여전히 매우 신중하고 망설이는 자세로, 그리고 적절한 종류의 형식을 탐색해 가면서 — 이야기를 나누었다. 하지만 산티아고의 절반이 엄청난 호우로 범람해 버렸기 때문에 우리는 고무보트를 타고 이동할 수밖에 없었다. 그래서 우리는 충분할 정도로 자주 만날 수 없었다. 마침내 이 책을 출판하게 될 결정적인 만남이 2001년 3월에 산티아고에서 다시 이루어졌다. 우리의 토론과 논쟁은 내용면에서 대단히 다양한 양상을 띠었지만, 언제나 하나의 결정적인 변형, 즉 **있음**에서 **함**으로의, 대상의 본질에서 그것의 생산과정으로의 재정향(re-orientation)을 둘러싸고 전개되었다. 그리고 칠레의 독재 시대, 어린이의 교육, 또는 자기생산 이론 등 어떤 논점에 대해서건, 움베르또 마뚜라나는 열정적으로 그러나 지적 엄밀함을 가지고, 항상 다음과 같은 기본적인 이슈들에 초점을 맞춘다. 그를 매혹시킨 것은, 그리고 그가 탐구하고자 한 것은 무엇보다도, 현실을 산출하는, 즉 현실을 앞으로 내어 놓는 바로 그 조건들이다. 이러한 견지에서 볼 때, 어떤 것도 변하지 않는 것은 없으며, 단순하게 주어지는 것도 없다. 모든 것은 그것의 특별한 기원과 발전에 준거될 수 있고, 또 그것에 의해서 설명될 수 있다. 나는 이 책을 쓰면서, 변화들과 변형들에 매혹된 이와 같은 종류의 사유가 갖는 영혼과 역동성[동학]을 가능한 한 풍부하게 보존하기 위해 무척 애를 썼다. 하이델베르크의 칼아우에르지스템므(Carl-Auer-Systeme)의 발행인이 가장 많은 도움을 주었다. 랄프 홀츠만과 클라우스 무엘레르는 확신과 희망을 불어넣어 주면서 이 기획을 지원해 주었다. 볼프람 쾨크는 저자의 머리말을 독일어로 번역해 주었고 나의 번역작업에 도움을 주었다. 그는 또한 독일어 판본과 관련된 문제들을 해결하는 데 유용한 도움을 주었다.[1] 매티아스 에콜트, 율리아 라아베, 프리데리케 스토크는 초고를 꼼꼼히 살펴보았고, 영감이 가득한 매력적인 방식으

---

1. [영역자] 이 책의 번역은 볼프람 칼 쾨크와 앨리슨 로즈마리 쾨크가 맡아서 해 주었다. 이 책에는 마뚜라나가 직접 쓴 영어판 서문이 포함되어 있으며, 간혹 저자들과 발행인이 말을 고친 부분들이 있다. 마뚜라나는 또한 '머리말'과 1번부터 12번까지의 그림 설명도 직접 영어로 옮겼다.

로 비판적 논평을 가해 주었다. 그러나 이 책은 움베르또 마뚜라나 자신이 없었다면, 나와 이야기하고자 하는 그의 소진되지 않는 실천적 열정이 없었다면 결코 세상에 빛을 보지 못했을 것이다. 그의 헌신과 신뢰가 없었다면 이 책은 쓰여지지 못했을 것이다. 그에게 진심으로 감사한다.

베른하르트 푀르크젠
2004년 4월 함부르크

영어판 서문

이 책은 인지생물학에 대한 내 작업의 역사에 대해 베른하르트 푀르크젠과 나눈 다소 긴 대담을 싣고 있다. 그 이상도 그 이하도 아니다. 그래서 나는 내가 이미 이 책에서 이야기했던 것 이상으로 이 짧은 서문에서 더 이야기할 것이 없다. 나는 이 책이 전하고 있는 것들을 내가 어떻게 체험하고 살아 왔는지에 대해 몇 가지를 회고해 보고자 한다. 특히 인지생물학과 사랑의 생물학이 무엇인지를 연구하고 있었을 당시에 내가 살아냈던 세 개의 기본적인 전환점들에 대해 회고해 볼 것이다.

내가 지금 이야기하고 있는 세 전환점들이 나에게 일어난 것은 우리의 일상적 삶의 세 가지 평범한 특징들이 이론적 체계에 대해서 함축하는 바를 내가 깨달아 가게 되는 것과 관계가 있다. 그것들은 물음들의 상관적인 본성, 우리가 실수를 저지른다는 평범한 사실, 그리고 자연적 현상들의 반복성에 대한 우리의 정상적인 일상적 믿음이다. 물론 나는 물음들이, 물음을 던지는 사람과 그 물음에 대답하는 사람이 맺는 관계 속에서 생겨난다는 것을 알고 있었다. 물론 나는 내가 실수를 저지른다는 것을 알고 있었다. 물론 나는 내가 일상생활을 해나가면서 자연적 과정들의 규칙성을 신뢰한다는 것을 알고 있었다. 내 깨달음이 확장되는 것은, (우리 일상생활의 그와 같은 평범한 상황들과 과정들이 우리의 '함들'에 대하여, 그리고 '우리가 하는 것'을 우리가 이해하는 것에 대하여 함축하는 것을) 깨달으면서 행동한 결과들을 내가 의식하게 되는 것과 관계가 있었다. 차근차근 살펴보자.

물음들과 대답들

만일 우리가 물음들과 대답들의 상관적 본성에 대해 살펴본다면, 우리는 다음과 같은 사실을 쉽게 이해할 수 있다. 즉, 자기가 던진 물음에 대한 어떤 대답을 받아들이는 사람은, 자기 자신이 받아들이는 대답을 자기 자신이 보기에 타당한 것으로 만들어 주는 어떤 것을 자기 자신이 경청하는 가운데 결정한다는 것을 말이다. 그 물음이 무엇이든지 간에, 대답을 받아들이는 사람이 그 대답을 타당한 대답으로 만드는 것이 무엇인지를 결정한다는 것이 물음—대답 관계의 구성적인 특징이다. 하지만 이것이 물음들과 대답들의 고유한 특징은 아니다. 제공된 무언가가 받아들여지는 모든 관계에 있어서, 제공되는 것을 받아들이는 사람이 받아들여진 것의 진리, 가치, 또는 타당성을 결정한다. 물론 내가 말하고 있는 것이 새로운 것은 아니다. 사실상 잘 알려진 것이다. 그렇지만 만일 우리가 그것이 정말로 사실임을 받아들인다면, 우리는 이제 우리가 하는 것 속에서 다음과 같은 사실을 무시할 수 없다. 즉, 어떤 것도 그 자체로 진리가 아니며, 어떤 것도 그 자체로 가치로울 수 없으며, 타당하거나 수용가능하지 않다는 점을 말이다. 더욱이 우리가 만일 내가 위에서 말한 바의 함축들을 받아들인다면, 다음과 같은 물음들이 제기된다. 안다는 것은 무엇인가? 진리를 위해 투쟁하는 것이 갖는 의미는 무엇인가? 어떤 과학자가 자연에 물음을 던지고 실험이나 관찰을 통해 어떤 대답을 얻을 때, 그렇게 해서 얻은 대답의 타당성을, 실험이나 관찰의 결과들을 수용 또는 거부하기 위해 자기 자신이 사용하는 기준을 선택함으로써, 결정하는 사람이 바로 자기 자신이라는 사실을 본인이 알고 있을까?

관찰자 본인이 타당하다고 받아들이는 것의 타당성을 결정하는 사람이 바로 자기 자신이라는 사실을 알게 되었을 때, 그리고 그것이 바로 물음과 대답 관계의 구성적인 특징이라는 사실을 알게 되었을 때, 나는 위에서 제기된 물음들이 그와 같은 것을 고찰함으로써 대답되어야 했다는 것을 깨닫게 되었다.

우리는 실수를 저지른다

우리는 마치 우리가 직접적으로건 간접적으로건 어떻게든 실재라고 부를 수 있는 것에 접근할 수 있으며, 그것을 통해 우리의 진술들이나 설명들을 타당한 것으로 만들 수 있는 것처럼 살아간다. 그렇지만 우리는 실수를 저지른다. 우리는 실수들을 통해 배운다고 말하면서도, 실수를 저질렀다는 이유로 타자들 — 그들이 누구든지 간에, 예컨대 정치가들, 어린이들, 과학자들, 부모들, 철학자들 — 을 맹비난한다. 이것은 무엇을 나타내는가? 우리는 실수를 우리의 행위에서의 심각한 실패로 간주한다. 이 실패가, 우리가 그렇게 볼 수 있는 능력을 가지고 있기 때문에 볼 수밖에 없는 실재 앞에서의 범죄적 맹목성을 드러내 준다는 것이다.

만일 실수가 저질러질 때 어떤 일이 일어나는가를 자문해 본다면, 우리는 실수가 하나의 행위임을, 즉 어떤 행위가 이루어진 순간에, 그리고 그 타당성이 의심 없이 받아들여지는 또 다른 행위와 관련해서 나중에 실수로 평가 절하되는 순간에 그것의 타당성을 정직하게 수용하는 가운데 이루어지는 하나의 행위임을 쉽게 이해할 수 있을 것이다. 그러나 사정이 그렇다면, 실수는 실수 그 자체도 아니고, 실패도 아니며, 실재에 대한 우리의 무지를 드러내지도 않는다. 실수는 그것이 일어났다고 말하는 순간에는 발생하지 않는다. 실수는 나중에 우리가 연속적인 계기들 속에서 일어나는 행위들을 비교할 때 발생한다. 우리는 우리가 어떤 실수를 저지를 때에는 우리가 실수를 저질렀는지를 알지 못한다. 실수는 현재에는 일어나지 않는다. 실수는 나중에 일어난다. 만일 우리가 하고 있던 어떤 것이 그것을 하는 순간에 타당하지 않다는 것을 우리가 알고 있었다면, 우리는 거짓말을 하고 있는 것일 것이다. 실수는 잘못이 아니다. 실수는 우리가 갖고 있는 역량의 실패도 아니다. 실수는 우리의 한계를 보여주지 않는다. 실수는 우리의 '힘듦'의 과정에 대한 성찰로서 발생한다. 그러나 만일 우리가 '우리가 하는 모든 것'을 '하는' 순간에, 우리가 나중에 그와 같은 '함'을 (또한 우리가 이 또 다른 '함'을 하나의 실수로 간주하게 될지 알지 못하는 다른 어떤 것과 관련하여) 실수로 간주할 것인지 알지 못한다면, 어떤 의미에서 우리는 '우리가 하는 것'을 타당한 것으로 만들기 위한 독립적인 실재에 접근할 수 있다고 주장할 수 있는가? 어떤 의미에서 나는 내가 진리를 알고 있다고, 아니면 사태가 어떠하다고 주장할 수 있는가? 만일 내가 나중에 그러한 주장이 실수였다고 생각하게 될지를 모른다면 말이다. 왜 누군가 실수를 저지르는 것에 대해 비난받아야 하는가? 그렇다면 안다는 것은 무엇인가?

실수가 그 자체로 존재하지 않는 것임을 알게 되었을 때, 실수가 현재에는 발생하지 않는 것임을 알게 되었을 때, 실수가 나중에 실수라고 불리게 될 행위가 이루어진 뒤에 발생하고, 성찰이라는 사후적 행동 속에서 발생한다는 것을 알게 되었을 때, 나는 "안다는 것은 무엇인가?"라는 물음이, '우리가 하는 것'을 '하는' 그 순간에는, 그것을 나중에 실수라고 부르게 될지 전혀 알지 못한다는 점이 받아들여지고 나서야 대답되어야 한다고 생각하게 되었다.

자연의 반복성을 신뢰하기

우리는 우리가 자연이라고 부를 수 있는 것이 반복적이라는 점을 신뢰하면서, 적절한 조건들이 실현된다면 예전에 작동했던[2] 것이 다시 작동할 것임을 신뢰하면서, 일상생활 속에서 움직인다. 이러한 신뢰는 일상생활 속에서 우리가 하는 모든 것 — 그것이 무엇이든지 간에, 예컨대 요리, 원예, 과학, 과학기술이나 철학 — 의 토대이다. 물론 우리는 모두 이것을 알고 있다. 더욱이 우리는 모두, 우리가 만드는 사물들뿐만 아니라 자연적인 사물들이 그것들이 만들어진 방식에 따라 작동한다는 점을 알고 있고, 또 그렇다고 믿는다. 아마도 우리는 우리의 일상생활 속에서 움직이고 있기에 이것에 대해 모두 잘 알고 있을 것이다. 하지만 우리가 전혀 깨닫지 못하고 있는 사실은, 자연과 인공적인 "사물들"이 그것들이 만들어진 방식에 따라 작동하는 한 그 것들에 무슨 일이 일어나는지를 그것들에 작용하는 것에 의해서는 설명할 수 없다는 점이며, 또 우리가 할 수 있는 일이란 그것들 안에서 변화들 — 만들어지는 방법에 의해 결정되어 발생하는 변화들 — 을 유발하는 것뿐이라는 점이다. 생명체계로서의 우리도 예외는 아니며, 분자적 존재로서의 우리는 다른 모든 분자적 존재와 마찬가지다. 그리고 어떤 순간에 우리에게 무엇이 일어나는가 하는 것은 바로 그 순간에 우리가 만들어지는 방식에 의해 우리 안에서 결정되는 것이지, 우리에게 영향을 미치는 외적 작용체들에 의해 결정되는 것이 아니다.

　나는 외적 작용체들이 우리 안에서 무엇이 일어나는지를 설명해 주지 못한다는 사실을 알게 되었을 때, 그리고 그것들이 단지 우리가 만들어지는 방식에 의해 결정되는 변화들을 우리 안에서 유발할 뿐이라는 사실을 알게 되었을 때, 나는 다음과 같이 자문해 보았다. 그렇다

---

2. [옮긴이] operate/operation/operational은 마뚜라나의 '발생하는 실재의 형이상학'의 취지에 따른다는 의미에서 다소 어색하더라도 일관되게 '작동하다/작동/작동적인'으로 옮겼다.

면 안다는 것이 무엇인가? 내가 보거나 듣고, 또는 받아들이는 것이 내가 만들어지는 방식에 의해 결정된다면, 나에게 외부적인 어떤 것이 어떻게 그것 자체에 대해 무엇인가를 내게 말해 줄 것인가? 이러한 상황에서 '안다는 것은 무엇인가?'라는 물음은, 우리 외부의 어떤 것도 그것 자체에 대해서는 아무 것도 말해줄 수 없다는 사실을 우리의 자연적인 존재의 일부로서 받아들이면서 대답되어야 한다.

내가 우리의 일상적인 삶의 이러한 특징들이 지니고 있는 광범한 함축들을 점차로 깨닫게 됨에 따라 생물학적 과정들에 대한 나의 이해는 확대되었고 변하게 되었다. 나는 내가 구분했던 모든 것을 발생시킨 과정들에 대해 깨닫기 시작했고, 사물들이 어떠한가(본질)를 묻는 대신에 그것들을 발생시킨 과정들에 대해 묻기 시작했으며, 내가 타당하다고 간주했던 대답들을 받아들이기 위해 사용했던 기준들에 대해 묻기 시작했다. 따라서 이 책은 물음의 변화에 대한 역사이다. 즉, '그것은 무엇인가?'라는 물음에서 '어떤 것이란 내가 그것을 무엇이라고 규정하는 것이라고 주장하기 위해 나는 어떤 기준을 사용하는가?'라는 물음으로 이행하는 역사이다.

성찰들

이 서문에서 나는 내 작업에 대한 철학적 성찰을 하고 있다. 이것은 내가 말하고 있는 것의 토대들에 대해 성찰하고 있기 때문인 것이지, 내가 직업적인 철학자이기 때문이 아니다. 나는 철학자가 아니다. 모든 인간들은 자신들이 자신들의 신념들의 토대들에 대해 이야기할 때, 또는 그들이 알고 있다고 생각하는 것의 토대들에 대해 이야기할 때 철학적 성찰을 한다. 또한 나는, 어떤 사람이 자신이 설명하고자 하는 어떤 체험을 발생시키게 될 하나의 과정을 제안한다면(그 과정이 작동하는 결과로서 체험이 발생한다), 그럴 때마다 그가 과학을 하고 있다고 생각한다. 이 책은 또한 어떤 철학적 성찰들에 대한 역사이자, 그러한 성찰들로부터 발생한 물음들에 대한 과학적 대답들의 역사이다.

이와 같이 나는 이 책에서 나의 삶에 대해 이야기하고 있다. 그리고 나로 하여금 이 책을 선물할 수 있도록 기회를 제공해 준 독자들에게 감사한다.

움베르또 마뚜라나
2004년 4월 칠레의 산티아고

머리말

인간의 삶은 일상에서 발생한다. 이렇게 말하는 것은 당연하게 들리고, 또 사실이 그러하다. 하지만, 이렇게 말함으로써 내가 강조하고 싶은 것은 우리의 모든 활동들이 ― 그것들이 가정적인 것이건, 예술적인 것이건, 직업적인 것이건, 또는 전문적인 것이건 간에 상관없이 ― 우리의 일상적 삶 중의 특수한 사례들일 뿐이며, 그것들이 일어나는 상관적이고 작동적인 공간들의 특별한 특징들 말고는, 또는 우리가 그 일을 하는 데에서 갖게 되는 상이한 목적들, 의도들 또는 욕망들 말고는, 우리가 가정에서 하는 허드렛일들과 다른 어떠한 것을 포함하고 있지 않다는 점이다. 이 책은 우리가 어떤 일을 하게 될 때 그것을 도대체 어떻게 하게 되는 것인지에 대한 성찰이며, 그리고 우리가 어떻게 보고, 어떻게 듣는지, …… 그리고 대체로, 안다고 주장하는 그것을 우리가 어떻게 아는지에 대하여 이해하고자 할 때 그것[우리가 어떤 것을 하는 것] 안에 나타나는 다양한 관념들이 나의 일상적인 삶의 과정에서 어떻게 발생했는지 그 역사에 대한 성찰이다.

　나는 평범한 삶을 살아가는 평범한 어린이였다. 혹 내게 무언가 특별한 것이 있었다면 그것은 내가, 어린이인 내게 일어났던 어떠한 물음들을 나의 일상적인 관심거리들로 간직하고 있었다는 점이었다. 그리고 내가 이러한 물음들을 관찰할 때 나는 그것들이 마치 (내 일상적인 삶의 요소들을 가지고 대답하고 싶었던) 내 일상적인 삶의 국면들인 것처럼 물음들을 껴안고 살았다. 이것은 사소한 것이 아니었다. 웬일인지 나는 본질들에는 관심이 없었다. 나는 사물들이 그 자체로 어떠한지 알고 싶지 않았다. 나는 그것들이 어떻게 그렇게 되었는지를 알고 싶었다. 나는 나만의 장난감들을 만드는 것을 좋아했다. 나는 나무에 오르고 곤충들이 내는 여러 소리들을 듣는 것을 좋아했다. 나는 곤충들, 게들, 식물들, 동물들 모두를 좋아했으며, 그들이 죽어서 남긴 딱딱한 유해들을 수집하고, 그들이 서로서로 그리고 자기의 삶의 방식과 어떻게 관계를 이루는지 살펴보는 것을 좋아했다.

　나는 움직이고, 뛰어오르고, 걷고, 달리는 것을 좋아했다. 그리고 그렇게 하면서 나는 나의 몸뿐만 아니라 내가 살고 있는 다양한 세계들도 역시 나의 움직임에 따라 일어난다는 것을 알게 되었고, 또 무엇을 하든지 간에 그것을 하는 기쁨 속에서 내가 그들에게 몰입하고 있다는 것을 알게 되었다. 나는, 내가 찬찬히 들여다보기를 좋아했던 곤충들과 게들이 나와 닮았다고 느꼈으며, (그들이 살아가는 방식과 관련해서 그들이 어떻게 움직이는지 알기 위해서 살펴보기 좋아했던) 그들의 골격과 닮았다고 느꼈다. 나는 '함' 속에서 살아갔다. 나는 '함' 속에서 보았다. 나는 '함들' 속에서 사고했다. 이런 일이 나에게 일어났다. 하지만 내가 속하는 바의 그러한 문화의 어린이인 나는 나를 둘러싸고 일어나고 또 나의 바깥에서 홀로 존재하는 세계 속에서 동시에 살았다.

이 책은 나의 사고에서 일어났던, 나의 느낌들에서 일어났던, 그리고 생명과 내가 살고 있는 세계들에 대한 나의 이해방식에서 일어났던 형이상학적 변화의 역사를 밝혀 준다. 이 책은 철학자의 성찰들의 역사나 과학자의 '함들'[연구들]의 역사를 담고 있지 않다. 이 책은 삶, 지각, 그리고 (생명체계 일반, 그리고 특히 우리 같은 인간들의 삶의 연속적인 흐름의 한 특징으로서의) 인식을 이해하는 데 관심을 가졌던 한 생물학자의 실험 연구와 철학적 성찰들의 몇몇 국면들의 역사를 담고 있다. 그러므로 이 책이 비록 어떤 과학적 탐색의 역사를 담고 있지 않다 할지라도, 한 생물학자가 일상적인 체험의 문제로서 다음과 같은 점 ― 즉 생명체계들 일반이 '하고' 체험하는 모든 것, 그리고 특히 인간들이 '하고' 체험하는 모든 것은 자신들의 삶을 생명체계들로 실현하는 것 속에서 발생한다는 점 ― 을 받아들일 때 생기는, 그리고 생명, 인식, 의식 들이 부가적인 가정들 없이 삶의 정합성의 특징들을 가지고 그 자체로 설명되어야 하는 생물학적 현상들이라고 생각할 때 생기는, 생명에 대한 그리고 인간됨(humanness)에 대한 이해의 확장의 역사에 대해 이 책은 말하고 있다.

현재 우리의 부계적-모계적 문화는 어떤 암묵적인, 그리고 때때로 명시적인 형이상학적 견해 속에서 유지되고 있다. 이러한 견해는 존재(existence)란 본질들을 배경으로 하여, 즉 인간들이 '하는' 것과 독립적으로 존재하는 본질들을 배경으로 하여 나타난다는 것을 당연한 것으로 받아들이는 것을 함축한다. 나는 우리의 부계적-모계적 문화의 이러한 형이상학적 태도 또는 근본적인 성찰의 입지점을 초월적 실재의 형이상학이라고 부른다.

우리의 부계적-모계적 문화는, '일이 이러이러하다'라고 우리가 주장할 때 우리가 무엇을 하는지가 아니라, 그게 무엇인지, 무엇이 진짜인지 묻는 물음의 주문에 홀려서, 겉으로 보이는 것과 본질적인 것을 분리하는 데에 집중되어 있다. 이러한 문화 속에서 우리는 우리의 본질적인 존재, 우리의 참된 자아를 추구하면서 살아간다. 즉, 우리는 실현 불가능한 것으로 반복해서 판명되는 탐색 속에서 살아가는 것이다. 왜냐하면, 우리는 그것을 추구함과 동시에 그러한 물음이, 사실상 우리가 '하는' 것만을 '할' 뿐인 우리의 일상적인 삶의 영역에서는 어떠한 대답도 가지고 있지 않다는 것을 선험적으로 받아들이고 있기 때문이다. 그래서 그 결과 우리는 우리 자신을 자기의식적인 '언어하는'[3] 체계들로 이해할 수 있는 가능성을 완전히 회의할 수밖에 없는 상황에 반복해서 빠져들도록 강제되거나, 인간은 생물학적으로 설명 불가능한 존재라는 것을 정당화하기 위한 일종의 신학적인 사유 속으로 빠져들도록 강제된다.

이 책은 내가 어떻게 해서, 독립적인 실재의 존재를 (모든 것이 발생하는) 초월적인 배경으로 당연하게 받아들이는 문화가 기반하고 있는 그 형이상학적 태도를 버렸는지를 보여준다. 나는 이러한 태도가 일상적인 삶의 체험 속에서 아무런 작동적인 뒷받침을 받지 못하기

---

3. [옮긴이] '함'에 중점을 두는 마뚜라나의 의도를 살려 'languaging'을 '언어하는'으로 옮긴다. 의미상 '언어를 구사하는' 정도로 새기면 좋을 듯하다.

때문에 계속 유지될 수 없다는 것을 의식했던 것이다. 그 결과, 나는 "생명이란 무엇인가?", 또는 "인식이란 무엇인가?", 또는 "의식이란 무엇인가?"와 같은 질문들을 던지지 않았다. 이러한 질문들은 다음과 같은 점을 당연한 것으로 여기는 방식인 것이다. 즉 우리의 주장들을 전개할 때, 어떤 뒷받침을 외적인 실재 속에서 추구하는 과정에서 그 대답이 나타나야 한다는 것이다. 그 대신 나는 다음과 같은 질문들을 던지기 시작했다. "우리가 인간들로서 하는 그 어떤 것을 할 때, 우리가 하는 것을 우리는 어떻게 하는가?" 또는 "우리가 알고 있다고 주장하는 그것을 우리가 어떻게 아는가?" 또는 "우리는 어떤 영역에서 그 영역의 구분들을 행하면서 어떻게 관찰자들서 작동하는가?" 이러한 질문들은 다음과 같은 것을 함축하고 있는 것 같다. 즉 받아들일 대답이란 생명체계들의 현실적 작동의 형태 속에서 발생했어야 한다는 것을 내가 받아들였다는 것이다. 그리고 나는 내가 이러한 질문들에 대답할 때 이때까지 사용해 왔던 모든 개념들과 관념들이 (그 과정 속에 어떠한 초월적인 가정들을 도입하지 않고) 하나의 생명체계로서의 나의 삶의 정합성들로부터 파생되어 나타났다는 것을 명백하게 받아들이면서 그렇게 했다. 실로, 위에서 제시된 바의 이러한 질문들을 던지는 것은, 암묵적인 형이상학적 태도를, 즉 초월적인 실재의 존재를 모든 존재의 필수적인 토대로 받아들이는, 그리고 우리 인간들이 하거나 할 수 있는 모든 것의 타당화의 원천으로 받아들이는 문화에 만연된 선험적인 사고를 사실에 비추어서 버리는 것을 수반한다. 더욱이, "우리가 하는 것을 우리는 어떻게 하는가?"와 같은 질문들을 던지되 나와 같은 식으로 대답을 하면서 던지는 바로 그 행위는 다음과 같은 사실을 받아들이는 것을 함축한다. 즉, 우리가 이러한 질문들에 대답할 수 있는 까닭은 이러한 질문들이, 인간들이 생명체계들로서 '하는' 것을 '하는' 영역 속에서 물어지기 때문이라는 것이다.

존재의 본질이 초월적이라는 것을 받아들이는 형이상학적 태도는 다음과 같은 태도, 즉 몸이 인간 지식, 인간 이해, 그리고 인간 의식의 토대라는 점을 부정하는 태도를 수반하며, 몸이 참된 지식에 이르는 길에서 하나의 방해이자 제한으로 이해되는 인식론적 견해를 낳는다. 이와는 다르게, 초월적 실재의 존재를 선험적으로 받아들이는 것에서 연원하지 않는 형이상학적 태도는 본질들과는 관계가 없으며, 그 대신 어떤 인간이 '하는' 모든 것이, 그것을 가능하게 만드는 매개체와 상호작용하는 삶을 보존하면서 자기 자신의 신체 동학을 통해 일어난다는 것을 받아들인다. 이러한 형이상학적 태도에 따르면, 관찰자는 신체 및 신체 동학을 인간이 '하는' 모든 것의 토대로 인식한다. 그리고 관찰자는 위에서 언급한 질문들을 던진다. 인간들로서의 우리의 존재가 우리의 신체 동학이 실현되는 상관적인 공간 속에서 발생한다는 점을 완전히 받아들이면서 "우리는 우리가 하는 것을 어떻게 하는가?"와 같은 일반적인 형태로 질문을 던진다. 사실상, 우리의 신체 동학을 통해 우리의 인간적 삶을 계속적으로 보존하면서 우리가 '하는' 모든 것을 '하는' 인간들로서 우리가 존재하고 있다는 점을 암묵적으로 또는 명시적으로 받아들이는 것은 초월적 실재의 형이상학을 버리도록 이끄는 기본적인 이해[방식]이다. 이러한 이해방식은 우리가 생명체계들이며 우리의 삶을 실현하면서 '한다'는 것을 승인하는 것을 (모든 설명 또는 합리적인 주장을 위한) 출발점으로 간주하는 새로운 형이상학을 채택한다. 이러한 형이상학적 견해에서 볼 때 우리의 생물적 짜임새는 우리가 무엇을 할 수 있는 가능성의 조건이다. 그리고 사실상 그것은 이 외에 다른 것이 될 수 없다. 왜냐하면 관찰자는 자기 자신의 신체성(bodyhood)이 파괴되면 사라지기 때문이다.

사례1. 초월적 실재의 형이상학

이것은 무엇인가? - 탁자이다. - 이것이 탁자라는 걸 당신은 어떻게 아는가? - 나는 그것을 보고 있기 때문에 그것이 탁자라는 걸 안다. - 그럼 당신은 어떻게 그것을 볼 수 있는가? - 나는 그것이 거기에 있기 때문에 볼 수 있으며, 나는 거기에 있는 것을 볼 수 있는 능력을 가지고 있다.

이 논증은 선험적인 설명적 원리 위에 서 있다. 이 원리는 어떤 것이 구별될 수 있는 것은 그것이 관찰자와 독립적이기 때문이고, 그것이 관찰자와 독립적인 것은 그것이 실재하기 때문이라고 말한다. 더욱이 이러한 논법은 나의 외부에 내가 '하는' 것의 토대인 독립적인 실재가 존재한다는 것을 암묵적으로 용인하는 것 위에 서 있다. 여기에는 이러한 진술을 타당하게 하는 추론이 포함되어 있다. 이러한 형이상학적 태도에서 하나의 진술은 관찰자가 '하는' 것과 독립적인 어떤 것과 관련하여 보편타당하다.

형이상학적 태도는 어린이의 문화적 양육 속에 내재하는 당연한 것으로서 나타난다. 즉 어떤 사람이 그와 같은 문화 속에서 사실상 의심할 바 없이 참되거나 또는 합리적으로 뒷받침되는 것으로 주장하는 모든 것에 타당성을 부여하는 궁극적인 토대로 존속하는 정당성의 무반성적 배경으로서 나타나는 것이다. 그러한 배경은 성찰되지 않으며, 만일 어떤 질문이 그것의 타당성에 대하여 제기된다면 이러한 질문에 대한 대답은 보통, 누군가 묻고 싶어 하는 바로 그것을 그 대답의 타당성을 위한 토대로 간주하면서 주어진다. 이렇기 때문에, 만일 형이상학적 태도의 타당성에 대해 성찰하고자 한다면, ("안다는 것은 무엇인가?"와 같은 질문의 본성에 대해, 그리고 그것이 대답되어야 하는 방식에 대해 갖고 있는) 암묵적인 확실성을 완전히 떨쳐버리는 것이 필요하다. 이것이 바로 나 자신이 (시각적 지각에 대한 나의 신경생리학적 연구를) '하면서' 하고 있었던 바이다. 시각적 지각에 대한 연구를 하면서 "본다는 것은 무엇인가?"라고 물었을 때 내가 '하고' 있었던 것에 대해 처음에는 자각하지 못한 채로 말이다. 그리고 나는, 관찰하기의 행동을 하는 관찰자의 신경체계의 작동 영역에서 보기(seeing)를 유기체/매개체의 하나의 상관적인 동학으로 구성해 내는 생물학적 과정의 영역을 주목하면서 이러한 질문에 대답하고 싶었다. 그러한 진행 과정 속에서 나는 곧, 관찰자가 존재론적으로 독립적인 실체(entity)로서 홀로 존재한다는 관념을 버려야 한다는 것을 깨달았고, 더불어 내가 던지고 있었던 질문이란 것이 내 자신의 작동에 대한 것(내가 '보기'의 영역 속에서 하고 있는 것을 내가 어떻게 하는가)이었음을, 그리고 나의 작동들이 내가 설명해야 했던 것임과 동시에 그것들을 설명하는 수단들이었음을 깨달았다.

　나는 관찰자(나 자신)와 관찰하기(관찰하기를 내가 행하기)가 관찰하는 관찰자로서 작동한다는 것을 설명해야 했다. 그리고 나는 관찰자가 관찰자로서 그것의 작동 속에서 나타났으며 그 자신의 자기구별보다 앞서 존재하지 않았다는 것을 받아들이는 한편, 관찰하기에 대한 어떠한 존재론적인 가정도 없이 그렇게 해야만 했다. 내가 시작했던 과제는 하나의 순환적인 과제였으며, 나는 이러한 특수한 순환성 속에서, 그것으로부터 빠져나오지 않으면서, 무엇이 일어나는지를 설명하고 싶었다(나는 알기를 통해 알기를 설명하고 싶었다). 이렇게 하면서 나는 우리 인간들이 '하는' 모든 것을 어떤 독립적인 존재 영역을 준거함으로써가 아니라, 우리가 '하는' 것을 '함'으로써 설명해야 했다. 그리고 이 모든 것은 나로 하여금 살기[삶], 설명하기, 언어, 감정들, 그리고 우리의 인간됨의 기원에 대해 탐구하도록 이끌었다. 나는 하나의 형이상학적 전환(shift)을 만들고 있었던 것이다. 나는 우리가 살고 있는 세계가 그 안에서 살고 있는 우리의 삶보다 앞서 존재한다고 가정하는 전통적인 형이상학으로부터, 우리가 살고 있는 세계란 우리가 그것[세계]을 '하는' 것에 따라 그것[세계]이 발생하는 바대로 존재한다고 가정하는 형이상학으로 이동하고 있었던 것이다.

나는 이러한 형이상학적 전환 속에서, 관찰자가 또 다른 초월적 실체들을 설명 및 추론을 위한 도구들로 사용하는 하나의 초월적 실체로서 홀로 존재한다는 것을 선험적으로 받아들였던 형이상학적 태도를 버리고 있었으며, 관찰자란 일상적인 삶 속에서의 자기 자신의 '함들'의 영역을 자기 자신의 모든 성찰을 위한 출발점으로 이용하면서 자기 자신의 구분의 계기에서 존재하게 된다는 형이상학적 태도를 채택하고 있었다. 나는 지각 현상들에서 신경체계가 작동하는 방식을 설명하는 과정에서 이러한 형이상학적 전환을 행하고 있었던 것이며, 사실상 이는 그 설명을 하고 있던 관찰자로서의 내가, 관찰하기에서 작동하고 있는 자기 자신이 스스로를 구분하는 것보다 앞서 존재하지 않았다는 것을 당연한 것으로 받아들이면서 행동했음을 지각하기도 전이었다.

사례 2. 발생하는 실재의 형이상학

저기 당신이 보고 있는 저 동물은 말이다. - 그렇다면 당신은 그것이 말이라고 하는 것을 어떻게 아는가? - 나는 그것 속에서 말의 특징들을 인지하기 때문에 그것이 말임을 안다. - 그렇다면 당신은 당신이 인지한 그러한 특징들이 말의 특징들이라는 것을 어떻게 아는가? - 나는 그것들을 다른 말들 속에서 보았기 때문에 안다. - 그렇다면 말이란 무엇인가? - 그것은 말들에 대해 알고 있는 사람들이 그것이 사람들이 말이라고 부르는 그러한 동물들의 특징들을 갖고 있기 때문에 말이라고 부르는 동물이다. - 하지만 그것은 순환 논법이다. - 아니다. 그것은 관찰자가 인간으로서 작동하면서 자기 자신의 체험 영역 속에서 구분의 타당화를 구성하는 순환적인 작동의 드러남이다.

이 형이상학적 태도에는 어떠한 존재론적 가정도 존재하지 않는다. 그리고 관찰자는 항상 자기 자신의 설명 방법의 토대들에 대해 자유롭게 성찰할 수 있으며, 또 자기가 생각하는 것이 자신이 타당하다고 간주하는 것에 타당성을 부여하는 것에 대해 자유롭게 성찰할 수 있다. 이 형이상학적 태도에서 하나의 진술은 그것에 타당성을 부여하는 조건들이 충족되는 영역에서 보편타당하다.

이것은 내가 처음에 무엇을 하고 있는지 자각하지 못한 채로 이루어 냈던 근본적인 형이상학적 변화였다. 나는 생물학자, 즉 지각과 인지를 생물학적 현상들로서 설명하는 과학자였다. 그리고 나는 나의 설명들을 정식화하는 가운데 내가 설명하고 있는 생물학적 과정들이나 현상들을 잃어버리고 싶지는 않았다. 그래서 나는 내 '함들'에 대한 정합성들에, 그리고 인간 생명체계로서 나의 작동에서 이루어지는 내 '함들'에 대한 내 성찰들에 주목했다. 물론 나는 내가 생리학을 하고 있다는 것을 자각했음과 동시에 우리가 무엇을 하건 간에 그것의 토대들에 대해 성찰할 때 우리 모두가 철학을 하고 있는 한에서, 내가 또한 철학을 하고 있었음을 자각했다. 그러나 나는 내가 그렇게 하고 있다는 것을 말하고 싶지 않았다. 왜냐하면 내 연구의 과학적 본성에 대한 내 동료들의 경청을 무색하게 만들고 싶지 않았기 때문이다. 더욱이 내 동료이자 나와 함께 산티아고에서 인지생물학 및 사랑의 생물학을 가르치기 위해 마트리스틱 협회(Matrisitic Institute)를 세운 공동 설립자인 씨메나 다빌라 야네쓰(Ximena Dávila Yánez)가 자신은 내가 새로운 형이상학을 만들었다고 생각한다고 나에게 말해주기 전까지는 나는 사실상으로 내가 그렇게 했다는 것을 완전히 자각하지 못했다. 또한 내가 생물학을 하고 있었을 뿐만 아니라 동시에 철학을 하고 있었다는 것을 깨달았다는 것을 분명하게 인식하지 못했다. 나에게 이러한 것을 알려 주고, 또 자신의 성찰들을 통해 나의 이해력을 확장해 준 씨메나 다빌라 야네쓰에게 감사한다.

과학과 철학의 분리는 하나의 분류학적인 고안물에 지나지 않는다.

그것은 성찰과 함[행동]을 분리함으로써 우리 인간들이 우리의 삶 그 자체에서 하는 것에 대한 이해를 방해하고, 그리고 우리의 삶과 관련해서 우리가 갖게 되는 상이한 세계들에 대한 이해와, 이러한 상이한 세계들을 살아가면서 우리에게 일어나는, 그리고 우리 안에서 일어나는 것에 대한 이해를 혼란스럽게 만들어 왔다. 그리고 이러한 일이 일어나는 까닭은 과학과 철학을 분리하면서, '우리가 하는 것'의 토대들에 대해 완전하게 성찰할 가능성을 우리 스스로 부정하기 때문인데, '과학자들로서의 우리'가 이것은 사실들만이 중요하므로 이러한 성찰이 부적절하다고 생각하기 때문이거나, '철학자들로서의 우리'가 우리가 원하는 것이 궁극적인 진리들이지 물질적 사건들에 대한 실용학문이 아니라고 생각하기 때문이다. '자연철학'이라는 표현은 과학자들과 철학자들이 그들이 상호 평가절하가 아닌 상호존중 속에서 서로 경청하고 서로 주목하기 시작할 때 그들이 하고자 원하는 것이 무엇인지를 더 잘 포착한다. 우리 인간들이 하는 모든 것은 우리의 일상적인 삶 속에서 일어난다. 그리고 만일 우리가 그것이 그러하다는 것을 이해하지 못하거나 받아들이지 않는다면, 우리는 언어하는 생명체계들로서의 우리의 생물학적 존재가 어떻게 해서, 인간들의 창조적인 참여가 아니라면 테크놀로지를 통해 나타날 수 없었던 어떤 것으로 귀결되는지를 이해할 수 없다. 다른 어떤 이유에서가 아니라, 테크놀로지가 생물학적 존재들로서의 우리의 인간됨의 부산물이기 때문이라면 말이다. 더욱이 이 책에서 제시된 형이상학적 전환이 아니라면 이러한 이해는 가능하지 않을 것이다. 왜냐하면 우리는 어떤 초월적 실재, 즉 우리의 삶 속에서 그리고 우리의 사유 속에서 우리에게 일어나는 모든 것의 기원인 존재론적 지반이라고 선험적으로 간주하는 어떤 초월적인 실재를 향한 본래적으로 끊임없는 추구 속에 포획되어 있을 것이기 때문이다. 하지만 그러한 초월적 실재는 작동적인 현존을 갖지 못하며 가질 수도 없다.

일상적인 삶의 '함들'은 우리가 그것을 좋아하건 그렇지 않건 상관없이 그것들이, 우리가 무엇을 하든지, 아니면 우리가 하는 성찰이 무엇이든지 간에 그것을 위한 출발점이라는 의미에서 일차적이다. 우리는 우리의 삶을 우리 삶의 정합성들을 가지고 설명한다. 하지만, 우리가 그렇게 하는 것이 어떤 순환 논증을 구성하는 것은 아니다. 하나의 설명이란, 그것이 설명하는 것을 대체하지 않기 때문이다. 설명들은 단지, 설명 대상이 그 결과로서 발생하려면 어떤 일이 일어나야 하는지를 말해줄 뿐이다. 그래서 관찰자들 및 어떤 관찰하기의 설명들은 그 관찰자 및 관찰하기를 대체하지 않는다. 그것들은 단지 관찰자와 관찰하기의 그러한 작동이 발생하려면 어떤 과정들이 일어나야 하는지를 보여줄 뿐이다. 또한 만일 그것들을 낳고 그것들의 작동을 일으키는 조건들이 발생한다면 어떻게 관찰자와 관찰하기가 생기게 될지를 보여줄 뿐이다. 따라서 이러한 형이상학적 전환의 결과로서 우리가 어떠한 존재론적 가정을 하지 않고도 우리의 삶의 정합성들 속에서 우리가 '하는' 모든 것을 설명하는 것이 가능해지는 것은, 바로 이렇게 이 책에 표현된 형이상학적 전환으로 인해 우리가 우리의 삶(그리고 그것이 어떤 것이건 우리가 하는 모든 것, 생명체계들로서의 우리의 활동 속에서 하는 모든 것)의 작동적인 정합성들의 영역 속에 계속 있게 되기 때문이다. 관찰자들은 과학적인 설명을 하는 가운데 자기 자신의 체험들의 정합성들을 가지고 자신의 체험들을 설명한다. 대부분 자신이 '하는' 것에 대한 형이상학적 함축들을 깨닫지 못한 채로 말이다. 더욱이 과학자들은 종종, 자신의 설명들이 법칙들, 즉 자기 자신이 '하는' 것과 근본적으로 독립적으로 존재하는 과정들의 객관적인 영역으로서의 자연의 정합성들의 반영인 법칙들에 의해 뒷받침된다고 주장한다. 또한 그들은 자연의 법칙들이 자신들의 삶의 작동적인 정합성들로부터 추상한 것임을 깨닫지 못 한다.

나는 운이 좋게도, 살아 있는 존재들의 해부학적 아름다움에 매혹되어 그들의 자연발생적인 역동적 얼개(architecture)를 이해하는 데 관심을 가진, 어떤 면에서 '아직 자기를 의식하지 못하는' 자연 철학자인 소년으로 성장하고 있었다. 그리고 나는 또한 다음과 같은 점에서 운이 좋았다. 나는 나 자신이 내가 관찰했던 그러한 경이로운 모든 존재들과 결코 다르다고 생각하지 않았기 때문에 삶의 역동적인 얼개에 참여하는 무의식적으로 가지고 있는 근본적인 태도를 갖고 반복해서 그렇게 했던 것이다. 하지만, 그 점에서도 나는 다른 아이들과 다르지 않았을지 모른다(호기심의 측면에서 그들과 내 자신이 다르다고도 결코 생각해 보지 않았다). 그리고 이것 또한 내가 무엇이 되든지 그 모든 것을 온전히 존중하며 내 자신으로 성장할 수 있도록 허락한 하나의 축복이었다.

마지막으로, 나는 이 머리말에서 다음과 같은 점, 즉 내가 행한 형이상학적 전환이 비록 여러 측면들에서 동양철학과 유사하다 할지라도 이것이 그것과는 근본적으로 다르다는 점을 언급하고 싶다. 동양철학은 영원한 것과 덧없는 것 사이의 구분에 입각해 있으며, 우리 모두가 가지고 있는 영원한 신성한 본질을 회복하기 위해 덧없는 것을 해방하는 길을 채택하도록 초대한다. 동양철학에서 덧없는 것은 극복되어야 할 어떤 환영(幻影)이다. 내가 행한 형이상학적 전환에서는, 즉 발생하는 실재들의 형이상학의 근본적인 태도에서는, 우리 생명체계들 일반, 그리고 특히 우리 인간들은 덧없는 것의 영역에 속한 채로 나타난다. 이 영역에서 초월적인 것은 우리가 그것을 말하려 해도 그것을 부정하게 되는ㅡ그리하여 우리는 초월적인 것이 존재하지 않는 일상적인 삶의 영역에 남아있게 된다ㅡ어떤 것에 대한 하나의 관념이다. 그러나 이것은 문제가 되지 않는다. 왜냐하면 인간 생명에 좋은 [합당한] 것은 모두 영원하지 않은 것의 영역에 속하기 때문이고, 바로 이러한 영역 속에 사랑이 인간들로서의 우리의 토대로서, 그리고 우리의 행복(well-being)의 원천으로 존재하기 때문이다.

이에 덧붙여, 나는 나의 아내인 베아트리즈 겐슈에게 깊은 고마움을 표하고 싶다. 그녀는 미학, 철학, 정신적 삶의 문제에 대해 나와 많은 대화를 나누었으며, 나의 이해를 증진시켜주고 모든 차원들에 걸친 나의 일상적인 삶을 풍부하게 해 주고 또 내가 하는 모든 것 속에서 내게 행복(well-being)을 가져다준 대화를 나누었다. 하지만 나는 무엇보다도, 그녀와의 이러한 대화들을 통해 내가 한 사람의 과학자로서 사랑을 자유롭게 이야기하게 되었다는 것에 대해 고마움을 전하고 싶다.

움베르또 마뚜라나
2002년 1월 칠레 산티아고에서

우주, 관찰하기의 설명

관찰하는 사람이 없다면
아무것도 존재하지 않는다

말해질 수 있는 모든 것은 누군가에 의해 말해지는 것이다

푀르크젠 이미 전설이 되어버린 선생님의 『인지생물학』의 몇 페이지를 죽 읽다 보면 우리는 어떤 믿을 수 없을 정도로 순진한 문장과 마주치게 됩니다. 제가 볼 때에는 이 문장이 선생님의 전체 저작작업에서 핵심적인 중요성을 갖는 게 아닌가 싶은데요. "말해지는 모든 것은 관찰자에 의해 말해지는 것이다." 이 말이 의미하는 것은 무엇입니까?

마뚜라나 말해지는 것은 어떠한 상황 하에서도, 그것을 말하고 있는 사람과 분리될 수 없습니다. '관찰자와 독립적인' 실재와 관련해서, 그것이 존재한다는, 게다가 명백하게 주어진 것으로 간주된다는 주장을 타당한 것으로 만들어 줄 가능성은 없습니다. 그 누구도 외부의 실재 또는 진리에 접근할 특권을 가지고 있다고 주장할 수 없습니다.

푀르크젠 하지만 수많은 사람들이 자신들의 생각이 옳으며 절대적으로 타당하다고 주장할 텐데요.

마뚜라나 그렇겠지요. 그렇지만, 자신의 주장이 절대적인 의미에서 옳다고 생각하는 사람들은 모두 하나의 근본적인 잘못을 범하고 있는 것입니다. 그들은 믿기와 알기를 혼동합니다. 그래서 그들은 자신이 정말 인간으로서 가질 수 없는 능력들을 갖고 있다고 주장합니다. 물론 우리의 문화에서는 관찰자와 관찰 대상을 구분하거나, 또는 주체와 객체를 구분하는 것이 당연하게 받아들여져 왔습니다. 마치 그 둘 사이에 차이가 존재하는 것처럼, 그래서 그 둘이 별개인 것처럼 말입니다. 만일 이런 주장이 받아들여진다면, 우리는 이 독립적인 것으로 가정된 두 개의 실체들(entities) 사이의 관계를 훨씬 더 엄밀하게 기술해야 하는 과제에 곧바로 맞닥뜨리게 됩니다. 나의 주장은 그와는 반대로 이러한 구분이 유용하지 않다는 것입니다. 그리고 나는 모든 관찰자들이 어느 정도로 그들이 수행하는 관찰들의 일부인가를 보여주고 싶습니다.

푀르크젠 우리가 가지고 있는 통상적인 지식관과 관련해서 이러한 입장이 가져오는 결과는 무엇입니까? 상식적으로, 우리가 지각하고 기술하는 것을 결정하는 객체들의 세계는 외부에 존재합니다. 만일 우리가 선생님의 핵심 명제를 진지하게 받아들인다면 이 외부 실재에는 어떤 일이 일어날까요?

마뚜라나 이 외부 실재가 우리와 독립적으로 존재한다는 바로 이 주장이 그 자체로 근본적으로 불합리하고 무의미한 관념임이 곧바로 드러날 것입니다. 이 주장은 어떤 식으로건 타당한 것으로 될 수 없습니다. 물론 그와 같은 절대적 실재를 인식하는(know) 것이 불가능하다는 것을 받아들이면서도 여전히 그것의 존재를 주장하는 철학자들이 있습니다. 그들은 '관찰자와 독립적인' 준거점의 확실성을 정말이지 포기하려 하지 않습니다. 그것이 그들의 철학적 배경의 일부이기 때문입니다.

푀르크젠 칸트는 이미 절대적 실재, 즉 **물자체**와 겉으로 드러난 것들의 세계를 구분하고 있습니다. 그의 말에 따르자면, 오직 후자만이, 그러니까 **현상 세계**만이 우리가 접근할 수 있는 것 아닌가요?

마뚜라나 우리는 그와 같은 절대적 실재의 존재를 알고 있다고 어떻게 주장할 수 있을까요? 그와 동시에 '그것(물자체)을 알 수 없다는 것'을 어떻게 단언할 수 있을까요? 이것이야말로 일종의 불합리한 개념적 곡예입니다. 그와 같은 가상의 독립적인 실재에 대한 이야기는 모두 그것을 이야기하고 있는 사람들에게 불가피하게 의존하기 때문입니다. 하지만 내가 '말해지는 모든 것은 관찰자에 의해 말해지는 것이다'라고 주장할 때, 나는 또 다른 핵심적인 질문에 주목하는 것입니다. 이 질문은 실재, 진리, 그리고 존재의 본질에 대한 전통적인 철학적 담론 체계를 변화시킵니다. 이 질문은 주어지는 것으로 간주되는, 그리고 우리와 독립적으로 존재하는 것으로 간주되는 외부 실재의 연구와는 더 이상 관계가 없습니다. 나는 관찰자로 작동함으로써 관찰자의 작동들을 이해하고 싶었습니다. 나는 언어 속에 살아감으로써 언어를 설명하고 싶었습니다. 나는 말함으로써 말하기를 보다 정밀하게 서술하고 싶었습니다. 요컨대, 우리 자신의 바깥에서부터 설명하고자 하는 것에 우리가 접근할 길이란 존재하지 않습니다.

푀르크젠 선생님이 얘기하고 있는 것이 가져오는 직접적인 결과는, 외부 세계와 인식하는(knowing) 주체 사이의 엄격한 구분이 무너진다는 것입니다. 상황은 빙글빙글 순환하며 도는군요.

마뚜라나 이것이 결정적인 점입니다. 내 연구의 대상, 그와 동시에, 불가피하게, 내 연구의 수단은 관찰자입니다. 실로 우리는 관찰자와 관찰대상을 나누는 전통적인 분리를 대체하는 순환적인 상황 속에 얽혀 있습니다. 나는 '관찰자와 독립적인' 실재가 존재하는지, 그리고 나나 그 밖의 다른 사람이 그것을 아는지에 대한 질문에는 관심이 없습니다. 나는 관찰자를 내 사고의 출발점으로서 이용합니다. 어떠한 존재론적 전제도 두지 않은 채 말입니다. 단지 관련된 질문에 대한 호기심과 관심을 가지고서 그렇게 할 뿐입니다. 어떠한 고차원적인 근거도 없습니다. 어떠한 존재론적 토대도 없습니다. 어떠한 보편타당한 정당화도 없습니다. 관찰자는 관찰하며, 무언가를 보며, 그것의 존재를 긍정하거나 부정합니다. 관찰자는 자신이 '하는' 것을 '합니다.' 그에게서 독립적으로 존재하는 것은 필연적으로 신념의 문제이지 확실한 지식의 문제가 아닙니다. 무언가를 본다는 것은 그것을 보는 사람을 필요로 하기 때문입니다.

푀르크젠 선생님의 핵심적인 아포리즘을 좀 더 면밀히 고찰해 보면 약간 당황스러움을 느낍니다. 이러한 공준은 너무 단언적이고 반박불가능해 보입니다. 물론, 그리고 직접적으로 명백한 일이긴 합니다만, 말해지는 모든 것은 관찰자에 의해 말해지는 것입니다. 이 통찰을 피해가는 길이란 없습니다. 그것은 불가피해 보입니다. 그렇다면, 어떤 상황에서 그와 같은 진술이 논박될 수 있을까요?

마뚜라나 오직 신만이 그것을 할 수 있겠죠. 신은 관찰하지 않고도 모든 것에 대해 이야기할 수 있습니다. (여신이건 남신이건) 신이 전부이기 때문이지요. 우리는 인간으로 작동할 수밖에 없기 때문에 신의 능력들을 갖고 있지 않습니다. 누군가가 그것을 말하지 않고서는 아무것도 말해질 수 없습니다.

푀르크젠 프로타고라스를 따라 해 보자면 이것은 다음과 같은 것을 의미하게 되겠군요. '관찰자는 만물의 척도이다.'

마뚜라나 내 주장은 그것보다 훨씬 강합니다. 관찰자는 모든 것의 원천입니다. 관찰자가 없으면 아무것도 존재하지 않습니다. 관찰자는 모든 지식의 기초입니다. 인간 자신, 세계 그리고 우주와 관계되어 있는 모든 주장의 기초인 것입니다. 관찰자의 소멸은 우리가 알고 있는 세계의 종말과 소멸을 의미할 것입니다. 지각하고, 말하고, 기술하고, 설명하는 사람이 아무도 남아 있지 않을 것이기 때문입니다.

태초에 차이가 있었다

푀르크젠 관찰자가 없으면 아무것도 존재하지 않는다는 것을 선생님은 어떻게 그렇게 확신할 수 있죠? 그와 같은 공준은 새로운 종류의 진리의 출현으로 쉽사리 해석되고 판단될 수 있을 것입니다. 그렇다면 선생님은 모순에 빠지는 거 아닌가요?

마뚜라나 나에게 새로운 종류의 진리는 문제가 되지 않습니다. 관찰자와 관찰하기의 작동에 초점을 맞춤으로써 나는 하나의 연구 주제를 도입하고, 동시에 그것을 다루는 방식을 특징지으려 합니다. 정말이지 우리는 어떤 것이 주어져 있고 존재한다는 바로 그러한 관념이, 그리고 어떤 실재나 어떤 종류의 진리에 준거한다는 것이 불가피하게 언어를 포함할 수밖에 없다는 사실을 매우 명확히 해야 합니다. 그와 같은 진리 또는 실재에 대해 말할 수 있는 것은 무엇이건 모두 언어의 이용가능성에 의존하고 있습니다. 우리로부터 독립되어 있는 것으로 가정되는 것은 오직 언어를 이용할 수 있을 때에만 서술이 가능해지고, 또 언어에 의한 구분 행위를 통해서만 드러나게 됩니다. 심지어 우리가 순수의식의 상태로 옮겨가고 있다고 생각하는 명상 과정에서

조차, 우리는 그와 같은 상태의 성찰이 언어 없이는 달성될 수 없음을 인정할 수밖에 없습니다.

마뚜라나 그렇다면 선생님의 주장은 우리가 언어로부터 벗어날 수 없으며, 우리가 결코 우리의 언어적 우주로부터 헤어 나올 수 없다는 것인가요?

마뚜라나 언어는 감옥이 아닙니다. 언어는 하나의 존재 형식이며 더불어 살아가는 방식이자 방법입니다. '언어로부터 벗어날 수 없다'라는 단순한 표현은 우리로 하여금 어떤 다른 공간이, 즉 언어를 넘어서는 [초월하는] 어떤 공간이 — 설령 그곳에 결코 다다를 수 없다 할지라도 — 존재한다고 믿도록 만듭니다. 나는 그렇게 가정하는 것을 거부합니다. 언어 속에서 살아간다는 것은 언어를 넘어서 존재하는 어떤 세계에 대해 생각하는 것이 무의미함을 뜻합니다. 정말이지, 그와 비교되는 다음과 같은 질문을 생각해 보세요. '만일 모든 것이 우주의 일부라면, 우리는 도대체 그 우주에서 헤어 나올 수 있을까?' 대답은 자명합니다. '내가 가는 곳이 모두 우주이다.' 우리는 분리할 수 없이 더불어 움직입니다.

푀르크젠 그렇지만 관찰자라는 선생님의 핵심 개념은 잘못된 선택이 아닐까요? 통상적인 어법에 의하면 그 말은 — '관찰한다, 거리를 유지한다, 그래서 간접적으로 중립성을 주장한다'라는 — 어떤 분리를 나타냅니다. 그래서 관찰자라는 말을 자신들의 세계와 분리되지 않고 묶여 있는 **참여자**라는 말로 대체하는 것이 좋지 않을까요?

마뚜라나 나는 관찰자라는 개념이 전혀 불편하지 않습니다. 왜냐하면 우리가 일상적인 체험을 하는 가운데 여러 사물들에 대해 이야기하는 방식은, 우리가 지각하고 다루는 그 사물들이 우리와 독립적으로 존재한다는 것을 당연히 함축하기 때문입니다. 심지어 우리는 마치 우리가 우리 자신과 분리되어 있는 것처럼, 외부의 관점으로부터 우리 자신을 관찰할 수 있는 것처럼, 우리 자신에 대해 말합니다. 이것은 결국 다음과 같이 말하는 것입니다. '관찰자들은 (자기 자신을 포함하는) 어떤 것을 그것이 마치 자신들과 분리될 수 있는 것처럼 구분하는 인간들이다.' 그래서 이제 이 체험이 설명되어야만 합니다.

푀르크젠 내가 올바르게 이해한 것이라면, 왜 우리가 어떤 것을 우리와 분리된 것으로 체험하느냐를 우선 밝히는 것이 선생님의 목표들 중의 하나이겠군요?

마뚜라나 바로 그렇습니다. 그래서 **참여자**라는 용어를 쓰라는 제안은 나에게는 호소력이 없습니다. 참여자라는 관념은, 설명과 '이미 만들어진' 대답을 포함하고 있기 때문에 오해하기 쉽습니다. 그렇게 된다면, 남겨진 유일하게 수용 가능한 질문은 그 가정된 참여가 실현되는 특정한 방식에 관련될 것입니다. 이 방에 있는 탁자와 의자들, 나의 재킷, 내가 두르고 있는 목도리 — 이 모든 것들은 의심할 바 없이 나와 독립적으로 존재하는 것으로 보입니다. 그래서 우리는 우리가 주어진 상황의 외부에, 그리고 그것과 분리되어 존재한다고 생각합니다. 이것은 관찰하기가 하나의 체험, 즉 사물들의 외관상의 독립적인 존재와 역시 관계되는 체험이라는 것을 뜻합니다. 그러므로 문제는 다음과 같은 것입니다. '도대체 나는 이러한 사물들이 저기에 있다는 것을 어떻게 아는가? 내 눈 앞에서 펼쳐지고 있는 세계가 나와 독립적으로 존재한다고 말하는 것은 어떤 종류의 주장인가?'

푀르크젠 그렇다면 선생님의 출발점은, 우리가 불가피하게 우리의 실재들[현실들]을 구축하는 것에 연관되어 있으며, 그래서 그것들에 묶여 있다는 통찰을 확립하고 정당화하기 위해 분리를 체험하는 것이겠군요.

마뚜라나 처음에는 분리를 체험합니다. 이러한 체험은 결국엔 연결됨의 통찰로 바뀝니다. 물론 나는 내가 서술하고 있는 대상의 일부가 아닙니다. 여기 탁자 위에 있는 유리잔을 가리키는 경우, 나는 그 유리잔의 일부가 아닙니다. 하지만 유리잔을 구분해 내는 것은 나와 관계되어 있어야 합니다. 나는 그것을 서술하는 사람입니다. 나는 그 구분을 사용하는 사람입니다. 또는 그 역도 마찬가지입니다. 만일 아무도 이런 구분을 하지 않는다면, 그렇다면 이런 식으로 환경으로부터 특화되어 있고 분리되어 있는 물질적인 실체 또는 관념적인 실체는 존재하지 않습니다.

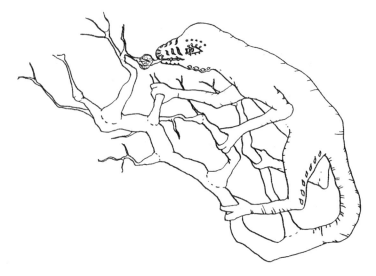

[그림1] 인식의 나무: 생명체계들의 어떠한 체험도 그들 자신과 독립적이지 않다.
(마르첼로 마뚜라나 그림)

푀르크젠 그럼 우리가 행하는 첫 번째 구분은, 실재를 구축하는 기원인, 알기(knowing)의 빅뱅 같은 것이군요. 어쨌든 무언가를 볼 수 있기 위해서는 하나의 구분이 반드시 있어야 하는군요.

마뚜라나 바로 그렇습니다. 오직 구분되는 것만이 존재합니다. 설령 그것이 우리 자신과 구분된다 할지라도, 그럼에도 불구하고 우리는 그 구분의 작동을 통해 그것과 묶여 있습니다. 내가 무언가를 구분할 때마다, 구분되는 실체는 그 구분이 의미를 갖는 어떤 배경과 함께 출현합니다. 구분되는 실체는 그것이 존재하는 영역을 산출합니다.

푀르크젠 좀 더 구체적이면 좋을 것 같은데요. 사례를 하나 들어줄 수 있나요?

마뚜라나 다음과 같은 상황을 한번 상상해 보세요. 어느 날 저녁 당신은 파티를 축하하기 위해 친구들을 방문합니다. 몇몇 사람과 대화를 나누고 있는 중에 갑자기 누군가 당신의 어깨를 칩니다. 당신은 돌아서서 그가 수년 동안 보지 못했던 친구라는 걸 알아차립니다. 당신의 친구는 '아무도 모르는 곳'(nowhere)에서 나타난 것만 같습니다. 당신은 말합니다. "아니, 자네가 여기 웬일인가?" 당신은 그가 어디에서 왔으며, 누가 초대했는지, 생활은 어떠한지 등등에 대해서 그에게 물을 것입니다. 정말이지 당신은 하나의 역사를 창조하고 있는 것입니다. 연결들의 영역을, 그의 출현에 의미를 부여하는 배경을 창조하고 있는 것입니다. 이렇게 해서, '아무도 모르는 곳'에서의 그의 갑작스런 출현은 그 놀라운 낯섦에서 벗어나게 됩니다.

체험의 설명

푀르크젠 만일 관찰자의 지각들이 그들의 구분들에 의존하는 것이라면, 그렇다면 이 관찰자들이 구축한 세계는 도무지 존재할 수 없을 것 같습니다. 게다가 그들 주변의 인간들은 모두 그들의 상상력이 지어낸 산물들에 지나지 않을 것 같습니다. 고립된 정신을 가진 키메라들처럼 말입니다. 이것은 인식론적 유아론에 해당하는 생각입니다. 선생님은 그런 유아론자들에 동의하나요?

마뚜라나 아니, 전혀 그렇지 않아요. 단순한 이유를 들자면 나는 나 자신을 홀로 그리고 고립된 채로 체험한 적이 없기 때문입니다. 그와는 반대로 나는 당신과 함께 이 방에 앉아 둘이 서로에게 이야기를 나누면서 나 자신을 체험합니다. 바로 이와 같은 종류의 체험이야말로, 그것이 내 자신의 것이건 또는 다른 사람의 것이건, 나의 모든 진전된 성찰들과 설명들의 출발점을 형성합니다. 그러므로 나는 유아론적 입장을 가질 수 없습니다. 나의 사고를 그런 범주에 넣는 것은 완전히 잘못된 길로 빠져들고 말 것입니다.

푀르크젠 분명 선생님은 지금 혼자 있지 않습니다. 우리는 인터뷰를 하고 있는 중이니까요. 이 인터뷰의 체험이 선생님이 유아론으로 빠져들지 않도록 해주는 건가요?

마뚜라나 바로 그렇습니다. 하지만 우리는 이제, 우리가 우리와 독립적인 어떤 것을 구분해 낼 수 없는데 어떻게 우리가 다른 사람과 '더불어 있음'의 체험을 설명할 수 있는가 하는 질문을 제기해야 합니다. 내가 볼 때 그 대답은 언어가 더불어 살기의 방식이자 방법이라는 것입니다. 누가 더불어 살아가고 있는가? 내 대답은 이렇습니다. '그것은 바로 인간들이다.' 다음 질문은 이렇습니다. '누가 인간들인가?' 나는 이렇게 말하겠습니다. 인간들이란 인간의 더불어 살아가기의 과정에서 구분되는, 그처럼 특별한 실체들이라고 말입니다. 다시 말해, 우리는 순환적인 상황에 놓여 있습니다. 나에게 인간은 존재적인 또는 존재론적인[4] 실체, 즉 선험적으로 존재하는 실체가 아닙니다.

푀르크젠 그럼에도 불구하고 만일 선생님이 선생님 주변의 인간을 주어진 어떤 것으로 생각하지 않는다면, 그렇다면 지금 바로 여기 선생님의 탁자에 앉아 인터뷰하고 있는 나는 하나의 환각, 그러니까 선생님의 머릿속에 있는 하나의 단순한 환영에 지나지 않는다고 해도 좋지 않을까요? 그럼 선생님은 결국 유아론자가 되는 게 아닌가요?

마뚜라나 이것이 필연적인 결론은 아닙니다. 물론 당신이 하나의 환각이라는 결론에, 그리고 내가 단지 당신의 현전을 상상하고 추정하고 있는 것이라는 결론에 도달할 수도 있을 것입니다. 그렇지만 이것 때문에 내가 반드시 유아론자가 되는 것은 아닙니다. 비록 당신이 하나의 환각이라 해도 내가 불가피하게 유아론자가 되는 것은 아닙니다. 왜냐하면 나는 나의 일상적인 삶을 나의 아내와 함께 보내기 때문입니다. 내 아내의 존재는 나에게는 전혀 어떤 환각의 상태를 갖지 않습니다.

---

4. [옮긴이] '존재적인'과 '존재론적인'은 각각 'ontic(독일어로는 ontische)', 'ontological(독일어로는 ontologische)'를 옮긴 것이다. 마뚜라나가 여기에서 하이데거를 염두에 두고 있는지는 명확하지 않다. 하이데거에게서 '존재적'이라 함은 존재자를 단순히 그 있음의 차원에서 만나고 경험하고 다루고 고찰하는 방식을 뜻한다. '존재론적'이라고 함은 존재자를 그것의 본질적인 구조와 그 구성틀, 그 존재의미 등을 밝혀내기 위해서 행하는 이론적이고 개념적인 접근을 뜻한다. 마르틴 하이데거, 『존재와 시간』(이기상 옮김, 까치, 2003), 24쪽. 특히 옮긴이의 주 571쪽 참조.

푀르크젠 하지만 선생님의 아내와 나머지 세상 사람들이 실제로 존재하지 않는다고 생각할 수 없는 거 아닌가요?

마뚜라나 만일 우리가 우리 모두가 단순한 환각들이라고 믿는다면, 이것은 전혀 문제가 되지 않을 것입니다. 그렇다면 우리의 대화는 아무런 기초를 갖지 않을 것입니다. 어떤 체험을 환각으로 분류할 수 있기 위해서는 다음과 같은 점이 필요합니다. 즉 이 체험은 그것이 체험될 때 그와 동시에 환각적인 것으로 체험되지 않는 어떤 것과 관련될 수 있어야 한다는 점입니다. 나는 다음과 같이 반복해서 말할 수밖에 없습니다. '나의 출발점은 나의 체험이다. 그리고 그것이 의미하는 것은, 내가 그 모든 것을 어떤 시점에서 지각 가능한 사건들로 경험하고 구분한다는 것이다.' 나는 존재나 외부 실재의 속성들과 관계가 없을 뿐더러 유아론이나 그 밖의 다른 종류의 인식론을 방어하는 것과도 관계가 없습니다. 나는 우리의 체험들을 낳고 형성하는 작동들을 이해하고 싶고 설명하고 싶습니다. 이러한 작동들을 설명하는 바로 그 행동 속에서 명확해지는 것은 우리 스스로가 우리가 서술하는 대상들과 실체들로서 등장한다는 것입니다.

푀르크젠 선생님은 유아론자는 아니지만, 그렇다고 실재론자도 분명 아닙니다. 독일에서는 어쨌든 대부분의 사람들이 선생님이 두 개의 인식론적 극단 사이의 중간 위치를 대표하는 구성주의자라고 생각합니다. 그렇지만 고전적인 유형의 구성주의는 외부, 심지어 절대적 실재가 존재하지만 우리가 그와 같은 실재의 내적이고 참된 형식을 결코 알 수는 없다고 가정합니다. 우리는 우리의 구성물들이 실패하고 붕괴할 때가 되어서야 그것들이 잘못되었다는 것을, 그것들이 실재에 부합하지 않는다는 것을 깨달을 수 있습니다.

마뚜라나 나는 이 견해에도 역시 의견을 같이 하지 않습니다. 내가 구성한 것들과 실재 사이의 ─ 그 구성물들이 잘못된 것으로 입증된 ─ 그와 같은 충돌이 실제로 발생했다는 것을 누가 보여줄 수 있죠? 어떤 타당성이 이와 같은 가정 ─ '그것이 어떻게 확증될 수 있는가' ─ 을 갖는 거죠? 내가 볼 때에는 하나의 가설이 붕괴되는 것은 우리의 예상을 빗나가는 사건에 지나지 않습니다. 요컨대 나는 나 자신을 구성주의의 대표자라고 생각하지 않습니다. 설사 내가 반복해서 계속 구성주의자라고 불린다 할지라도 말입니다.

피르크젠 그럼 선생님은 스스로를 뭐라고 부를 건가요? 어떤 종류의 명칭이 선생님의 입장이 갖는 특징을 가장 잘 드러내 줄까요?

마뚜라나 대답이 망설여지는데요. 왜냐하면 이러한 명칭은 내가 말하고 있는 것을 지각하고 인식하는 것에 부정적인 방식으로 영향을 미칠 수도 있기 때문입니다. 명칭이 붙으면 제대로 보이지 않습니다. 하지만 적합한 명칭을 요청받을 때마다 나는 종종 내 자신을 ─ 진지하게, 그러나 장난스럽게 ─ "슈퍼 실재론자"라고 부릅니다. 무수한 동등하게 타당한 실재들의 존재를 믿는 '슈퍼 실재론자'라고 말입니다. 더욱이 모든 상이한 실재들은 상대적인 실재들이 아닙니다. 왜냐하면 그것들의 상대성을 주장하는 것은, 절대적 실재를 그것들의 상대성을 측정하게 될 준거점으로 가정하는 것을 함축하게 되기 때문입니다.

자기관찰의 시대

푀르크젠 나의 테제는 이것입니다. 우리가 자기관찰의 시대에 살고 있다는 것이죠. 끊임없이 자신의 감정과 사유를 성찰하고, 자신의 느낌과 신념을 성찰하는 것이, 그리고 그것들의 변이가능성을 성찰하는 것이 유행이 되었습니다. 이러한 평생요법의 열망이 선생님의 관찰자 이론이 엄청난 대중적 인기를 누리게 되는 이유가 될 수 있을까요?

마뚜라나 어쩌면 그럴 수도 있을 겁니다. 내가 관찰하기의 작동에 대해 이야기하고 있다는 단순한 이유 때문에 내가 끊임없는 자기관찰을 제안하거나 또는 어쨌든 추천하고 있다고 믿는 것은 전적으로 오해가 되겠지만 말입니다. 만일 그렇다면, 나는 내 작업에 대한 잘못된 해석 ─물론 이러한 잘못을 배제할 수는 없습니다─ 때문에 유명해졌을 겁니다. 그렇지만 어떤 사람의 진정한 지혜는 영속적인 자기고찰에 있는 것이 아니라, 성찰의 역량에, (특정한 상황들을 정확하게 지각해 내는 것을 방해하는) 이러저러한 신념들을 기꺼이 버릴 수 있는 자발성(willingness)에 있다는 것이 내 견해입니다. 현명한 사람은 늘 자기 자신을 관찰하지 않습니다. 그들은 사물에 집착하지도 않습니다. 또한 그들은 자신들이나 다른 사람들이 어떻게 행동해야만 하는가를 지시하고 있는 궁극적 진리에 인도되고 있다는 것을 인정하지 않습니다.

푀르크젠 용어의 문제를 짚어 보지요. 그렇다면 관찰자는 무엇입니까? 선생님은 이 개념을 어떻게 규정하겠습니까?

마뚜라나 내가 볼 때 '관찰하기'란, 자기가 무언가를 관찰하는 데 관련되어 있다는 자각과 함께 언어를 필요로 하는 인간적 작동입니다. 새를 단지 노려보고만 있는 고양이는 나에게는 관찰자로 보이지 않습니다. 고양이는 단지 새를 주시할 뿐입니다. 우리가 알고 있는 한에서 고양이는 자신의 행위를 설명할 수 없으며, 또는 자신의 행동이 올바르고 적절한 방식으로 이루어지고 있는지 비판적으로 스스로에게 물을 수 없습니다. 우리의 관점에서 볼 때 이 고양이는 적절하게 또는 부적절하게 행동할 수는 있어도 그 자신의 행위를 성찰하지는 못합니다. 오직 인간만이 성찰할 수 있을 뿐입니다.

푀르크젠 관찰하기는 자기성찰이라는 말이죠?

마뚜라나 맞습니다. 관찰자는 무언가를 구분하기 위해 어떤 구분을 사용할 때 자기의식적으로 행동합니다. 그들은 무언가를 보고 지각할 때 의식을 합니다. 무심코 창밖을 내다보고 있는 사람을 나는 관찰자라고 생각하지 않을 것입니다. 따라서 결론적으로 말하자면 우리들 삶의 대부분의 시간을 우리는 관찰자로 작동하지 않습니다. 우리는 우리가 무엇을 하고 있는지를 고찰하기 위해 고민하지 않고 단지 그 일을 계속하는 것이지요.

푀르크젠 선생님의 책들을 보면 선생님은 표준적인 관찰자 그리고 '슈퍼 관찰자'에 대해 얘기하고 있던데요. 이해(력)에도 상이한 정도들이 존재한다는 것을 암시하는 건가요?

마뚜라나 아닙니다. 이 구분은 다르게 해석되지 않으면 안 됩니다. 내가 그것을 정식화했을 때 아마도 나는 동일하지만 그럼에도 불구하고 어떤 식으로건 차이가 나는 관찰하기의 작동들을 서술하는 문제로 고심하고 있었을 겁니다. 우리가 무언가를 관찰할 때마다 우리는 모두 표준적인 관찰자들입니다. 하지만 우리가 그 순간 실제로 무엇을 하고 있는가를 자문하자마자 우리는 상이한 상황과 입장에 놓이게 됩니다. 물론 여전히 표준적인 관찰자인 채로 말입니다. 우리는 '메타 관찰자'가 되었다고 말할 수 있을 것입니다. 이러한 '메타 관찰자' 또는 '슈퍼 관찰자'는 자기 자신을 대상들로 취급하고 그들 자신의 관찰들을 — 관찰자로 작동하면서 — 관찰합니다.

푀르크젠 생물물리학자인 하인쯔 폰 푀르스테르는 미국 인공지능 학회에서 다음과 같이 연설한 적이 있습니다. "객관성이란, 관찰하기가 주체 없이도 이루어질 수 있다고 생각하는 주체의 망상이다. 객관성에 호소하는 것은 책임을 방기하는 것이다. 그래서 그것이 인기가 있는 것이다." 선생님은 60년대 후반에 하인쯔 폰 푀르스테르와 함께 작업했습니다. 선생님은 이러한 말을 어떻게 해석합니까?

마뚜라나 그 말은 관찰이 관찰 대상과 분리될 수 있다는 신념을, 관찰자의 육신적 존재는 부차적이며, 관찰하기란 일어나고 있는 사태를 단지 기록하는 단순한 과정이기 때문에 그 육신적 존재는 쉽사리 대체될 수 있다는 신념을 공격하고 있습니다. 관찰자 자신의 행위들이 시야에서 사라져 버린다는 것이죠. 그러한 신념에 의하면 어떤 진술을 확증하기 위해 이용되는 것은 외부로부터 오고, 그것은 실재나 진리에 연관됩니다. 그 어떤 판단의 근거도 관찰자인 그 존재에게 외부적인 것으로 보입니다. 따라서 통상적인 결론은 아무도 자신들의 판단에 대해 책임을 지지 않아도 된다는 것입니다. 왜냐하면 그러한 판단들이 개인적인 편견이나 흥미와는 아무 관계가 없는 것처럼 보이기 때문이지요.

푀르크젠 제가 볼 때에 선생님의 성찰들은 그와는 반대 방향을 가리키고 있는 것 같습니다. 우리가 우리의 지각이나 우리의 주장에 대한 책임을 깨닫게 된다는 말이지요?

마뚜라나 맞습니다. 우리가 관찰하기를 하고 있다는 것을 깨닫는 것, 그래서 구분을 하는 것이 바로 자신이라는 것을 깨닫는 것을 깨닫는 것. 우리는 새로운 체험 영역에 도달한 것입니다. 우리의 깨달음을 깨닫는 것 그리고 우리의 이해를 이해하는 것이야말로 우리가 하고 있는 것에 대한 책임감을 낳을 수 있습니다. 우리 자신의 구분 작동들을 통해 우리가 창조하고 있는 것에 대한 책임감을 낳을 수 있습니다. 이러한 종류의 통찰에는 불가피한 어떤 것이 있습니다. 일단 이것을 이해한다면 우리는 더 이상, 우리가 실제로 그것을 깨닫고 있는지 그리고 또한 이 깨달음을 깨닫고 있는지를 우리 자신이 이해하고 있다는 것을 모른 체 할 수 없습니다. 게다가 관찰자라는 개념은 관찰하기의 작동을 연구하고 '이해의 이해'가 가진 순환성을 직시하는 과제를 제시합니다. 결국 관찰하기를 관찰하는 것은 관찰자입니다. 두뇌를 설명하고 싶어 하는 것은 두뇌입니다. 많은 사람들이 이러한 재귀적(reflexive) 문제들이 받아들여질 수 없고 또 해결될 수 없는 것으로 생각합니다. 하지만 나의 제안은 이 순환적인 상황을 맨 처음부터 완전히 받아들이자는 겁니다. 또 우리의 개인적인 체험과 우리 자신의 행위들이 바로 우리 자신의 활동들을 통해 대답될 수 있도록 우리 자신을 수단으로 만들자는 겁니다. 요점은 그 작동들을 관찰하는 것입니다. 이것이 설명되어야 하는 체험들을 낳습니다.

다양한 객관성

다원 우주 속의 삶

푀르크젠 순환적인 사고를 옹호하는 선생님의 입장은 어쩐지 매우 혼란스럽고, 심지어는 위협적이기까지 한 것 같습니다. 선생님에 따르면 세계는 용해되어 버립니다. 시작과 끝은 어떤 안전한 파악을 더 이상 제공해 주지 않는 임의적인 고정점들이 됩니다. 모든 단단한 지반은 우리 발아래 뽑혀 부서집니다. 사람들은 문으로 달려가 방에서 나오고 싶지만, 문이 아직 거기에 있는지 확신을 가질 수 없게 되었습니다. 선생님은 어디에선가 이렇게 말한 적이 있죠? 이런 식으로 생각하기 시작하고 나서 자신이 미치는 거나 아닌지 잠시 정말로 걱정을 했었다고요. 그와 같은 불안이 결국에는 왜 사라졌나요?

마뚜라나 순환적인 사고가 내 정신의 건전함을 위태롭게 하는 것이 아니라 오히려 나의 이해를 증대시켰다는 것을 깨달은 순간이 찾아왔습니다. 특히 외부적 실재가 아니라 나 자신의 체험에 기인하는 결정(decision)은 우리의 정신을 해방시켜주고 평안하게 해주는 큰 효과를 낳을 수 있습니다. 우리가 겪는 체험은 더 이상 의심받지 않으며, 더 이상 비실재적이거나 환각적인 것으로 폄하되지 않습니다. 이 체험들은 더 이상 하나의 문제도 아니며, 더 이상 정서적 갈등들을 낳지도 않습니다. 그것들은 단지 있는 그대로 받아들여질 뿐입니다. 내가 지난밤에 예수가 나에게 이야기하는 목소리를 들었다고 주장한다고 가정해 보세요. 만일 내가 이러한 체험을 다른 사람들에게 말했다면 어떤 일이 일어날 것이라고 생각하세요? 어떤 사람은 내가 환상을 겪었다고 내게 설명해 줄 수도 있습니다. 예수는 죽었고 그래서 도저히 나에게 이야기할 수 없었을 것이기 때문이라는 거죠. 다른 사람은 내가 허영심이 엄청 강하다고 생각하고는 혹시 내가 선민(選民)처럼 보이고 싶어 했던 것('마침내 예수가 나에게 이야기하고 있었어!')이 아닌지 의심할 수도 있습니다. 또 다른 사람은 밤새 악마가 나를 유혹에 빠뜨렸던 것이라고 말할 수도 있습니다. 이 모든 고찰들은 다음과 같은 한 가지 공통점을 가지고 있습니다. 그들은 내가 나의 체험을 이해하게 하려는 그런 설명을 거부하지만 체험 그 자체를 부정하지는 않는다는 것입니다. 다시 말해 그들은 내가 어떤 목소리를 들었다는 것을 문제삼지는 않습니다.

푀르크젠 어떤 점에서 이러한 사례가 내 질문, 그러니까 광기에 대한 선생님의 두려움에 관해 던진 질문에 대한 대답이 되는 걸까요? 추측

건대 선생님 자신의 체험에서부터 출발하자는 선생님의 결정이 선생님의 두려움들을 가라앉히고, 선생님의 정신을 진정시키고, 선생님을 안심시킨 것이 아닌가 싶은데요. 사람은 자신이 체험하는 것을 받아들입니다. 따라서 광기에 대한 두려움이란 자신의 체험들에 대해 자신을 방어하기 위한 일종의 비밀스러운 시도일지도 모르겠습니다.

마뚜라나 바로 그겁니다. 어떤 것을 미쳤다고 부르는 것은 우리 자신을 평가절하하는 방식으로 우리의 지각들과 체험들을 설명하는 것입니다. 체험들을 거부하거나 평가절하하자는 것이 내 의도가 아닙니다. 체험들이 문제가 아닙니다. 내가 설명하고 싶은 것은 작동들입니다. 체험들이 그것들을 통해 나타나는 작동들 말입니다.

푀르크젠 선생님은 모든 종류의 체험이 정당하다고 매우 강하게 옹호하는 이러한 견해가 윤리적인 장점들을 가지고 있다고 생각합니까?

마뚜라나 예, 그렇습니다. 우리는 실재가 우리와 독립적으로 존재한다는 관념이 권위적이고 보편타당한 진술들을 가질 수 있다는 신념과 부합한다는 것을 잊어야 합니다. 이것들은 어떤 종류의 체험을 불신하게 하는 데 이용될 수 있습니다. 진술을 객관적이고 보편타당한 것으로 만들어 주는 것은 바로 이러한 실재에 준거하는 것입니다. 권력, 지배 그리고 통제에 기초를 둔 문화에서, 그것은 다른 사람들로 하여금 사물에 대한 그 자신의 견해에 복종하도록 강제하는 것에 정당성을 부여해 줍니다. 그렇지만 실재에 다가갈 수 있는 단일한 특권적 접

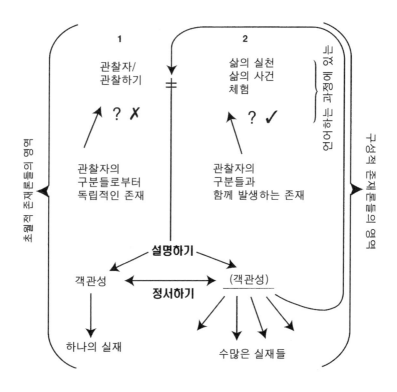

[그림 2] '관찰자의 존재론' 도표. 이 도표는 "관찰자로서 관찰하면서 우리가 하는 것을
우리가 어떻게 하는가?"에 대한 질문을 수용하는 경우에 어떤 일이 일어나는지를(설명
경로 2), 그리고 우리가 그러한 질문을 수용하지 않는다면 어떤 일이 일어나는지를(설
명 경로 1) 보여준다. 이 도표를 읽는 방법을 안다면, 관찰자가 어떻게 생물학적 존재
로서 발생하는지에 대한 이해가 드러난다. 이러한 이해는 관찰자가 '언어하는' 생명체
계로서의 인간의 삶의 실현 속에서 발생하는 상관적 작동의 방식임을 보여준다. 이 도
표는 인식의 영역에서는, 물리학 영역에서의 공식 $E = mc^2$과 같다.

근권이 없으며, 지각과 환각이 체험의 현실적 과정에서는 구분될 수
없다는 것을 깨닫자마자, 인간이 '일이 이러이러하다'라고 주장하기 위

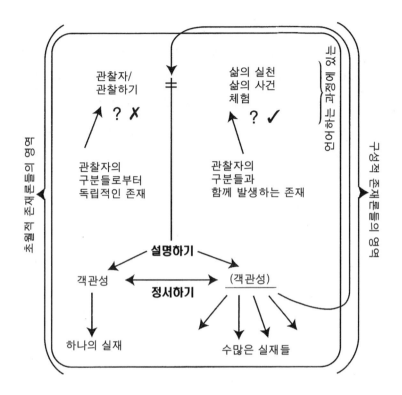

[그림 3] '인간의 생물학적 기반의 이해' 도표. 이 도표는 씨메나 다빌라 야네쓰와 움베르또 마뚜라나가 최근에 발전시킨 인지생물학 및 사랑의 생물학의 역사적 상호작용에서 인간됨의 구성과 보존이 맺고 있는 상관적 동학의 이해를 보여준다. 그들은 이것을 '인간의 생물학적 기반'이라고 부른다. 본질적으로 그것은 우리가 우리의 정서의 흐름에 따라 살아갈 수 있다는 우리의 상관적인 인간의 깨달음의 상이한 경로들을 밝혀주는 한편 우리가 성찰을 통한 변화에 개방되어 있는 기본적으로 조형적인(plastic) 존재임을 밝혀 준다.

해 어떤 기준을 사용할 수 있는가 하는 질문이 발생합니다. 이러한 질문을 제기할 수 있다는 바로 그 가능성이 공통적인 통찰의 공간, 협력의 영역을 열어 놓습니다. 다른 사람은 내가 더불어 이야기할 수 있는 정당한(legitimate) 타자가 됩니다. 우정, 상호존중, 그리고 협력이 나타납니다. 복종을 요구하는 것은 더 이상 불가능합니다. 일원 우주(universe)는 다원 우주(multiverse)[5]로 바뀝니다. 이 다원 우주 안에서는 무수한 실재들이 타당성의 다양한 기준에 준거해 타당합니다. 지금 우리가 할 수 있는 유일한 것은 스스로 타당성을 확보하기 위하여 우리가 무엇을 믿고 무엇을 생각하는지에 대하여, 다른 사람이 생각할 수 있도록 초대하는 것입니다.

푀르크젠 이것은 우리가 두 개의 근본적으로 상이한 입장들을 갖고 있다는 것을 의미합니다. 하나는 모든 지식이 관찰자에 의존한다는 주장이고, 다른 하나는 관찰자와 독립적인 실재가 지각될 수 있다는 주장입니다. 두 입장 모두 각기 다른 결론들을 갖게 되고, 환경에 대한, 그리고 다른 사람에 대한 독특한 접근법을 낳습니다.

마뚜라나 두 개의 구분되는 태도, 즉 생각하고 설명하는 두 가지 길들이 있습니다. 첫 번째 길을 나는 **괄호 없는 객관성**이라고 부릅니다. 이것은 우리가 알 수 있는(그렇다고 주장되는) 객체들이 관찰자와 독립적으로 존재한다는 것을 당연하게 받아들입니다. 진술들의 외부적 타당성의 가능성을 믿는 것이지요. 이러한 타당성은 권위와 무조건적 정당성을 '주장되는 것'에 넘겨줄 것이고, 그리하여 복종을 목표로 할

---

5. [옮긴이] 'uni-'와 'multi-'를 의식적으로 대비시키고 있는 점을 고려하여 'universe'와 'multiverse'를 각각 '일원 우주'와 '다원 우주'로 옮긴다.

것입니다. 그것은 "객관적인" 사실들에 동의할 준비가 되어 있지 않은 모든 사람들을 부정하는 것을 함축합니다. 그들에게 귀를 기울이려 하지 않거나 그들을 이해하려고 노력하지 않습니다. 여기에서 영향력을 발휘하는 근본적인 감정은 보편타당한 지식의 권위에 의해 힘을 받습니다. 상호배제적인 초월적 존재론들의 영역에 살고 있는 셈입니다. 각각의 존재론은 객관적 실재를 파악한다고 합니다. 그래서 존재하는 것은 사람의 개성 및 행동들과 독립적인 것처럼 보입니다. 두 번째 태도를 나는 괄호 친 객관성이라고 부릅니다. 그것의 감정적 기초는 다른 인간들과의 교제를 '즐기는 것'입니다. 관찰자의 질문은 충분히 받아들여지고, 모든 시도가 그것에 대답하기 위해 이루어집니다. 이러한 길에 따르면 객체들과 존재의 체험 사이의 구분이 부정되지는 않지만 객체들에의 준거[참조]가 설명들의 기초는 아닙니다. 모든 설명의 토대를 구성하는 것은 바로 체험들 간의 정합성입니다. 이러한 견해에 따르자면, 관찰자가 모든 실재들의 기원이 됩니다. 모든 실재들은 관찰자의 구분 작동들을 통해 창조됩니다. 우리는 구성적 존재론들의 영역으로 들어왔습니다. 모든 존재(Being)는 관찰자들의 '함'을 통해서 구성된다는 존재론 말입니다. 만일 우리가 이러한 설명의 길을 따른다면, 우리는 우리가 결코 진리를 가지고 있다고 주장할 수 없고 무수한 가능한 실재들이 존재한다는 것을 깨닫게 됩니다. 그러한 실재들 각각은 완전히 정당하며 타당합니다. 물론 바람직한 정도는 다를지라도 말입니다. 만일 우리가 이러한 설명의 길을 따른다면, 우리는 우리의 주변 인간들의 복종을 요구할 수 없고, 그들에게 귀를 기울일 것이고 협력과 소통을 추구할 것이며, 어떠한 상황 아래에서 우리가 '사람들이 말하고 있는 것'이 타당하다고 간주하게 될 것인지를 찾아내려고 노력할 것입니다. 그 결과 어떤 주장은 만일 그것이 실재의 적절한 영역의 타당화 기준들을 충족시킨다면 **참**될 것입니다.

다양한 세계들

푀르크젠 선생님의 개념적인 구분은 내가 볼 때에는 너무 복잡한 것이 아닌가 싶습니다. 이 두 입장들을 분리하기 위해 왜 **객관성**과 **주관성**으로 간단히 구분하지 않는 거죠?

마뚜라나 '주관성'은 괄호 없는 객관성의 길에서 하나의 진술을 평가절하하기 위해 사용하는 표현들 중의 하나입니다. 어떤 진술을 '순수하게 주관적'이라고 할 때, 그것은 그 진술이 실재와 부합하지 않아서입니다. 괄호 친 객관성에 대해 말함으로써 나는 모든 사람들이, 관찰자와 독립적인 준거점을 설정하는 것이 불가능하다는 사실을 깨닫고 있기를 바랍니다. 동시에 나는 우리와 독립적인 객체들이 존재하는 것처럼 보이는 우리의 체험을 구상해 보고 싶습니다. 이 괄호들은 어떤 깨달음의 상태를 가리키는 것을 뜻합니다. 나는 다음과 같은 질문을 던져봅니다. '말해지는 모든 것이 우리에 의해 말해지는 것이고 또 우리와 분리될 수 없다는 것을 우리가 알고 있음에도 불구하고, 어떻게 우리는 객체들을 우리와 구분되는 것으로 체험할 수 있는가?'

푀르크젠 선생님이 개념적인 구분들에 대해 그렇게 말하는 것을 들으면서, 나는 선생님의 언어 사용을 이끄는 원리에 대해 좀 더 명확한 생각을 갖기 시작합니다. 그 모든 신조어들과 더불어 선생님의 용어법은 인간 관찰자들의 체험들에 굳건하게 기초를 두고 있지만, 그와 동시에 그러한 체험들에 대한 색다른 견해를 제시하고 있습니다.

마뚜라나 내 생각이 바로 그와 같습니다. 때때로 나는 아직도 존재론과 존재에 대해 이야기한다고 비판을 받아 왔습니다. 존재론적 고찰들을 개체 발생적 관점으로 대체하지 않는다고 비난받았습니다. 사람들은 생성(becoming)의 과정들에 초점을 맞추는 것이 본질적이라고 생각했으니까요. 물론 이러한 요구에 마음이 끌리기는 하지만, 그에 수반되는 실재에 대한 거부, 그리고 의심할 바 없이 관찰자들의 행동들 속에 스스로 드러나는 객체들에 대한 거부는 우리 인간이 매일 겪게 되는 일상적인 체험들을 부정합니다. 따라서 그것은 내 논증을 위한 신뢰할 만한 기초로 기능할 수 없습니다.

푀르크젠 만일 우리가 말해지는 모든 것이 불가피하게 관찰자에게 다시 귀속된다는 것을 여전히 깨닫고 있다면, 우리의 보편타당한 실재는 무수한 상이한 실재들로 산산조각이 나 버립니다. 이 지구상에는 60억이 넘는 사람들이 살고 있습니다. 그렇다면 선생님은 60억 이상의 실재들이 존재한다고 말할 건가요?

마뚜라나 그것은 이론적으로 가능하지만 사실상 거의 있을 법하지 않습니다. 만일 우리가 60억 사람 중에서 약 50억이 괄호 없는 객관성의 길을 따른다고 가정한다면, 그들은 다소간, 동일한 실재 영역에 살고 있는 것입니다. 그들 중 어떤 사람들은 알라신을 믿고 또 다른 사람들은 여호와나 예수를 믿습니다. 하지만 또 어떤 사람들은 불가지론자들입니다. 어떤 사람들은 의식을 무조건적으로 타당한 실재라고 생각하고, 또 다른 사람들은 물질, 또는 에너지를 그렇게 생각합니다. 게다가 어떤 사람들은 자신들의 주장들의 궁극적 준거점으로 이념들이나 관념들을 선호합니다. 하지만 그들은 모두 하나의 근본적인 확실성으로 통일되어 있습니다. 그들은 자신들이 믿고 있음을 믿는 것이 아니라 오히려 자신들이 알고 있다고 믿습니다. 그것은 그들이 자신들이 믿고 있음을 알지 못하기 때문입니다.

푀르크젠 나머지 10억 사람들은 어떻게 되는 건가요? 선생님은 그들의 태도를 어떻게 특징지을 건가요?

마뚜라나 그들은 '어쩌면' 괄호 친 객관성의 길을 따를 수도 있을 것입니다. 그래서 성찰의 여지가 있습니다. 그들은 차이들을 존중할 것이고, 자신들이 진리의 유일한 소유자라고 주장하지 않을 것입니다. 그리고 다른 사람과의 교제를 즐길 것입니다. 그들은 더불어 살아가는 과정 속에서 차이나는 문화들을 만들어 낼 것입니다. 결과적으로, 가능한 실재들의 수는 잠재적으로 무한한 것처럼 보이지만, 그들의 다양성(diversity)은 공동체적 생활에 의해, 함께 창조한 문화들과 역사들에 의해, 공유된 이해들과 편견들에 의해 갇히게 됩니다. 모든 인간은 분명히 차이나지맨다르지맨 완전히 차이나지넌다르지넌 않습니다.

푀르크젠 나는 잠재적으로 무한한 수의 차이나는 실재들이 존재한다고 인식하면서 살 수 있나요? 무한하게 다양한 가능 세계들을 규명하려는 어떠한 시도도 불가피하게 무산되고 완전한 방향 상실에 빠질 것임에 틀림없을 것 같은데요.

마뚜라나 물론 우리는 복잡성을 단순화할 필요가 있습니다. 우리는 우리의 초점을 한정하고, 어쨌든 작용할 수 있을 것이라는 명확한 (specific) 기대들에 의존해야 합니다. 하지만 문제는 확실한 기대들에 매달리는 것도, 복잡성을 단순화하는 것도, 다양한 현상들을 하나의 개념, 아니 심지어 유일한 개념으로 범주화하는 것도 아닙니다. 내가 볼 때 핵심 문제는 기대하지 못한 어떤 것이 드러났을 때 우리가 우리의 확실성들을 버릴 준비가 되어 있느냐 하는 것입니다. 실망스러운 체험들이 꼭 깊은 좌절과 분노로 연결되어야만 하는 것은 아닙니다. 그러한 체험들이 정말 극적으로 새로운 전망들을 열어젖힐 수도 있습니다. 우리의 기대들이 충족되지 않았음을 깨닫고, 너무 흥분하지 않고 새로운 방향을 잡기로 결정하는 거죠.

푀르크젠 우리는 이런 식으로 세상에서 움직이는 법을 어떻게 배우는 건가요? 우리는 모든 것이 매우 다를 수 있다는 깨달음을 어떻게 얻는 거죠? 다양하게 가능한 삶의 길들 중에서 특별한 변수를 이미 선택했는데도 말입니다.

마뚜라나 우리의 삶에서 어떤 사건들은 이러한 종류의 통찰들을 불러 일으킵니다. 예를 들어, 우리가 어떤 믿음을 가지고 있는데 그러한 믿음에 따라 거부할 수밖에 없는 어떤 사람과 마주치는 일은 매우 자주 일어납니다. 사실 우리는 그런 사람을 좋아해서는 안 됩니다(그러나 우리는 쉽게 좋아합니다). 그래서 우리는 우리의 믿음과 그 사람에 대한 호감이 서로 맞지 않으며 더 이상 양립될 수 없다는 것을 깨닫습니다. 만일 우리의 믿음이 우선한다면, 그렇다면 문제가 되고 있는 그 사람은 호감이 가는 인간으로서는 우리 시야에서 사라져 버릴 것입니다. 하지만 만일 우리가 그의 매력에 끌려 그를 받아들이기로 선택한다면, 그렇다면 우리는 우리의 판단들과 이것들이 야기했던 결과들에 대해 성찰하기 시작하고, 그것들에 작별을 고하게 됩니다. 이러한 식으로, 우리는 모든 종류의 믿음들과 확실성들의 결과들이 우리에게 큰 장애를 가져올 수 있다는 점을 배우게 됩니다. 이 결과들은 우리에게 어떤 인식을 강제하는데, 우리는 성찰을 통해 이 성찰이 부적절함을 알게 되는 것입니다.

푀르크젠 그러니까 확실성이란 그것들의 결과들이 관계되는 한에서는 본질적으로 위험하다는 말이군요. 그것들이 느끼고, 생각하고 행동하는 대안적 방식들을 보이지 않도록 만드니까요.

마뚜라나 만일 그것들이 단지 순간의 덧없는 확실성들로서 표면화하지 않는다면, 그것들은 매우 강력한 어떤 것입니다. 그것들은 우리를 맹목적으로 만들고 모든 진전된 성찰을 시간낭비인 것처럼 보이게 만듭니다. 그래서 우리는 우리가 이미 어떠한 되풀이되는 성찰 노력의 유일하게 가능한 결과를 이미 알고 있다고 믿게 됩니다. 사실상, 우리가 무엇인가에 대해 백 퍼센트 확신한다고 말할 때, 그것이 정말로 의미하는 것은 무엇일까요? 우리는 이렇게 말합니다. '의심을 품어 보았자 소용이 없다. 왜냐, 우리의 믿음은 너무나 확고해서 그 믿음의 기원들의 조건들에 대해 생각하는 것은 완전히 부조리한 것으로 드러날 것이 틀림없기 때문이다.' 직접적인 행동이 요구되는 것처럼 보입니다. 게다가, 우리가 다른 사람들이 무지하다고 가정하고 그로부터 그들을 자유롭게 해주고 싶어 한다면, 그리고 세계에 대한 그들의 잘못된 지각으로부터 그들을 자유롭게 해주고 싶어 한다면, 우리는 정말로 위험스러운 존재가 될 것입니다. 그렇게 되면 실재의 권위는 착취와 정복, 전쟁과 성전을 정당화해주는 수단으로 기능할 것입니다.

푀르크젠 확실성들이, 그리고 절대적 진리에 대한 믿음이 필연적으로 다른 방식의 사고를 억압하는 것으로 이어진다는 말인가요?

마뚜라나 때때로 나는, 우리가 자신이 진리를 소유하고 있다는 믿음이 '제국주의로의 초대'로 이해되는 문화 속에 살고 있다고 생각합니다. '왜 우리는 무엇이 옳은지를 명확하게 알고 있으면서도 다른 사람들이 무지한 채로 계속 살아가도록 내버려두어야 하는가?' 이러한 문화 속에 사는 사람들은 또 이렇게 묻습니다. '그와 같이 주장되는 거짓된 세계관을 바로잡고 그것을 참되고 옳은 세계관으로 대체하는 것이 더 좋은 것이 아닌가? 그렇게 하는 것이 더 적절한 것이 아닌가? 실제로, 그렇게 하는 것이 반드시 필요한 것이 아닌가?' 어떤 단계에서는, 낯설고 이상한 모든 것들은, 당연하게도, 받아들이기 어렵고 견딜 수 없는 위협으로 보일 것입니다. 그래서 그것을 교정하고 제거하는 것이 적절한 것으로 간주될 것입니다. '무엇이 사실인지를 모두 알고 있다. 올바른 대답, 올바른 삶의 방식, 참된 신에 대해 모두가 알고 있다.' 이러한 태도가 가져올 수 있는 결과는, 폭력을 사용하는 것이 정당하다고 사람들이 느낀다는 것입니다. 자신들이 진리에 접근할 수 있는 특권을 가지고 있고, 위대한 이념을 얻기 위해 싸우고 있다고 주장하기 때문입니다. 그들이 믿고 있는 이러한 태도는 그들의 행위를 정당화해주고, 그들을 저속한 범죄자들로부터 구별시켜 줍니다.

푀르크젠 '전체주의적이 된 진리'라는 생각에 대한 이러한 비판의 표적은 누구입니까? 선생님은 어디에서 이러한 갈등 형태들을 보는지요?

마뚜라나 그것들이 항상 반드시 물리적 테러로 귀결되지 않는다 할지라도 그것들은 어디에나 존재합니다. (종종 싸움들, 아니 심지어는 전쟁과 유사한) 정치적이고 논쟁적인 토론에서 우리는 다른 사람을 거부하고 그들의 견해들을 거부합니다. 우리는 귀담아 듣지 않고 그들을 공격합니다. 실제로 우리는 그들이 그릇된 시각들을 유지하고 있다고 확신하기 때문에 귀담아 듣기를 거부합니다. 정치적 테러리즘은 어떤 사람들이 잘못되었고, 그래서 죽어야만 한다는 생각에 의존합니다.

관용과 존중

푀르크젠 우리가 세계의 실재를 있는 그대로 발견했다는 견해를 다루는 덜 위험하고 덜 광신적인 방식이 존재하나요?

마뚜라나 그것들은 전적으로 서로서로 연관되어 있는 사람들의 감정들에 달려 있습니다. 만일 그들이 서로를 존중한다면, 그들이 서로 다른 견해들을 가지고 있다는 사실은 풍요로운 대화와 생산적인 교환의 기회를 제공해 줄 수 있습니다. 하지만 만일 사람들이 추종을 요구한다면, 차이나는 견해들은 부정(negation)의 동기들을 제공할 것입니다.

푀르크젠 만일 우리가 선생님이 제안한 것처럼 삶의 형태들의 풍부함을 인식하고 다원 우주(multiverse) 안에서 편안함을 느낄 수 있도록 스스로를 훈련한다 해도, 우리는 다음과 같은 선택의 필연성에 직면할 것입니다. '우리는 모든 것을 다 수용할 수 없다. 우리는 어떤 삶을 살 것인지를 선택하고 결정해야 하며, 가능성들의 무한성을 한계지어야 한다.' 이것은 실재론자들의 경우에는 쉽습니다. 그들은 자신들이 무엇을 결정할지 명령하는 것이 객관적인 필연성들이라고 간단히 주장할 테니까요. 선생님은 의심할 바 없이 이러한 논의를 거부할 것입니다. 그렇다면, 필요한 결정들을 내리는 선생님의 기준은 무엇입니까?

마뚜라나 우리는 우리에게 좋은 것을, 우리의 행복(well-being)을 유지하고 증진시키는 것을 합니다. 예를 들어, 요리사 실습을 하고 싶어 하는 남자를 볼까요? 왜 요리사가 되고 싶어 하는 걸까요? 그는 이렇게 말합니다. "글쎄요, 요리사들이 필요하잖아요. 그렇게 되면 나는 직업을 갖게 될 것이고, 자활할 수 있는 편안한 길을 갖게 될 거예요. 그리고 나는 요리하는 게 좋아요!" 주의 깊게 들어보면 당신은 그가 제시하는 이유들이 모두 그의 행복(well-being)을 유지하고 증진시키는 것과 관계되어 있다는 것을 깨달을 겁니다. 이것은 결코 쾌락주의를 위한 옹호가 아닙니다. 이것은 단지 자신들의 삶의 결정들에 대해서 이야기하는 사람들에게 귀를 기울이자는 단순한 나의 제안입니다. 이 '미래의 요리사'는 분명 그가 자신의 이 직업을 통해 돈을 많이 벌 수 있다는 점을 덧붙일 것입니다. 그러나 이것은 그에게는 행복이 소득에 의존하는 것으로 보인다는 것을 의미할 뿐입니다.

푀르크젠 이 행복 기준은, 우리가 사람들이 그들의 인생행로와 관련하여 취하고 있는 어떠한 상상 가능한 결정에 대해서도 우리가 단순하게 받아들여야 한다고 말하는 것 같은데요. 선생님은 절대적 관용을 주장하고 있는 건가요?

마뚜라나 내가 볼 때 관용에 호소하는 것은 매우 불쾌한 구석이 있습니다. 그것은 **괄호 없는 객관성**의 길로 편향된 표현입니다. 관용을 요구하는 사람들은 실제로, (정당한 것으로 되어야 한다고 이미 결정해버린) 다른 사람들에 대한 거부와 폄하를 잠깐 동안 연기하고 유예하자고 제안하는 것일 뿐입니다. 다른 사람들을 그저 관용하는 사람들은 당분간 그들을 그대로 내버려 두지만, 언제나 자신들의 등 뒤에 칼을 숨기고 있습니다. 그들은 다른 사람의 말을 귀담아 듣지 않습니다. 그들에게 정말로 주의를 기울이지 않습니다. 그들만의 관념과 믿음이 전면에 그대로 내세워져 있습니다. '다른 사람들은 잘못되어 있지만 그들의 파괴는 잠깐 미루어져 있는 것이다.' 이것이 바로 관용인 것입니다. 하지만 괄호 친 객관성의 길을 따르면 우리는 다른 사람의 세계관을 경의를 가지고 대하게 되고, 그들의 말에 귀를 기울일 준비를 갖추게 됩니다. 그들의 실재들을 인정하고, 그것들을 근본적으로 정당한 것으로 받아들일 준비를 갖추게 됩니다.

푀르크젠 명백하게 실재들을 받아들일 수 없게 되는 것은 언제일까요? 심지어 괄호 친 객관성을 믿는 사람들에게조차 말입니다. 어떤 조건 하에서 근본적인 존중이 끝날 수밖에 없는 거지요?

마뚜라나 존중은 결코 끝나는 법이 없습니다. 물론 우리가 어떤 사람들이 우리가 위험하다고 그래서 불쾌하다고 생각하는 세계를 창조하고 있다는 것을 깨닫는다면, 우리는 분명 행동을 할 것이고 그들에 맞설 것입니다. 우리는 그들의 세계에서 살고 싶지 않기 때문입니다. 나는 우리의 행위들에 대한 이러한 종류의 정당화가 결정적이라고 생각합니다. 우리는 더 이상 우리의 행위들을 위한 지반들을 제공하기 위해 어떤 초월적 실재나 진리에 호소하지 않고 우리 자신의 책임을 충분히 자각하면서 행동합니다. 우리는 우리가 보고 있는 세계를 좋아하지도 원하지도 않습니다. 따라서 우리는 활동적이 되며 책임 있는 방식으로 사람들을 거부하거나 상호존중 속에서 분리를 수행합니다.

푀르크젠 선생님이 여기에서 제안하고 있는 관용과 존중이라는 다소 이례적인 구분과 관련해서 좀 더 구체적으로 이야기해 줄 수 있나요? 이 두 개념들은 보통 동일한 것으로 생각되어 동의어로 사용됩니다.

마뚜라나 맞습니다만, 그것은 엄청난 잘못입니다. 어쩌면 여기에서는 다음과 같은 사례가 우리를 깨우쳐 줄지도 모르겠습니다. 처칠은 히틀러를 매우 존중했다고 합니다. 그래서 히틀러의 진짜 의도를 이해했던 것입니다. 이것 때문에 처칠은 국가사회주의[나치즘]를 반대할 수 있었습니다. 하지만 체임벌린[6]은 히틀러에게 엄청난 관용을 베푼 결과 그를 올바르게 평가할 수 없었습니다. 이것 때문에 체임벌린은 히틀러와의 정말로 어리석은 협약을 맺고야 말았습니다.

푀르크젠 결과적으로 이러한 존중의 태도가 우리로 하여금 언젠가 — 책임에 대한 완전한 자각을 가지고 — 총을 사용하자고 결정하도록 해도 너무나 당연한 건가요?

마뚜라나 물론입니다. 사람들은 『나의 투쟁』을 읽고, 이 책에서 히틀러가 자신의 의도와 목적을 매우 공개적으로 드러내고 있다는 것을

---

6. [옮긴이] Arthur Neville Chamberlain(1869. 3. 18 ~1940. 11. 9) 영국의 총리(1937. 5. 28~1940. 5. 10)로서 제2차 세계대전 발발 직전 독일의 아돌프 히틀러에 대한 '유화정책'을 추진했다. [브리태니커 백과사전 인용]

곧바로 깨달을 수 있습니다. 그런 뒤에 그들은 자신들이 거기에 기술된 세계와 자신들 앞에 제시된 강령을 정말로 원하는지 결정해야만 할 것입니다. 다른 사람들의 실재들에 대한 존중만이 우리로 하여금 그들을 올바르게 평가하고 주의 깊은 행위들을 취하는 것을 가능하게 해 줍니다. 우리는 무언가를 결정하기 위해 그들의 말에 귀를 기울이기 때문입니다. 자신들의 적들에 관용을 베푸는 사람들은 그들을 똑바로 보지 못합니다. 그들 자신의 믿음이 그들의 지각을 흐리게 하기 때문입니다. 하지만 적들을 존중하게 되면 그들을 이해하는 것이, 그리고 필요하다면 그들에게 맞서는 것이 가능해집니다.

푀르크젠 내가 볼 때 문제는 이제, '어떤 식으로도 지배와 연루되지 않는 방식으로 우리가 어떻게 이 매우 근본적인 종류의 존중을 증진하고 실천할 수 있는가'가 아닐까 싶습니다. 선생님이 일관성을 지키고자 한다면, 선생님은 다른 사람들에게 선생님의 생각에 동의하라고 강제할 수 없습니다. 그렇다면 지배와 조작을 용인할 수 없을 때 우리는 어떻게 앞으로 나아가야 할까요? 어떻게 사람들을 확신시키죠?

마뚜라나 나는 결코 누구도 확신시키려 하지 않습니다. 어떤 사람들은 내 생각들을 접하고는 골치 아파 합니다. 충분히 그럴 만합니다. 나는 결코 그들의 견해들을 교정해서 내 자신의 생각을 그들에게 강제하려고 하지 않을 것입니다. 그렇지만 또 다른 사람들은 지난 20여 년 동안 내가 출간한 것들에 마음이 움직입니다. 그것들이 그들 자신의 삶에 영향을 미친다는 것을 발견하기 때문입니다. 그들은 내가 쓴 것을 단지 읽기만 하는 것이 아니라, 내 강의를 들으러 오기도 합니다. 이것들은 나의 성찰들을 따르자고 하는 초대들입니다. 내가 해야 할 유일한 일은 나와 대화하려 하고 대화하고 싶어 하는 그 사람들과 대화하는 것입니다. 나는 사람들이 나의 말에 귀를 기울이고 싶어하면 강의를 합니다. 나는 논문과 책들을 쓰고 학생들과 작업합니다. 그리고 언젠가 어쩌면 한 젊은이가 독일에서 칠레로 건너와 나를 방문해서는 더 꼼꼼하게 세부적인 것들에 대해 물을지도 모르지요.

푀르크젠 선생님은 사람들이 선생님의 말에 귀 기울이도록 그들을 초대한다는 말인가요? 하지만 초대라고 하는 것은 신속한 행동이 요구될 때에는 커다란 맹점을 가지고 있습니다. 그것은 정의상 정당하게 거절될 수도 있습니다. 하지만 법률을 공포하고 규범을 정식화하는 사람들은 속도라는 엄청난 이득을 봅니다. 필요한 권력이 주어지면, 그들은 사람들에 대한 신속한 통제를 획득할 수 있고 그들 자신의 목적들과 의도들과 관련해서 그들을 신속하게 정렬시킵니다. 어쩌면 초대들은 때때로 솔직히 너무 늦게 받아들여질 수도 있습니다.

마뚜라나 그렇다면 무엇이 대안일 수 있을까요? 자유의 황홀한 이점들을 사람들에게 설명하기 위해 그들을 감옥에 가두고 사슬에 묶어야만 할까요? 폭력을 거부하라고 우리가 사람들을 강제할 수 있을까요? 이러한 접근법은 결코 효과가 없을 것입니다. 내 견해는 이렇습니다. 소위 윤리적 법률과 규범들조차도 성찰의 가능성을 파괴한다는 것입니다. 그것들은 개인적으로 책임 있는 행동의 토대들을 제거하고 복종을 요구합니다. 더 면밀히 살펴보면, 그것들은 폭정(tyranny)을 위한 또 하나의 표현에 불과합니다. 당신은 어떤 세계관이나 삶의 방식이 선택될 때 어떤 일이 일어나는지를 사람들에게 보여줄 수 있습니다. 당신은 그들의 믿음과 행위들에 내재해 있는 결과들을 그들에게 제시해 줄 수 있지만, 그것은 그들에게 무엇을 하도록 강제하거나, 사물에 대한 특정한 관점을 받아들이도록, 다소 폭력적으로, 그들에게 압력을 행사하는 것과는 완전히 다릅니다.

미적인 유혹

퇴르크젠 선생님은 또한 좀더 바람직한 형태의 새로운 종류의 사고를, 좀더 바람직한 형태의 '더불어 살기'를 요청하고 있습니다. 그와 동시에 이러한 변화를 전혀 바라지 않는 그와 같은 사람들에게 무조건적인 존중을 보여주려 하고 있습니다.

마뚜라나 결정적으로 중요한 것은 깨달음에서의 변화입니다. 하지만 이것은 어떤 식으로건 강제에 의해 생겨날 수 없습니다. 그것은 모든 인간 개인의 통찰을 통해 나타나야 합니다. 비록 자신뿐만 아니라 다른 사람들을 변화시키기를 원하는 단순한 생각이 불가피하게 폭정의 유혹에 직면케 한다 할지라도 내가 분명 다른 종류의 세계를 원할 것이라는 점을 부정할 수는 없습니다. 물론 나는 서로를 존중하는 협력적 개인들이 구성하는 민주적 공동체로 이루어진 세계를 갈망합니다.

나는 이러한 형태의 '더불어 살기'에 기여하고 싶습니다. 그것은 압력과 폭력 없이 실현할 수 있을 뿐입니다. 그리고 내가 할 수 있는 것이란 민주주의를 지지하고 민주주의를 살아 있도록 유지하기 위해 민주적으로 고무된 개인으로서 행동하는 것입니다. 이것이 의미하는 것은, 여행이 곧 목적지라는 것입니다. 내가 가지고 있는 이용 가능한 수단은 내가 도달하고자 원하는 목적의 직접적인 표현입니다. 누구에게도 민주주의를 받아들이도록 강제할 수 없습니다. 그 누구에게도 말입니다.

푀르크젠 선생님은 학계나 대학 세계에서 사람들이 기꺼이 귀를 기울이고 싶어하는 운 좋은 입장에 있습니다. 만일 사람들이 더 이상 선생님의 말에 귀를 기울이려 하지 않는다면 어떤 일이 일어날까요? 그렇다면 선생님은 어떻게 하겠습니까?

마뚜라나 그때에는 어떤 일이 일어날까요? 그것은 모두 더할 나위 없이 정당합니다. 어떤 강의들에서 나는 내가 UN의 인권 목록에 세 항목을 더 추가했노라고 언급한 적이 있습니다. 실수를 할 권리, 자신의 견해를 바꿀 권리, 언제라도 자리를 떠날 권리. 만일 사람들이 실수하는 것이 허용된다면 그들은 실수들을 바로잡을 겁니다. 자신의 견해들을 바꿀 수 있도록 권리를 부여받은 사람은 성찰할 수 있습니다. 만일 사람들이 언제라도 일어나서 떠날 권리를 갖고 있다면 그들은 원하는 경우에만 머물 것입니다.

푀르크젠 선생님의 책『인지생물학』의 마지막 대목에서 선생님은 미적인 유혹이라는 개념의 밑그림을 그리고 있습니다. 이것은 무엇을 의미합니까? 우리가 호소력 있게 설득하고 납득시키기 위해 아름다움과 미적인 것을 어떻게 이용할 수 있다는 건가요?

마뚜라나 미적인 유혹이라는 생각은 사람들이 아름다움을 즐긴다는 통찰에 기초하고 있습니다. 우리는 우리가 처해 있는 상황들이 우리에게 기분 좋은 느낌을 가져다 줄 때 어떤 것을 아름답다고 합니다. 다른 한편, 어떤 것을 추하다, 그리고 불쾌하다고 하는 판단은 '기쁘지 않음'을 가리키는데, 왜냐하면 우리가 그것이 기분 좋고 유쾌한 것에 대한 우리의 견해들과 다르다는 것을 깨닫기 때문입니다. 미적인 것은 조화와 기쁨이며, 우리에게 주어진 것에 대한 향유입니다. 어떤 매력적인 풍경은 우리를 변형시킵니다. 어떤 아름다운 그림은 그것을 계속해서 쳐다보도록 만들고, 색채들이 어우러져 이루어 내는 구도를 향유하도록 만들고, 사진 찍게 만들며, 어쩌면 그것을 사도록 만들기조차 합니다. 그림과 맺는 관계는 사람들의 삶을 변형시킬 수도 있습니다. 왜냐하면 그 그림은 미적인 체험의 원천이 되었기 때문입니다.

푀르크젠 선생님이 글을 쓸 때나, 강의를 하거나 인터뷰를 할 때 미적인 유혹이라는 이 생각이 선생님에게 가치를 지닌다는 것을 안다는 것은 내게는 흥미로운 일일 것 같군요. 이것이 수사학적 책략들이나 조작법을 탐색하는 소리로 들리기도 하는데요, 나는 선생님이 사람들을 유혹하고자 할 때, 실제로, 무엇을 하는지를 알고 싶습니다.

마뚜라나 분명히 말하건대 나는 조작을 통해 사람들을 유혹하거나 설득하려는 의도를 결코 가지고 있지 않습니다. 만일 내가 이런 식으로 유혹하고자 했다면 아름다움은 사라졌을 겁니다. 설득하려는 모든 시도는 압력을 가하게 되고 귀 기울여 듣기의 가능성을 파괴합니다. 압력은 원한을 만들어 냅니다. 사람들을 조작하고자 하는 것은 저항을 자극합니다. 조작은 그들에게 무슨 일이 일어나건 그들에게 혜택이 되고 이득이 된다는 인상을 주는 것과 같은 방식으로 우리가 다른 사람들과 맺은 관계를 이용하는 것을 의미합니다. 그러나 결과적으로 조작을 당한 사람들이 드러내는 행동들은 사실상 조작을 하는 사람들에게 유용합니다. 따라서 조작은 진정, 사람들을 기만하는 것을 의미합니다.

푀르크젠 그렇다면 우리는 어찌해야 할까요?

마뚜라나 미적인 유혹과 관련해서 나에게 남겨진 유일한 일은 그저, 완전히 그리고 전적으로 나 자신이 되는 것입니다. 그리고 내가 말하고 있는 것과 내가 하고 있는 것 사이의 어떠한 불일치(discrepancy)도 용납하지 않는 것입니다. 물론 이렇다고 해서 이것이 내가 강의 중에 뛰어 돌아다니며 과장된 몸짓을 하는 것을 배제하는 것은 결코 아닙니다. 하지만 설득하고 유혹하기 위해서가 아니라 내가 이야기하고 있는 것을 생산하고 명확하게 하는 체험들을 낳기 위해서 말입니다. 이런 식으로 나와 알고 지내게 되는 사람들은 이제, 자신들 앞에서 보게 되는 것을 그들이 받아들이길 원하는지를 스스로 혼자 힘으로 결정할 수 있습니다. 오직 말해지는 것과 행해지는 것 사이에 불일치가 없을 때에만, 핑계도 없고 압력도 없을 때에만, 미적인 유혹은 펼쳐질 수 있습니다. 이러한 상황에서 귀 기울여 듣고 논쟁을 벌이는 사람들은 자신들을 제약받지 않고 기분 좋은 방법으로 표현할 수 있는 만큼 받아들여지고 있다고 느낄 것입니다. 그들은 공격받지 않으며, 어떤 것을 하도록 강제되지 않습니다. 그리고 그들은 자신들의 모습을 있는 그대로 보여줄 수 있습니다. 왜냐하면 다른 사람도 그 자신을 적나라하게, 그리고 무방비 상태로 내보이기 때문입니다. 이러한 행위는 언제나 바람직하게 유혹적입니다. 왜냐하면 모든 질문들과 두려움들이 갑자기 정당하게 되고, 서로 마주칠 수 있는 완전히 새로운 가능성들이 출현하기 때문입니다.

인지생물학

진리의 체험

푀르크젠 선생님은 모든 지식이 필연적으로 '관찰자에 의존하고,' 궁극적 실재를 주장하는 것은 테러로 이어지며, 어떠한 형태의 강압도 거부되어야 한다고 말합니다. 우리가 지금까지 논의해 오고 있는 모든 생각들이 매우 넓은 의미에서 윤리적인 가정들과 연관되어 있다는 인상이 드는데요. 우리는 실재적인 것에 대한 객관적인 지식이 불가능할 수밖에 없다는 주장과 관계된 결론들 및 귀결들에 대해 이야기를 나누어 오고 있습니다. 내 질문은 이제 선생님의 윤리적 요구들이 인식론적으로 정당화될 수 있느냐 하는 것입니다. 진리가 영원히 미지의 상태로 남아 있을 수밖에 없다는 추정을 위한 결정적인 증거가 있습니까? 증명할 수 있나요?

마뚜라나 당신의 질문에 답하기 위해서는 우리가 증명으로 받아들이고자 하는 것이 무엇인지 해명할 필요가 있습니다. 어떤 것이 참 또는 거짓이라고 말하는 것이 실제로 어떤 의미가 있는 것일까요? 어떤 가설은 그것이 내가 생각하고 있는 것과 맞아떨어지기 때문에 증명되는 걸까요? 단지, 이른바 증거와 내 자신의 전제들 사이의 이러한 상응 때문에 증명의 방법에 귀 기울이고 믿을 준비가 되어 있는 걸까요? 그래서 우리는 어떤 것을 그것이 우리가 미리 가지고 있는 생각들과 조화되지 않는다고 해서 거짓이라고 부르는 걸까요? 어떤 것이 그 자체로 옳거나 틀릴 수 있을까요? 무엇이 사람들이 어떤 주장을 증명된 것으로 받아들일 수 있는 기준으로 사용되는 걸까요? 이러한 질문들에 대한 나의 대답은 이렇습니다. 즉 나는 (내가 실제로 일어나고 있다고 주장하는) 어떤 일이 일어날 수 있는 조건들에 대해 진술할 수 있는 과학자라는 것입니다. 나는 과학적 설명의 조건들을 충족시키는 논증들과 추론들을 제공할 수 있지만, 내가 실제 말하고 있는 것은 참도 거짓도 아닙니다.

푀르크젠 하나의 증명 또는 과학적 설명은 설득력 있는, 그리고 특히 절대적으로 타당한 형태의 증거가 된다고 일반적으로 생각됩니다. 증명이 가정이나 가설을 진리로 변형시켜 준다는 것이지요.

마뚜라나 나는 이것에 이의를 제기할 것입니다. 내가 볼 때, 증명이란 서술을 납득할 만하게 제시하는 것입니다. 이것은 우리가 증명하고 싶어 하는 사건을 발생시키고 생산합니다. 증명들과 설명들은 외부적 실재나 진리의 성찰과는 아무런 관계가 없습니다. 그것들은 사람과 사람 사이의 관계의 표현들입니다. 우리는 어떤 논증이나 설명을 그것들이 타당하다고 간주하기 때문에 믿습니다. 우리가 — 어떤 이유에서건, 그리고 타당성의 가장 다양한 기준들을 기초로 해서 — 받아들일 수 있다고 생각하는 방식으로 서술되기 때문에 믿습니다.

푀르크젠 그렇다면 진리의 체험은 사실상 일종의 조화의 체험인가요?

마뚜라나 바로 그렇습니다. 문제들이 마침내 해결된 것처럼 보이고 대답들이 찾아진 것처럼 보일 때, 그때 모든 의심과 연구는 만족함의 상태로 대체됩니다. 더 이상의 질문들은 없습니다. 증명들과 설명들은 근본적으로 개인들이나 집단들이 그것들을 수용하느냐의 여부에 달려 있습니다. 그것들은 관계를 변화시킵니다. 만일 우리가 무언가를 받아들인다면, '증명되고 설명되어야 할 것'의 수용 가능성에 대하여 결정하기 위하여 타당화의 기준을 우리가 의식적으로건 또는 반의식적으로건 항상 적용하는 것입니다.

실험의 인식론

푀르크젠 선생님은 책에서 개구리, 도롱뇽, 비둘기를 가지고 한 실험을 서술하고 있습니다. 선생님은 이러한 동물들의 지각에 대해 연구했습니다. 그래서 선생님의 인식론적 통찰들은 실험실에서 이루어진 작업의 산물들이라고 할 수 있을 것 같습니다. 이러한 연구들은 단지 우리가 실재 세계에 대해 결코 알 수 없다는 가정을 예증하는 건가요, 아니면 이 연구들엔 그 이상의 무엇이 있는 건가요?

마뚜라나 이 실험들은 나의 개인사 및 과학자로서의 내 체험들과 관계가 있습니다. 그것들은 진리의 증거로서 여겨져서는 안 됩니다. 그것들은 내 자신의 사고방식의 출발점들과 과정을 예증하고 있습니다. 내가 개구리, 비둘기, 도롱뇽 실험에 대해 이야기할 때 나는 바로 당시 내 생각들이 발전해 나왔던 상황들을 말하고 있는 것입니다. 이런 식으로, 나로 하여금 지각 연구에 대한 전통적인 경로들을 벗어나 인식론적 질문(하기)의 기존 체계를 변화시키도록 유도했던 조건들이 밝혀집니다.

푀르크젠 어떤 적절한 실험을 예로 들어 선생님의 재정향의 역사를 설명해 줄 수 있나요?

마뚜라나 40년대에 미국 생물학자 로저 스페리에 의해 수행된 몇 가지 실험들을 들어 보죠. 로저 스페리는 도롱뇽의 한쪽 눈을 벗겨 내어 시신경을 절단하고 그것[눈]을 180도 회전시킨 다음 조심스럽게 다시 안구에 넣었습니다. 시신경은 재생되었고 도롱뇽의 회전된 눈들의 시력은 몇 시간 후에 회복되었습니다. 모두 고쳐졌지만 결정적인 차이가 있었습니다. 도롱뇽들이 180도 편차를 두고 혀를 내뻗었던 것입니다. 벌레를 잡으려고 했을 때 말입니다. 이 놀라운 편차는 눈에 가해진 회전각과 정확히 일치했습니다. 따라서 어떤 도롱뇽은 벌레가 자기 앞에 있을 때 몸을 돌린 뒤 혀를 내뻗었습니다.

푀르크젠 이 실험들은 무엇을 보여주거나 증명하려고 의도된 것이었습니까? 목적이 뭐였나요?

마뚜라나 로저 스페리는 이 실험들을 통해 시신경이 재생될 수 있는지, 그리고 시신경의 섬유조직들이 그것들의 두뇌 속의 원래의 투시영역들을 묶기 위해 다시 성장하는지 밝혀내고 싶었습니다. 대답은, 실제로 그런 일이 일어났다는 것입니다. 그는 또한 도롱뇽들이 자기의 행위를 교정할 수 있는지, 그것들이 학습을 할 수 있는지, 그리고 반복적으로 혀를 내뻗은 이후에 다시 벌레를 맞혀 잡아먹을 수 있는지 밝히고 싶었습니다. 대답은, 그것이 가능하지 않다는 것입니다. 그 동물들은 180도 편차로 계속해서 혀를 내뻗었습니다. 그것들은 먹이를 주지 않으면 굶어 죽습니다. 하지만 내가 이 실험들에 대해 직접 듣고 그 실험들을 따라해 보았을 때, 나는 로저 스페리가 관찰된, 현상을 혼란에 빠뜨리는 경향이 있는 오도된 질문을 정식화했다는 것을 깨달았습니다.

푀르크젠 어떤 점에서 그의 연구 목적이 잘못된 길로 빠지고 있었을까요?

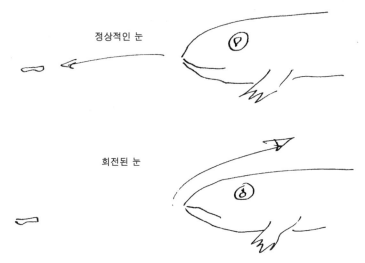

정상적인 눈

회전된 눈

[그림 4] 이 그림은 관찰자가 두 마리의 도롱뇽 앞에 벌레를 놓아 둔 것을 보여준다. 정상적인 눈을 가진 도롱뇽은 관찰자가 그 앞에 벌레를 갖다 놓자 혀를 내뻗는다. 이 도롱뇽은 정상적으로 벌레를 잡아먹는다. 두 번째 도롱뇽은 회전된 눈을 갖고 있는데, 관찰자가 그 앞에 벌레를 갖다 놓자 혀를 뒤로 내뻗는다. (움베르토 마뚜라나 그림)

마뚜라나 그는 도롱뇽이 외부 세계의 벌레를 자신의 혀로 겨눈다는 가정에서 출발했습니다. 그의 물음은, 그레고리 베이트슨이 말했던 바처럼, 하나의 인식론 전체, 특수한 세계관을 함축합니다. 외부의 객체가 그 모양과 위치에 대한 정보의 형태로 도롱뇽의 두뇌 속에서 처리된다는 점이 은연중 당연한 것으로 가정됩니다. 그 결과로 도롱뇽은 실수를 저지릅니다. 도롱뇽은 외부로부터 다가오는 정보를 올바르게 처리하지 못하는 것입니다. 하지만 내가 보기에는, 그 실험을 전혀 다른 식으로 해석하는 것이 훨씬 의미 있었습니다. 나는 이렇게 주장할 것입니다. 도롱뇽은 (혀를 움직이고 내뻗는 것으로 이어지는) 자기의 신경체계의 활동들을 망막의 일정 부분의 활동들과 서로 연관시킵니다. 만일 벌레의 영상이 비치면 도롱뇽은 자기의 혀를 내뻗습니다. 도롱뇽은, 자기가 외부적인 관찰자에게 보이는 것처럼, 외부 세계의 벌레를 겨누지 않습니다. 이 경우에 보이는 상관관계는 내적인 것입니다. 이런 식으로 보면, 도롱뇽이 자기의 행위를 바꾸지 못하는 것은, 그것이 학습을 하지 못하는 것은, 전혀 놀랄 일이 아닙니다.

푀르크젠 분명 정상적인 조건들에서는 세계와 그것의 지각 사이에는 체계적인 연결이 존재합니다. 만일 도롱뇽의 눈이 의도적으로 수술되지 않고 바뀌지 않았다면 벌레를 잡았겠군요.

마뚜라나 맞습니다. 그리고 우리는 내부적인 상호관계들을 발생시키는 신경체계를 갖춘 도롱뇽이 대체로 벌레들이나 다른 작은 동물들을 자기의 혀를 내뻗음으로써 최고도로 정확하게 잡는 것이 도대체 어떻게 가능한지를 자문해야 합니다. 그 실험은 편차에서의 어떤 정상성을 보여줍니다. 우리는 바로 그 정상성의 근저에 있는 조건들에 대해 성찰하게 됩니다. 보통의 조건들에서 실제로 도롱뇽의 혀가 벌레를 정확하게 맞추는 일이 도대체 어떻게 일어날까요? 설명은 다음과 같은 사실에 의해 주어집니다. 즉 도롱뇽과 벌레가 정상적으로 공통의 역사를 공유하고 (정교하게 조정된 대응 관계들 및 상호변형이 발전해 온) 진화 과정의 일부(즉, 유기체와 매개체 사이의 구조적 연동7)를 이룬다는 사실 말입니다. 외부의 관찰자가 바깥 세계의 모습들(예를 들어 벌레의 나타남)과 유기체의 활동들을 상호 연관시킨다는 것이, 유기체가 자기의 행위를 그에 맞춰 정향하기 위해 이러한 형상들을 실제로 이용한다는 것을 증명하는 것은 아닙니다.

푀르크젠 선생님 자신은 로저 스페리의 실험들에서 어떻게 그 숨겨진 인식론을 발견할 수 있었나요? 그리고 어떤 체험들과 관찰들에 힘입어 선생님이 오늘날 주창하고 있는 경험적 인식론을 전개시킬 수 있었나요?

마뚜라나 내가 로저 스페리의 실험들을 따라한 것은 1955년 영국에서였습니다. 그리고 내가 실제로 하고 있는 것을, 그리고 그때까지 모호한 채로 남아 있었던 것을 간파하기까지 다시 10년이 더 걸렸습니다. 그때가 되어서야 나는 신경체계가 작동하는 방식, 즉 그것이 상호관계를 이루는 작동을 이해했습니다. 1965년 칠레에서 비둘기들의 색채 지각에 대한 실험을 했을 때, 로저 스페리의 가정들과 흡사한 가정들로부터 시작했습니다. 내 목표는 (내 실험들의 반복가능성을 확보하기 위해 그 분광 조성[8]에 기초해 명기했던) 외부 세계의 색채들이 어떻게 망막의 활동들과 상호 연관되는가를 보여주는 것이었습니다. 나는 빨강, 초록, 파랑 등의 색채들, 망막의 활동들, 그리고 세포 위의

---

7. [옮긴이] 'structural coupling'(독일어로는 Strukturelle Kopplung)은 그것이 가지고 있는 동적인 느낌을 살려 '구조적 연동'으로 옮긴다. 『인식의 나무』(최호영 옮김)에서는 '구조접속'으로 번역된 바 있다.

8. [옮긴이] 분광조성(spectral composition)은 서로 다른 파장에 대해 색자극으로 지각되는 단위파장 방사량의 절대치와 파장과의 관계를 말한다.

망막 중추 사이에 존재하는 연결들을 확립하고 싶었습니다. 빨간, 푸른, 또는 파란 객체들이 무엇을 바깥으로 방출한 것일까요?

푀르크젠 그래서 선생님은 외부 객체가 유기체 내부에서 일어나는 것을 결정한다고, 그렇게 생각했군요.

마뚜라나 바로 그렇습니다. 나는 색채와 비둘기 망막의 활동들 사이의 모호하지 않은 상호관계를 설명할 수 있기를 기대했습니다. 왜냐하면 비교되는 실험들을 통해서 어떤 세포들의 활동들이 실제로 특정한 모양들과 상호관계를 이룰 수 있다는 것을 보여주었기 때문입니다. 나는 수많은 실험들을 했습니다. 그럼에도 불구하고 나는 내가 예상했던 상호관계를 전혀 확증할 수 없었습니다. 주어진 분광 조성들에 정해진 방식으로 반응할 특정한 세포들이나 세포 그룹들을 발견하는 것은 불가능했습니다.

신경체계는 왜 폐쇄적인가

푀르크젠 그래서 우리는 여기에서 하나의 가설을 검증해 보려 애쓰는 모든 연구자들의 전형적인 상황을 만나게 되는군요. 그들은 보통 동일한 노선에 따라 계속 연구하거나, 주어진 작업틀 내에서 자신들의 가정을 바꾸거나, 또는 완전히 상이하고 새로운 가설을 전개시킬 것입니다. 선생님은 어떻게 했나요?

마뚜라나 처음에 나는 나의 기록 자료들이 아직 충분히 정확하지 않다고 생각했고 그래서 그것들을 다듬고 내 기록기기를 개선하려 노력했습니다. 내가 한 절차는 다음과 같았습니다. 비둘기들에게 색채표를 보여주고 그들의 망막 세포들의 활동들을 정교한 전극들을 이용해 기록합니다. 그렇지만 계속해서 다시 설계된 수많은 실험들은 모든 세포들이 많든 적든 모든 상이한 분광 조성에 반응한다는 것을 보여줄 뿐이었습니다. 세포 반응의 극미하게 차이나는 양태들로부터, 어떤 세포들 또는 세포 그룹들의 활동과 색채들의 분광 조성 사이의 어떠한 의미 있는 상호관계도 읽어 낼 수 없었습니다. 반응 양태들에서의 소소한 차이들은 중요하지 않았습니다.

푀르크젠 비둘기들의 색채 지각에 대한 이 실험과 조작된 도롱뇽들의 놀랄 만한 행위를 비교해보면 우리는 다음과 같은 동일한 상황에 봉착합니다. 내부에 있는 것을 외부의 결정 요소들 — 색채를 가진 대상이나 움직이는 벌레들 — 로 결정하는 문제 말입니다.

마뚜라나 그것이 요점입니다. 더욱이 모든 실험이 특수한 세계관, 완전한 인식론이나 우주론, 일단의 예상들과 전제들 등을 포함한다는 것이 분명해졌습니다. 이것들이 우리의 작동들을 이끄는 것이지요. 하지만 어느 날 나는 외적 자극과 내적 반응 사이의 상호관계가 도무지 성립될 수 없기 때문에 내 예상들이 어쩌면 결코 실현될 수 없을지도 모른다는 것을 깨달았습니다. 그제야 정말로 나는 로저 스페리의 실험들과 그 실험들이 은폐하고 있는 인식론의 의미를 평가하기 시작했고,

유기체의 신경체계를 폐쇄된 체계로서 그려보기 시작했습니다. 이것은 나의 사고에 새로운 방향을 제시해 주는 전환점이었습니다.

푀르크젠 정확히 무엇이 그와 같은 선생님의 견해의 변형을 가져왔나요? 그 이유는 무엇이었나요? 선생님은 단순히, 원래의 가설의 실패를 받아들이고 새로운 화제로 옮겨갔는지도 모릅니다.

마뚜라나 그런데 바로 그것이야말로 일어나지 않았던 것입니다. 왜냐하면 나는 어떤 변형을 여전히 수용할 만한 틀을 뒤엎는 일종의 재정향을 용케 이루어 냈기 때문입니다. 자기의 가정들과 절차들을 약간 수정하는 관례적인 방식은 훨씬 정교한 측정 기구들을 만들어 내는 데에, 그리고 결국에는, 생산적인 결과들을 생산하리라는 희망으로 새로운 실험들을 계속해서 수행하는 데에 있을 것입니다. 하지만 나는 무언가 완전히 새로운 것을 선택했습니다. 이 덕분에 내 대학 동료들은 내 정신 상태를 심각하게 의심하기도 했지요. 나는 다음과 같이 생각했습니다. '어쩌면 나는 망막의 활동이 (일정한 체험을 나타내는) 색채들의 이름들과 연결되는 것으로 나타날 수 있는가 하는, 그리고 망막의 활동과 색채들의 이름들 사이에, 다시 말해 신경체계 내부의 다양한 활동 상태들 사이에 내적인 상호관계가 있을 수 있는가 하는, 이상한 문제를 다루지 않으면 안 된다.' 그 결과 내 연구의 목적 및 전통적인 관점과 관련해서 중대한 변화가 일어났습니다. 갑자기 나는 기존의 지각 연구의 전통들의 바깥에 놓이게 되었습니다. 갑자기 나는 다음과 같은 인식론적 물음들에 직면하게 되었습니다. '우리가 만일 신경체계를 하나의 폐쇄된 체계로 간주한다면 안다는 것은 무엇을 뜻하는가? 인지[인식] 과정은 도대체 어떻게 이해될 수 있는가?'

푀르크젠 색채 이름들과 망막 상태들을 상호 연관시킨다는 선생님의 핵심적인 생각은 정말로 어딘가 이상하고 다소 기묘해 보입니다. 색채들의 이름들과 명칭들이 결국은 관습의 임의적인 생산물들에 지나지 않는데 말입니다.

마뚜라나 사람들은 당연히 내가 미쳤다고 생각했습니다. 심지어 강의 중에 내가 무언가를 쓰기 위해 칠판으로 돌아서면 사람들이 등 뒤에서 나를 비웃는 일도 일어났습니다. 어느 날 내 친구가 이야기해 주더군요. 물론 나는 이름들이 임의적인 실체들임을 매우 잘 알고 있었습니다. 그와 동시에 나는 매우 다양한 분광 조성들에 대해 우리가 동일한 색채 용어를 사용한다는 것을 알고 있었습니다. 그러니까 우리의 색채 용어들은 우리 자신의 체험들에 준거합니다. 그것들은 체험들의 지시자인 것입니다. 설명되었어야 하는 것은 망막의 활동들과 망막 신경절 세포들의 활동들이 색채 이름들에 의해 드러난 특정한 체험들과 상호 연관되어 있다는 것이었습니다. 이것이 바로 내가 애써서 보여주려 했던 것입니다.

푀르크젠 그렇다면 색채란 무엇입니까?

마뚜라나 그것은 외부적인 어떤 것이 아니라, (외부의 빛의 원천에 의해 단지 풀려나오는) 유기체의 내부에서 일어나는 어떤 것입니다. 색채란 우리가 보는 것이며, 우리가 체험하는 것입니다. 색채 명칭은 어떤 상황들에 처한 개인의 특별한 체험과 관계된 것으로서, 빛의 주어진 분광 조성과 독립되어 있습니다. 나의 접근법은 신경체계의 활동을 신경체계의 활동과 비교하는 것이었습니다. 신경체계의 활동을 그 자체와 관련시키는 것이었습니다. 그리고 그것을 하나의 폐쇄된 체계로 간주하는 것이었습니다. 내가 초점을 맞추었던 것은 내적인 상호관계들이었습니다.

푀르크젠 이 의견도 얼핏 이상하고 모호하게 들립니다. 어쨌든 고전적인 견해는 유기체의 신경체계를 개방된 체계로 정의합니다. 수용체들은 외부의 자극들에 의한 흥분에 반응하고, 그 다음에 이 외부 자극들이 다음 단계에서 처리된다는 것이지요. 결과적으로 이러한 견해는 실재 세계를 다소간 충실하게 재현하고 있습니다.

마뚜라나 나와 생각을 함께 하고 그 생각을 자신의 성찰을 위한 기초로 받아들이는 사람들은 우선, 한때 생물학에서 매우 인기가 있었고 그렇지만 실제로 우리가 신경체계를 이해하는 데 그렇게 많은 기여를 하지 못한, '정보 처리' 개념에 대한 잘못된 해석에서 벗어나야 합니다. 오랫동안, 유기체의 신경체계가 외부로부터 오는 정보를 처리해서 이 유기체의 적절한 행위를 발생시킨다는 게 지배적인 생각이었습니다. 환경에 위치하는 정보의 원천은 주어진 외부 상황과 관련해 적절하게 될 행위를 발생시키는 방식으로 유기체의 구조를 변경시킬 것(이라는 것이 이러한 믿음의 가정)입니다. 하지만 이러한 견해는 전혀 도움이 되지 않습니다. 신경체계는 이런 식으로 작용하지 않으니까요.

푀르크젠 선생님은 이 사태를 어떻게 서술하겠습니까? 선생님이 볼 때, 무슨 일이 일어나고 있는 건가요?

마뚜라나 관찰자가 외적이라고 서술하는 대상에 반사된 빛이 망막에 닿으면, 망막 자체의 구조 안에서 일어나는 활동이 시작됩니다. (이는 빛의 원천의 구조 안에서, 또는 세계의 구조 안에서 일어나는 활동이 아닙니다.) 외부 세계는 신경체계 그 자체의 구조에 의해 결정되는 바의 유기체의 신경체계 안에 이러한 변화들을 유발할 수 있을 뿐입니다. 결론적으로 말하자면, 외부 세계가 자기 자신을 근본적이고, 참된 형태로 신경체계에 전달할 수 있는 가능한 길이란 원칙적으로 존재하지 않습니다.

푀르크젠 이것이 의미하는 것은 무엇입니까? 이렇게 정보 처리에 대한 생각을 버린다고 해서 어떻게 우리가 외부 세계, 유기체, 그리고 신경체계에 대해 다르게 생각하고 말하도록 고무되고 강제되는 거지요?

마뚜라나 우리의 접근법이 완전히 달라집니다. 우리는 더 이상, 외부 세계의 재현물들을 계산하고 외부에서 오는 정보를 처리하는, 그래서 유기체의 적절한 행위와 적합한 반응들로 귀결되는 체계로서 신경체계를 서술하는 것을 받아들일 수 없습니다. 신경체계는 이제 그 자신의 독특한 작동 방식을 갖춘 '구조적으로 결정된' 체계로 보입니다. 이 체계 안의 어떠한 변화도 단지 유발될 뿐이지, 전적으로 외부 세계의 특질들이나 성질들에 의해 결정되거나 확정되지 않습니다. 그것은 한 상태에서 다른 상태로 이어지는 그 자신의 변형들만을 계산합니다. 이 통찰을 받아들이는 사람들은 신경체계 내부에서 일어나는 작동들과 그것들 외부에서 발생하는 모든 과정들 사이에 엄밀한 개념적 구분을 두어야 합니다. 또한 아주 확실히 해 두어야 하는 것은, 신경체계에는 내부도 외부도 없고 단지 상호작용하는 요소들의 폐쇄적인 네트워크에서 일어나는 내적인 상호관계들이 영구적으로 약동할 뿐이라는 사실입니다. 내부와 외부는 관찰자에게 존재하는 것이지 체계 그 자체에는 존재하지 않기 때문입니다.

이중보기

푀르크젠 내가 볼 때, 신경 과정들을 이렇게 해석하는 것은 불가피하게, 생물학적인 기초 위에서 외부 세계를 부인하는 태도를 낳을 수밖에 없는 것 같은데요. 선생님이 얘기하고 있는 것은 유아론이 아닌가 하는 혐의를 다시 한 번 불러일으키는군요. 내가 선생님을 바르게 이해했다면, 신경체계는 완전히 인식상의 고립 속에 존재합니다. 그것은 마치 허공 속에 있는 것처럼 둥둥 떠다니고 있습니다.

마뚜라나 다시 한 번 나는 내 견해를 유아론적으로 바라보는 이 분류

(법)를 거부하지 않을 수 없군요. 다시 말해둡니다. 나는 관찰자이며, 외부 세계의 체험을 결코 부인하지 않으며, 공통적인 담론의 체험과 다른 사람들의 존재에 대한 체험을 부인하지도 않는다는 점을 말입니다. 그러나 나는 신경체계의 작동들이 이 외부 세계와 그 특징들에 어떠한 의미 있는 방식으로 관련될 수 있다거나 또는 그 작동들이 그러한 특징들로부터 도출될 수 있다는 것에는 힘주어 반대합니다. 신경체계는 폐쇄적인 체계로서 작동합니다. 즉, 신경체계는 활동의 신경 상태들 사이의 또 다른 변화하는 관계들을 끊임없이 낳는 활동의 신경 상태들 사이의 변화하는 관계들의 폐쇄적인 체계로서 작동합니다. 하나의 체계로서의 그것의 작동에는, 그 자신의 내적인 상태들 외에는 아무 것도 존재하지 않습니다. 오직 관찰자들만이 내부와 외부, 또는 투입과 산출을 구분할 수 있고, 결과적으로, 내적 과정들 및 유기체에 가해지는 외적 자극의 충격, 또는 역으로 외부 세계에 가하는 유기체의 충격을 규명할 수 있습니다. 적절한 행위라고 서술되는 것은 관찰자들에 의해 설정된 관계의 결과입니다. 그들은 외부 세계의 특징들을 유기체와 그것의 신경체계에 관련시켰던 것입니다. 비록 이러한 외적 특징들이 유기체의 작동들의 일부가 아니고 그것의 신경체계의 일부가 아니라 할지라도 말입니다.

푀르크젠 확실히, 체계의 폐쇄(성)에 대해 이야기하는 사람들은 외부 세계의 존재를 무시할 수 있고, 그것에 도전할 수 있고, 그것을 부인할 수 있습니다.

마뚜라나 폐쇄(성)를 가정하는 것은 신경체계의 내적 동학과 관계가 있으며, 그것의 작동 방식에 준거합니다. 그것은 외부 세계가 (그 체계의 폐쇄성과 독립적으로) 존재하는가 하는 문제, 또는 우리가 실재를 환각으로 간주해야 하는가 하는 문제와는 아무런 관계가 없습니다. 그것은 더 이상 문제가 되지 않습니다. 일단 우리가 '관찰자와 독립되어 있는' 실재에 대한 시험 가능한(testable) 주장들을 펼칠 수 있는 가능성들이 존재하지 않는다는 것을 받아들인다면, 우리의 인식론 상에서의 근본적인 변화는 완성됩니다. 모든 형태의 관찰과 설명은 이제 체계의 작동들의 표현들인바, 우리는 이제 그 작동들의 생산에 대해 다룰 수 있습니다. 하나의 재정향이 일어난 것입니다. '있음'에서 '함'으로의 변화가 일어난 것입니다. 고전적인 철학적 물음들의 변형이 일어난 것입니다.

푀르크젠 신경체계의 폐쇄(성)와 관찰자의 외적 관점이라는 가정들은, 내가 올바르게 이해한 것이라면, 관찰에 대한 두 가지 전망들의 구분을 함축합니다. 한편으로 관찰자들은 체계에 가해진 외적 충격을 서술하며, 자극과 대응, 투입과 산출, 원인과 결과 사이의 상호관계들을 구성합니다. 다른 한편으로 체계는 그 자신의 특유한 방식으로 — 외적 영향들과 독립적으로 — 작동합니다.

마뚜라나 그렇습니다. 생리학과 내적 체계 동학의 현상 영역은 환경 안에서의 행위 및 관찰 가능한 운동들의 영역과 교차하지 않습니다. 이러한 영역들은 그 각각으로 환원될 수 없으며, 그 영역들 중의 한 영역의 현상들이 다른 영역으로부터 유래할 수도 없습니다.

푀르크젠 예를 하나 들어줄 수 있나요?

마뚜라나 나는 내가 한 체계의 내적인 작동 동학과 그 체계 전체의 상호작용 영역에서 일어나는 것 사이의 차이를 설명하고 싶을 때 계기 비행을 예로 드는 경우가 있습니다. 조종사들이 조종실에 앉아 칠흑 같은 어둠 속에서 비행기를 조종하는 것을 상상해 보세요. 그들은 외부 세계에 직접적으로 접근할 수도 없거니와 그럴 필요도 없습니다. 그들은 측정값들과 표시기들을 기초로 해서 행동하고, 수치들이 변하거나 또는 수치들의 특수한 조합들이 나타날 때 자신들의 계기들을 이용합니다. 그들은 적절한 수치들을 지정된 한계들 내에 유지하기 위하여 감각운동적 상호관계들을 설정합니다. 비행기가 착륙하면 비행기가 도착하는 것을 지켜보았던 친구들과 동료들이 나타나서는, 짙은 안개와 위험한 폭풍우 속에서 조종사들이 성공적이고 훌륭하게 착륙한 것에 대해 축하할지도 모릅니다. 조종사들은 당황해 하면서 묻습니다. "폭풍우라고? 안개라고? 무슨 말들을 하는 거야? 우리는 단지 우리의 계기들을 다루었을 뿐이라고!" 알다시피 비행기 외부에서 일어난 것은 비행기 안의 작동적인 동학과 관계가 없었으며, 아무런 의미가 없었던 것입니다.

푀르크젠 선생님은 이 조종사 사례를 들어, 우리 모두가 조종실과 우리의 세계들에 갇혀 있다고 말하고 싶은 건가요? 과감하게 이렇게 물어보지요. 우리가 세계를 이해하려고 할 때 우리는 이 조종사들이 처한 것과 동일한 상황에 놓여 있는 건가요? 만일 사실이 그러하다면, 나는 우리가 조종사들이 하는 방식으로 우리의 상황을 진단할 수 없을 것이라고 주장하겠습니다. 왜냐하면 우리는 어쩌면 우리 지식의 한계들을 알 수 없기 때문입니다. 만일 우리가 그와 같은 것을 할 수 있다면, 한계들은 더 이상 한계들이 아니게 될 것입니다.

마뚜라나 맞습니다. 오직 다음과 같은 하나의 조건만이 우리 자신의 무지를 지각하도록 해 줍니다. '우리는 우리 자신의 무지를 들여다보는 통찰을 얻을 때 틀림없이 볼 수 있고 알 수 있으며, 그래서 더 이상 무지하지 않을 수 있다.' 하지만 이것이 그 사례의 요점은 아닙니다. 위에서 서술한 상황에서 자신들의 계기들을 단지 조작하는 조종사들에게 이른바 지식의 한계란 결코 존재하지 않습니다. 결정적인 것은 오직 관찰자만이 한계들에 대해 이야기할 수 있다는 것입니다. 왜냐하면 그들이 그들 자신의 영역들에, 그리고 조종실의 내적인 작동 동학의 영역에 접근할 수 있기 때문입니다. 그들은 자신들의 이중보기를 사용해야 하고, 조종실 내부에서 일어나는 일과 외부 세계의 상황들을 비교해서 서로 다른 두 영역에서 본 것을 그들 자신에 의해 생성된 또 다른 영역 속에 관련지어야 합니다. 관찰자들이 말할 수 있는 것은 모두 이 이중보기의 결과입니다.

푀르크젠 고립된 조종사들의 지각적 한계들을 서술하는 이 관찰자들은 본질적으로 실재론자들이어야 하겠군요. 그들은 조종실에 있는 조종사들에게는 알려져 있지 않은 실재를 포착할 수 있습니다. 그리하여 그들은 실제로 일어난 일을 알고 있습니다.

마뚜라나 이 관찰자들이 어떻게 그러한 사실을 알 수 있을까요? 조종 사들이 (이중보기를 통해 관찰될 수 있는) 조종석에 앉아 있는 세계를 포함하는 어떤 조종석에 관찰자들 자신이 앉아 있는 것이 아니라는 사실을 말이에요. 그들은 정확히 그러한 상황에 대한 절대적 지식을 지니고 있는 경우에만 지식의 한계들을 진단할 수 있을 뿐입니다. 이 러한 조건 하에서 그들은 오직 알기의 한계들을 설정할 수 있을 것입니다. 그 필연적인 결과로서, 그들은 자신들이 어떤 객관적인 실재들을 믿고 있는 실재론자들이라고 선언해야만 할 것입니다. 하지만 나는 이 관찰자들이 서로 다른 두 구분 영역들을, 실재 세계가 아닌 그저 인공적으로 만들어진 세계와 비교하고 있다고 주장할 것입니다. 그들은 내부에서 작업하고 있는 조종사들을 볼 때에는 마치 비행기의 내벽에 난 구멍을 통해서 보는 것처럼 봅니다. 반면에 바깥에서 볼 때에는 비행기 전체를 그것의 작동 영역과 관련하여 봅니다.

푀르크젠 선생님은, 신경체계가 개방된 체계라는 테제가 관찰자들에 의해 선택된 특수한 전망으로부터 결과한 것이라고 말씀하는 거군요. 그렇지만 신경체계가 폐쇄적이고 관찰자의 선택된 관점의 결과가 아니고서는 투입과 산출에 의해서 의미 있게 서술될 수 없다는 게 선생님 주장이 아닌가요? 분명, 이 두 가정들은 동시에 참일 수는 없습니다. 그것들은 본질적으로 모순적이니까요.

마뚜라나 사실상, 상이한 서술들을 낳게 마련인 두 개의 서로 다른 관찰 시각들이 존재합니다. 그럼에도, 이 두 생각들이 동등하게 타당한 것은 아닙니다. 만일 우리가 신경체계가 개방된 체계라는 전제를 가지고 신경체계가 어떻게 작동하는지 밝혀내고자 한다면, 우리는 오도된 접근법을 선택한 것입니다. 따라서 관찰자들은 그것의 작동 방식이 그것의 투입에 의존하고 있다고 믿을 것입니다. 그들이 환경 속의 외적 자극들로 규정하는 것은 막대한 중요성을 획득할 것이고, 그로 인해 그 체계의 내적 동학을 간과하게 될 것이며, 자신들의 서술 영역과 그 체계의 내적 동학의 영역을 혼동하게 될 것입니다. 영역들을 이렇게 혼동하는 것은 신경체계의 작동 방식에 대한 적절한 설명을 제공해 줄 수 없습니다. 하지만 우리가 만일 신경체계를 폐쇄적인 네트워크로 바라보게 되면, 우리는 그것의 작동 방식을 이해할 수 있고, 자신의 매개체와 완전한 일치를 이루고 있는 유기체에서 일어나는 구조적 변화들이 어떻게 그것의 신경체계에서의 구조적 변화들을 낳고, 궁극적으로 그것의 행위상의 변화들을 낳는지를 인식할 수 있습니다. 그러므로 우리는 더 이상 정보의 흐름에 대해 이야기할 필요가 없고, 그 대신 유기체를 그것이 놓인 환경 속에서 관찰할 때 신경체계의 활동들, 유기체의 몸체와 그 외적 상황들 사이의 이상한 구조적 연동이 세부적으로 어떻게 작용하는지를 자문해 보아야 합니다.

푀르크젠 그렇다면, 신경체계를 폐쇄적인 체계라고 생각한다는 것은 무엇을 의미합니까? 그것은 환경에 대해 완전히 차단될 수 없습니다. 왜냐하면 그것은 물질과 에너지의 교환에 의존하고 있기 때문입니다.

만일 이러한 교환이 어떤 이유에서건 실패한다면 유기체는 쇠약해져 사라져 버릴 것입니다. 그래서 외부로부터의 투입은 결코 무시될 수 없습니다. 모든 살아 있는 존재는 필사적으로 그것에 의존하기 때문입니다.

마뚜라나 이제 당신은 열역학과 관련된 물리학자처럼 주장하고 있군요. 당연히 유기체의 신경체계는 에너지와 물질의 흐름에 개방되어 있어야 합니다. 그것은 더할 나위 없이 분명합니다. 그렇지 않다면 세포들은 죽을 것입니다. 폐쇄(성)는 물리적 개념이 아닙니다. 단지 내적 동학의 자기 준거적 작용을 특징지을 뿐입니다. 특정 영역에서 순환[재귀]하는 과정들은 이 영역에 남아 있습니다. 우리는 한 체계의 경계들을 한정하고 그것을 구체적으로 결정된 존재로 만드는 체계의 작동들을 다루고 있습니다. 그러므로 신경체계의 폐쇄(성)로 내가 의미하는 것은, 그것의 활동 상태들이 언제나 다른 활동 상태들을 낳으며, 다른 활동 상태들에 의해 유발된다는 것입니다. 또한 이런 다양한 활동 상태들이 모두 신경 요소들의 네트워크들 내부에 남아 있다는 것입니다.

산다는 것은 안다는 것이다

푀르크젠 선생님은 어떤 지적 체험들이 어떻게 선생님의 인식론적 견해들을 완전히 변화시켰는지에 대해 이미 이야기했습니다. 만일 신경체계가 전적으로 그 자신의 내적 법칙들에 따라 작동하는 폐쇄적인 네트워크로 간주된다면, 물음은 이제 우리가 어떻게 인지 과정들을 이해하고 서술할 수 있는가 하는 것입니다. 인지란 무엇인가요?

마뚜라나 인지는 특정 영역에서의 적절한 행위를 관찰하는 것입니다. 이것은 독립적으로 존재하는 실재의 설명도 아니고, 환경의 조건들에 따라 계산하는 과정도 아닙니다. 동물이나 인간이 적절하게 행동하고 그 상황과 긴밀히 연관될 때, 그리고 관찰자들이 그들이 관찰하는 상황에 적절한 행위가 있다는 결론에 도달할 때, 이 관찰자들은 예의 그 동물과 인간이 지식을 가지고 있다고, 그들이 인지를 드러낸다고 말할 것입니다. 다른 말로 하면 지식은 특정 영역에서의 (관찰자들에 의해 적절하다고 판단된) 행위입니다.

푀르크젠 인지적 과정들의 순환성에 대한 선생님의 서술은, 선생님의 이론의 전체 구조물을 비추는 인지와 지식의 순환적인 정의에 도달합니다. 인지는 관찰자들에 의해 이해되고 확립됩니다. 지식은 객관적인 어떤 것이 아니라 '관찰자에 의존하는' 생산물로서 나타납니다.

마뚜라나 내 말이 바로 그 말입니다. 바로 관찰자들이 행위의 적절함을 규명하는 방식으로 유기체들과 환경들의 상호작용을 해석합니다. 그리고 바로 관찰자들이 관찰된 체계들의 행동의 적절성과 적합성을 근거로 하여, 그 체계들이 지식을 가지고 있으며 그 행동들이 인지적 작용을 함축하고 있다고 평가하는 것입니다. 이러한 의미에서, 생명의 유지는 지식의 표현입니다. 존재 영역에서의 적절한 행위의 표명입니다. 아포리즘의 형태로 표현하자면 다음과 같습니다. '살아 있는 존재들의 삶 속에서, 삶은 앎을 수반하고, 앎은 삶을 수반한다.'

체계들의 자율성에 대하여

외적 결정의 한계

푀르크젠 선생님은 선생님의 인식론적 재정향 과정에서 실험들로부터 배웠습니다. 이것은 실재론자들의 고전적인 절차입니다. 실재론자들은 가설을 시험하고, 실패하고, 그리고 그것을 수정합니다. 상황들, 즉 실제 세계로 인해 그들은 자신들의 생각들을 바꿀 수밖에 없습니다. 선생님 사고의 과정과 방향, 그것들은 본질적으로 실재론적이지 않습니까?

마뚜라나 이것이 흥미로운 점입니다. 물론 우리는, 실재론의 적수가 되는 것과 같은 방식으로 지식 이론의 전통적인 문제들을 변경시킬 때 내가 실재론자처럼 행동했다고 말할 수도 있을 것입니다. 그러나 그것이 일차적으로 중요한 것이 아닙니다. 나는 가능한 존재방식의 문제 및 외부 실재의 영향력 정도의 문제와 철학자로서가 아니라 과학자로서 씨름했다는 것을 주장하고 싶습니다. 내가 여기에서 말하고 있는 과학과 철학의 구분은 철학자와 과학자가 그들이 어떤 이론을 전개할 때 무엇을 유지하고 싶어 하는지에 대한 문제와 관계가 있습니다. 그들의 의도는 서로 다릅니다.

푀르크젠 그것이 어떻게 다른가요? 선생님이 철학과 과학을 나누는 그 구분을 세부적으로 분명하게 밝혀줄 수 있습니까?

마뚜라나 철학 이론들은 우리가 선험적으로 타당하다고 간주하는 어떤 설명적인 원리들을 유지하고자 할 때 나타납니다. 원리들의 유지와 그것들의 정합성에 대한 이 관심은 '체험될 수 있는 것'을 경시하는 것을 정당화합니다. 그와 반대로 과학 이론은 '우리가 체험할 수 있는 것'과 관련된 정합성들을 유지하고자 할 때 나타납니다. 따라서 과학자는 원리들을 무시하고, 그것들을 해체하며, 과학 이론을 설계합니다. 그것이 바로 내가 했던 것입니다. 나는 체험 내의 정합성들에서 시작했습니다. 나는 비둘기들의 색채 지각을 연구했습니다. 다시 말해 생명체계들의 작동들을 연구했습니다. 그리고 내 연구의 목적을 위해 그들에게 끔찍한 짓들을 해야만 했습니다. 외부 실재가 실제로 존재했느냐 하는 문제는 나와는 거의 관계가 없습니다. 그것은 내 문제들 중의 하나가 아니었던 것입니다.

푀르크젠 선생님의 현재의 주장들을 반박하고 또 선생님을 다시 실재론의 길 위에 되돌려 놓을 수 있는 어떤 실험과 체험은 있을 수 없을까요?

마뚜라나 만일 (모든 체계들이 종속되어 있는) 구조적 결정론이 더 이상 유효하지 않다면 내 견해들을 단념할 수 있을 것입니다. 우리가 염두에 두어야 하는 것은, 어떠한 체계에서 일어나는 것은 필연적으로 그것의 구조에 의해 결정되는 것이지 외부의 영향력들에 의해 구체적으로 결정되는 것이 아니라는 점입니다.

푀르크젠 이러한 이론이 어떻게 이해되었으면 합니까? 그것이 어떤 종류의 진리로서의 위상을 가지고 있나요? 그것은 어쩌면 절대적인 의미로 참이기까지 한가요?

마뚜라나 물론 그렇지 않습니다. 생명체계들이 '구조적으로 결정된' 체계들이라는 가정은 '관찰자와 독립되어 있는' 실재와는 하등의 관계도 없습니다. 그것은 관찰자들이 체험할 수도 있는 정합성들로부터 귀결하는 하나의 추상물입니다. 추상한다는 것은 어떤 과정의 규칙성을 포착한다는 것이고, 연관된 현실적인 요소들에 주의하지 않고 그것을 정식화하는 것입니다. 체계의 구조적 결정론을 논의할 때마다 나는 존재적 또는 존재론적 사실들 또는 어떤 진리를 서술하는 것이 아닙니다. 나는 단지 관찰자로서의 나의 체험들로부터 어떤 추상물을 제시할 뿐입니다.

푀르크젠 구조적 결정론이란 무슨 뜻입니까? 선생님은 이 개념을 어떻게 정의하겠습니까?

마뚜라나 예를 들어 당신이 우리의 대화를 녹음하기 위해 집게손가락으로 녹음기의 단추를 누를 때, 당신은 그 기계가 녹음하기를 기대합니다. 만일 그 기계가 그렇게 하는 데 실패한다면, 당신은 의사에게로 가서 당신의 집게손가락이 제대로 기능하는지 확인해 달라고 하지는 않을 것이 분명합니다. 당신은 녹음기의 구조를 이해하고 있는 사람에게 녹음기를 가져갈 것이고, 그리하여 당신의 집게손가락의 압력에 적절한 방식으로 반응하도록 그것을 수리할 수 있을 것입니다. 이것은 우리가 당신의 작은 녹음기를 (그 안에서 일어나는 모든 것이 그것의 구조 속에서 결정되어 일어나는) 하나의 체계로 다룬다는 것을 뜻합니다. 나는 이러한 조건을 구조적 결정론이라고 부릅니다. 그리고 이러한 종류의 체계를 '구조적으로 결정된' 체계라고 부릅니다. 더욱이 우리 인간은 '구조적으로 결정된' 체계들만을 다룹니다. 그리고 우리 자신이 '구조적으로 결정된' 체계들입니다.

푀르크젠 어떤 식으로 그런 거죠? 다른 사례를 들어 줄 수 있나요?

마뚜라나 복통 때문에 의사를 만난다고 가정해 보세요. 당신은 적절하게 진찰받을 것입니다. 그리고 어쩌면 맹장이 제거될 수도 있을 것입니다. 이렇게 당신은 '구조적으로 결정된' 체계인 것처럼 다루어질 것입니다. 당신이 수술 전에 느낀 고통과 수술 이후에 당신이 체험한 안도감은 둘 다 당신의 구조에 의해, 그리고 의사가 그것에 가한 수정 [변경]에 의해 결정되었습니다. 보다 일반적으로 말하자면, 이것은 어떤 분자체계에 충격을 가하는 외적 작용체가 일정한 효과들을 유발하지만 그것들을 결정할 수는 없다는 것을 의미합니다. 외부로부터의 어떠한 충격도 단지 어떤 구조적인 동학을 유발할 뿐입니다. 하지만 이 모든 결과들은 체계 자체의 구조에 의해 특징지어지고 결정됩니다.

푀르크젠 그렇습니까? 내가 선생님에게 알약이나 마약을 드려서 우리 둘 다 몇 알을 먹는다고 가정해 보지요. 우리는 유사한 것들을 체험할 것입니다. 약은 매우 특유한 효과들을 갖습니다.

마뚜라나 바로 그렇습니다. 하지만 우리가 겪은 체험들의 유사성이 결코 구조적 결정론을 반박하지는 못합니다. 약을 먹는 것은 특유한 구조들을 갖는 분자들을 당신의 유기체 속으로 가져온다는 것을 의미합니다. 그것들은 나중에 유기체의 일부가 되고 그것의 신경체계 구조를 변경시킵니다. 하지만 '일어나는 일'은 신경체계 자체의 구조에 의존할 것입니다. 당신이 집어삼키는 물질에 대응하는 유기체 내부의 수용체들이 없다면, 결코 아무 일도 일어나지 않습니다. 기억해 두어야 할 것은 수용체가, 문제되고 있는 물질—예컨대 약—의 구조에 부합하는 특유한 분자적 배치라는 점입니다. 이런 식으로 유기체 내의 변화가 유발됩니다.

조직과 구조

푀르크젠 어쩌면 우리는 더 설명적인 사례는 잠시 접어 두고, '전통적으로 자극과 투입이라 불리고 살아 있는 존재의 행위를 통제하는 것으로 가정되는 것'을 표현하기 위해 이제 분명하게 필요해진 새로운 개념들 및 새로운 종류의 언어라는 지극히 중요한 문제를 살펴보아야 할 것 같습니다. 이러한 종류의 용어들은, 그것들이 비록 우리의 일상적인 사고에서 아직도 광범위하게 유통되고 있다 할지라도, 더 이상 사용될 수 없습니다. 왜냐하면 그것들은 분명히, 직접적이고 단일원인적인 영향력을 함축하기 때문입니다.

마뚜라나 맞습니다. 지시명령적 상호작용이라는 잘못된 개념은 다음과 같은 대안적인 생각에 의해 바로잡혀야 합니다. '살아 있는 존재에게서 일어나는 일은 모두 그것의 구조에 의해 결정되는 것이지 외적 작용체의 구조에 의해 결정되는 것이 아니다.' 따라서 나는 논평하는 관찰자의 시각에서, 살아 있는 존재가 속해 있는 **섭동들**(perturbations)[9]에 대해 말하는 것입니다. 관찰자는, 그가 보기에, 체계에 충격을 가하고 그 안에서 (구조의 파괴에는 이르지 않고 그것의 조직을 유지하도록 허용하는) 구조적 변화들을 유발하는 어떤 실체(entity)를 지각합니다. 이 마주침의 형태를 나는 섭동이라고 부릅니다. 또 다른 가능성

---

9. [옮긴이] '섭동(攝動)'은 천문학과 물리학에서 각각 다음의 뜻으로 사용되어 왔다. ① 천문학에서 가까이 지나가는 천체의 중력이나 이 천체와의 충돌로 인해 생기는 천체운동의 편차. ② 역학계(系)에서, 힘의 작용에 의한 운동이 부차적 힘의 영향으로 교란되어 일어나는 운동.

은 그 체계가 자신의 정체성[동일성]을 잃고 붕괴되는 것입니다. 이러한 경우에는 파괴적인 변화가 발생합니다. 누군가 나를 밀면 나는 이렇게 말할 수 있습니다. '나를 섭동시키지 마!' 하지만 망치로 내 머리를 친다면 내 구조의 잠재적 변화는 위험해지고 나의 파괴로 이어질 수 있습니다. 내가 사용할 수 있는 올바른 표현은 다음이 될 것입니다. '나를 파괴하지 마!'

푀르크젠 사람들, 사물들, 그리고 체계들에서 일어나는 이러한 다양한 변화에 대해 더 자세하게 서술해 줄 수 있나요?

마뚜라나 여기에서 짧은 이야기를 하나 해 보죠. 어느 날 나는 한 아들에게 몇 개의 연장들을 주었는데, 그만 그에게 나무를 주는 것을 깜빡 잊고 말았습니다. 작은 목공일을 연습하고 그의 새로운 연장들을 시험해 볼 수 있는 나무를 말입니다. 일을 마치고 집에 돌아왔을 때 아들은 자기의 목적에 맞는 나무를 조금 구하기 위해 탁자의 한쪽 모서리를 톱으로 잘라 버렸더군요. 아들에게 말했지요. "내 탁자의 구조를 네가 바꾸어 버렸구나." 그 탁자는 여전히 사용할 수 있었고, 또 탁자로서의 정체성[동일성]을 잃지도 않았습니다. 지금 탁자의 구조는 달라졌지만 그것의 조직은 동일한 채로 남아 있습니다. 몇 달 후에, 판자를 구하던 아들은 탁자의 윗면을 크게 토막 내 톱질해 버렸습니다. 나는 이제 그가 탁자의 구조를 바꾸었을 뿐만 아니라 그것의 조직 역시 파괴해 버렸다고 설명해 주었습니다. 그에게 이렇게 말했습니다. "이제, 더 이상 탁자는 존재하지 않는구나." 이 이야기를 통해 우리가 알 수 있는 것은, 한 체계의 조직과 구조를 구분하는 것을 통해 체계가 어떻게 변할 수 있는지를 우리가 더욱 정밀하게 상술할 수 있다는 점입니다. 탁자가 그대로 남아 있기를 다짐받고 싶어 했다면 나는 일찌감치 이것을 아들에게 충분히 설명해 주어야 했을 것입니다.

푀르크젠 선생님의 이런 개념화는 정체성[동일성]과 변화, 안정성과 변형에 대한 고전적인 문제를 해결해 주는군요. 그것은 다음과 같은 철학의 오랜 질문에 답해 주는 것 같습니다. '어떤 것이 어떻게 변화를 겪으면서도 여전히 동일함을 유지할 수 있는가?'

[그림 5] 조직을 보존하면서 구조적 변화를 겪은 탁자
(움베르또 마뚜라나 그림)

마뚜라나 구조와 조직의 구분에 힘입어 우리는 어떠한 체계가 변화하면서도 알아볼 수 있을 정도로 동일한 체계인 채로 남아 있을 수 있는

상이한 방식들을 포착할 수 있습니다. 우리는 정체성[동일성]과 변화 사이를 융통성 있게 왔다 갔다 할 수 있습니다. (변화할 수 있고, 그것의 변경이 그 체계의 조직의 보존 또는 파괴 어느 것으로도 귀결될 수 있는) 한 체계의 구조는 실제로 주어진 구성요소들에 준거하고, 또한 합성 단일체(composite unity)를 특별한 종류의 단일체(unity)로 구성해 내는 이러한 구성요소들 사이의 관계들에 준거합니다. 단일체의 구조는 이 단일체를 특수한 부류의 단일체들과 구별되는 특이한 경우로 만들어 줍니다. 하나의 탁자는 매우 다양한 구조들을 가질 수 있습니다. 예를 들어 그것은 나무, 유리, 금속, 또는 그 밖의 다른 물질

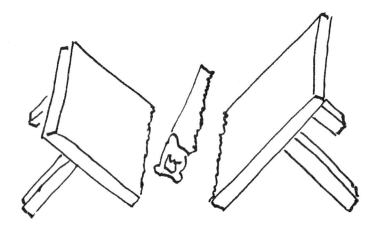

[그림 6] 조직이 보존되지 않고 구조적 변화를 겪은 탁자
(움베르또 마뚜라나 그림)

로 이루어질 수 있지만, 이것이 탁자로서의 그것의 정체성에 영향을 미치지는 않습니다. 하지만 무엇인가의 조직은 불변합니다. 그것은 어

떤 합성 단일체 또는 체계가 어떤 부류에 속하는지를 우리가 인식할 수 있도록 해주는 구성요소들 사이의 관계들에 준거합니다. (그것의 특수한 구조와 독립되어 있는) 탁자는 언제나 하나의 탁자로 인식될 수 있습니다. 왜냐하면 그것은 자기의 특수한 조직을 내보여주기 때문입니다. 내 아들이 증명했듯이, 탁자의 구조는 너무 심하게 변화되어 그것의 조직 역시 파괴되어 버릴 수 있습니다. 그렇게 되면 탁자는 더 이상 존재하지 않습니다. 그것의 '탁자임[탁자됨]'을 잃어버렸으니까요.

푀르크젠 선생님이 섭동이라고 부르는 구조적 변화 같은 것을 우리가 어떻게 평가해야 하나요? 섭동 개념은 종종, 환경을 살아 있는 존재들, 예컨대 인간들을 자극하는 단순한 원천으로 만드는, "교란" 또는 "간섭"으로 해석되어 왔습니다. 이것은 매우 부정적으로 들립니다. 나는 섭동들을 고무하고 앙양하는 사건들이라고 하는 것이 더 좋겠다고 생각하는 편입니다.

마뚜라나 물론입니다. 섭동된 사람은 고무될 수도, 어쩌면 초조해할 수도, 나아가 불안해하거나 두려워할 수도 있습니다. 섭동에 대한 부정 또는 긍정의, '체계와 독립적인' 평가는 잘못된 길로 빠지기 쉬울 것입니다. 그 개념은 이러한 평가들을 정당화하기 위해 사용될 수 없습니다.

푀르크젠 전통적인 투입 관념과 섭동 개념 간의 구분이 더욱 엄밀하게 이루어질 수 있을까요? 핵심적인 차이는 무엇인가요?

마뚜라나 투입 개념은 직접적인 영향력이 존재한다는 것을, 외부 세계로부터 어떤 것이 체계 속으로 들어가 거기에서 무엇이 발생하고 나타나는지 결정한다는 것을 함축합니다. 이러한 견해는 결코 옹호할 수 없는데, 그 이유는 그것이 지시명령적 상호작용이라는 그릇된 전제에 의존하고 모든 체계들의 '구조적 결정론'에 모순되기 때문입니다. 섭동이 나타날 때 체계는 그 체계를 파괴하지 않으면서 구조적 변화를 유발하는 실체와 마주칩니다. 섭동 개념은 구조적 결정론의 생각과 일치를 이룹니다.

푀르크젠 그렇지만 우리는, 지시명령적으로 간섭할 수 없고 직접적인 방식으로 남들을 원하는 방향으로 조작할 수 없는 사람들은 정말이지 충분히 알고 있는 것이 아니라고 말할 수 있을 것입니다. 그들은 문제되고 있는 그 체계들을 아직 이해하지 못합니다. 외관상 모든 지도자들, 정신공학 의사들, 그리고 성공한 판매원들은 생명체계 — 다른 사람들 — 의 행위를 매우 효과적인 방식으로 통제할 수 있는 충분한 지식을 가지고 있는 것처럼 보이지 않습니까? 이런 식으로 보면, 지시명령적 상호작용의 불가능성은 지식의 문제이고, 이해의 어려움들의 문제입니다.

마뚜라나 물론 사람들은 그들이 특별한 능력들과 통찰력들을 가지고 있고, 섭동을 투입으로 변형시킬 수 있고 마침내는 지시명령적 상호작용을 이룰 수 있다고 믿습니다. 하지만 이러한 잘못된 확신은 어떤 식으로건, 모든 종류의 체계의 '구조적 결정성'을 무효로 할 수 있는 논거가 될 수 없습니다. 두 체계들은 그것들의 구조들의 수준에서만 서로 마주칠 수 있습니다. 그리고 그것들의 특유한 구조들 — 구성요소들과 이러한 구성요소들 사이의 관계들 — 이 이러한 마주침으로 인해 서로에게 어떤 일이 일어날지를 결정합니다. 지도자들과 성공한 판매원들이 그들의 조작활동들을 하는 과정에서 실제로 무엇을 하는지를 분석할 때 우리는 즉각 그들이 언제나 그들이 섭동하는 체계들의 구조들에 대한 특수한 이해를 갖고 작동한다는 것을 깨닫습니다. 그들은 그 체계들의 속성들, 예컨대 인간들의 성격적 특성들, 그들의 욕망들 및 필요들을 활용합니다. 그리고 자신들의 통찰들을 이용해서, 다른 사람들에게서 그들 자신의 이익에 봉사하는 어떤 행위를 유발할 수 있습니다.

푀르크젠 이러한 통찰은 위험하지 않습니까? 만일 우리가 체계의 논리를 파악한다면, 조작이라는 생각은 멀리 있지 않습니다. 체계적 통찰은 훨씬 더 효과적인 통제와 지배의 기초가 되니까요.

마뚜라나 나는 그러한 견해에 공감하지 않습니다. 나는 체계를 이해하고 그에 따라 그들의 지식을 이용하는 사람들이 반드시 조작적 방식으로 행동할 필요는 없다고 생각합니다. 그들의 행동에 대한 이러한 평가는 이러한 행동들의 기저에 놓여 있는 감정들에 대한 지식을 필요로 합니다. 체계의 이해에 기반을 둔 행동들은 그와 달리, 특수한 지혜의 표현으로 해석될 수도 있을 것입니다. 이것은 내가 조작을 특유한 종류의 행위로 간주하지 않고 오히려 어떤 특수한 활동에 형상을 부여하는 특정한 감정으로 간주한다는 것을 의미합니다. 조작을 행하는 것은 누구를 위해 무언가를 해주는 척 하지만 실제로는 오직 그 자신의 이해관계 안에서 작동하는 것을 의미합니다. 조작하는 것은 기만하고 거짓말 하는 것을 의미합니다. 거짓말쟁이는 자신이 거짓말하고 있다는 것을 알고 있습니다. 사람에 따라서는, 그것을 거짓말의 아름다움이라고 할 수 있겠지요.

푀르크젠 구조적 결정론에 대한 우리의 대화를 하나의 결론으로 바꾸어 보면, 이렇게 될 것입니다. '체계들은 자율적이다. 우리는 체계들의 특정한 조건들에 따라서만 그것들을 침해할 수 있을 뿐, 그것들 안에서 무엇이 나타나고 발생하는지 결정할 수는 없다.' 선생님, 동의하는지요?

마뚜라나 자율이 **자기통치**로 이해되는 한에서, 그리고 체계가 그것의 매개체와 분리될 수 있다는 것을 의미하지 않는 한에서 동의하겠습니다. 그러한 분리는 정말 생각할 수 없는 일입니다. 모든 생명체계가 매개체 안에서 존재하기 때문에 이러한 의미에서는 자율이란 존재하지 않습니다. 하지만 체계에 영향을 미치는 것은 체계의 내적 동학에 의해 결정됩니다. 이 동학은 매우 특수한 방식으로 이러한 영향력들을 형성합니다. 마침내 체계가 사라진다면 이것은 체계가 스스로 생명을 유지할 수 없었음을, 자신의 자율을 상실했음을 의미합니다.

책임에 대한 이해

푀르크젠 어떤 의미에서 인간이 자율적입니까? 인간이 완전히 자유롭다고 말하는 것은 분명 매우 올바르지 않을 것 같습니다.

마뚜라나 인간 영역에서 자율은 한 사람의 독특하게 특징적인 어떤 것이 보존된다는 것을 의미합니다. 자유는 무언가 다른 것, 즉 성찰을 필요로 하는 인간 체험입니다. 엄밀히 말해, 결코 자유란 존재하지 않습니다. 엄밀히 말해, 모든 사고와 모든 행동은 그 순간의 구조적 정합성들과의 일치로부터 기인하기 때문에 대안들은 존재하지 않습니다. 주어진 구조적 정합성들을 무시하는 사람들은 자신들이 대안적인 행동 방식들을 알고 있다고 생각합니다. 교차로에 도달하게 되면 그들은 두 방향 중에 하나를 선택할 수 있습니다. 예를 들어 그들은 여행을 계속하기 위한 두 개의 선택지들을 알고 있습니다. 그들은 어떤 것을 선택해야 하는지, 그리고 어떤 것이 더 좋은지를 알지 못하기 때문에 그것들을 동일하다고 생각합니다. 이러한 상황에서 그들은 우선 차이를 만들어서, 선택할 수 있기 위하여 두 방향들을 구분되는 것으로 간주하는 법을 배우지 않으면 안 됩니다. 어쩌면 그들은 동전을 뒤집고, 그렇게 함으로써 마침내, 그 순간에 주어진 구조적 정합성들과 일치하는 결정을 내릴 수 있도록 해 줄 차이를 드러내 주는 과정들을 위해 길을 나아갈 것입니다.

푀르크젠 선생님은 또한, 인간들이 — 자율적이지만 자유롭지는 않은

— '구조적으로 결정된' 체계들이라고 주장하는군요. 이렇게 힘 있는 용어로 결정론의 특징을 강조하면서, 선생님은 어떻게 여전히 의미심장한 방식으로 책임에 대해 이야기할 수 있는 건가요? 나의 테제는 이렇습니다. '스스로를 자유롭다고 인식하는 사람들만이 자신의 행동들에 대해 책임을 주장할 수 있다.'

마뚜라나 바로 그렇습니다. 생명체계들은 아무런 의도도 목적도 알지 못하기 때문에 책임 있는 행동을 할 수 없습니다. 그것들은 단지 존재의 흐름 속에서 살아갑니다. 오직 인간들만이 언어 속에 존재하기 때문에, 관계들의 영역 속에서 책임을 질 수 있습니다. 인간들은 어떤 행위를 책임 있는 것으로 서술할 수 있습니다. 언어를 통해 우리는 다른 살아 있는 존재들에게 우리의 행위가 미친 결과들을 성찰하고 구분할 수 있습니다. 이런 식으로, 다른 사람들에 대한 우리의 배려는 현존하게 되고, 책임질 수 있는 행위의 가능성이 나타납니다.

푀르크젠 하지만, 확실히 이것은 자유를 요구합니다. 윤리적으로 행동하기를 바라는 어떠한 사람도 선택의 자유와 '자기 결정적' 결정의 자유를 갖지 않으면 안 됩니다. 질문을 다음과 같이 반복해 보겠습니다. 구조적 결정론이라는 개념과, 자율에 대한 선생님의 특별한 이해가 선생님으로 하여금 자유라는 생각, 그리하여 책임 있는 행위의 가능성을 버릴 수밖에 없게 하는 건가요?

마뚜라나 우리 인간들이 만들어 내는 선택과 결정이라는 체험은 결코 우리의 '구조적으로 결정됨'과 모순되지 않습니다. 인간들은 언제나 '구조적으로 결정된' 체계들로 남아 있을 것입니다. 하지만 인간들은, 어떤 '메타 영역'(meta-domain)에서 트여진 전망에 의해, 자신의 선택 하에 체험할 수 있습니다. 다음에 그들은 또 다른 영역으로 이동하지만 여전히 '구조적으로 결정된' 체계들로서 작동합니다. 하지만 상이한 가능성들 가운데에서의 잠재적인 선택의 체험은 인간 종들의 유일한 특징이며 언어를 필요로 합니다. 선택을 한다는 것은 (동시에 나타나는) 최소한 두 개의 다른 상황들을 관찰 및 비교하고, 그런 뒤에 (이러한 상황들 사이의 차이를 이해할 수 있는 것과 같은 방식으로) 자기의 전망을 조정할 수 있는 능력을 전제합니다. 처음에 우리는 오직 동일함만을 보며 그래서 차단됩니다. 전망시각과 위치를 바꿈으로써 우리는 동일한 것으로 보이는 것 안에서 잠재적 구분들을 발견할 수 있습니다. 이어서 우리는—우리 자신의 선호들과 생활방식에 따라서—움직일 수 있고 다른 가능성들을 부정하고 하나의 가능성을 선택할 수 있습니다. 이 과정은 살아 있는 존재의 언어에 의해 이루어지는 의도적인 행동이기 때문에, 관찰자의 관점에서 그것을 하나의 선택 과정으로 분류하는 것이 가능합니다.

푀르크젠 이것이 의미하는 것은, 그것이 하나의 행위를 선택 및 결정의 행동과 동일한 것으로 간주할 수 있도록 해 주는 '메타 전망'(meta-perspective)이라는 것입니까?

마뚜라나 예, 바로 그렇습니다. 오직 이 전망에서 볼 때에만, 어떤 것을 상이한 가능성들 사이의 선택과 결정으로 특징짓는 것이 가능해집니다. 우리는 언어를 사용하고 사건과 그것의 결과들에 대해 스스로 깨달을 수 있는 능력을 가지고 있기 때문에 어떤 '메타 수준' 위에서 작동을 수행합니다. 이러한 깨달음의 행동 속에서, 우리가 다루고 있는 현상들은 응시의 대상들로 변형됩니다. 우리는 우리의 활동들과 상황들 속에 완전히 몰입되어 있을 때에는 갖지 못하는 어떤 형태의 거리감을 획득합니다. 만일 이것을 받아들이고 그것이 적절하다고 생각한다면, 그렇다면 하나의 행위는 **책임 있는** 것으로 또는 **무책임한** 것으로 서술될 수 있습니다.

푀르크젠 이것을 설명해 줄 수 있는 사례를 들어줄 수 있나요?

마뚜라나 예전에 이런 기사가 인구에 회자된 적이 있었습니다. 작은 배를 타고 어머니와 함께 쿠바를 떠나 마이애미로 가는 중이던 한 소년이 돌고래들 덕분에 익사의 위기에서 벗어나 목숨을 건졌다는 기사였습니다. 어떤 원인에 의해 그들의 배는 가라앉았고 어머니는 물에 빠져 목숨을 잃었습니다. 하지만 그 소년은 돌고래 떼에 의해 가라앉지 않아 익사하지 않았고 마침내 구조되었습니다. 그 돌고래들이 한 것을, (그들이 언어 속에서 살아가는 존재이기에) 우리는 **책임 있는** 것으로 서술할 수 있습니다. 우리가 아는 한에서 돌고래들은 자신들의 행위들에 대해 논평을 할 수 있는 능력을, 그리고 자신들과 바다에 떠 있던 그 소년 사이에서 일어났던 일에 대하여 우리에게 말해 줄 수 있는 능력을 가지고 있지 않습니다. 하지만, **우리는** 그 동물들과 그 소년의 관계에 대해 말할 수 있습니다. 왜냐하면 우리는 언어의 영역 속에서 작동하기 때문입니다. 우리는 당시에 일어났던 일을, 다른 존재를 살리기 위한 노력으로 특징지을 수 있습니다. 이러한 '메타 전망'에서 볼 때 돌고래들의 활동은 책임 있는 행위로 보입니다.

푀르크젠 그렇다면 책임 있게 행동하는 것은 다른 누군가를 배려하는 것을 의미함과 동시에, [우리가] 하고 있는 것을 [우리가] 하는 상황과 관련해서 [우리가] 하고 있는 것의 결과들에 대해 성찰하는 것을 의미하는 거군요.

마뚜라나 그렇습니다. 사람들은 상황들에 대해 의식하고 있고 자신들의 활동들의 결과들을 성찰합니다. 그들은 자신들이 하고 있는 것을 하면서 [현재의] 자기 자신이 되고 싶은지 자문합니다. '자기관찰'의 순간에, 성찰을 하지 않는다면, 그 상태의 모든 확실성들과 안전성들은 사라집니다. 언어적 작동을 통해, 관찰을 허용해주는 어떤 형태의 응시와 자각이 발생했을 때, 그제야 사람들은 다음 단계에서 그들 자신의 선호들에 따라 행동할 것입니다. 이것은 그들이 책임 있게 행동할 것임을 의미합니다. 그리고 그 다음 단계에서 그들이 자신들이 그들 자신의 선호들을 평가하는지, 그리고 그것들을 유지하려고 생각하는지 밝히고자 한다면, 그때 그들은 자유롭습니다. '나는 내 기호(嗜好)들을 좋아하는가? 나는 내가 내린 결정을 좋아하는가? 나는 내가 좋아한다고 그리고 나의 욕망들과 일치한다고 방금 말한 결정을 좋아하는가?' 그들 자신의 선택에 대해 성찰하는 순간에 자유의 체험이 나타납니다. 비록 그것들이 그럼에도 불구하고 '구조적으로 결정된' 체계들로 작동한다고 해도 말입니다.

푀르크젠 계속 질문을 하고 싶은데요. '구조적으로 결정된' 체계가 어떻게 그 자신의 행위들에 대해 책임을 느낄 수 있습니까? 만일 내가 다른 사람들을 통제할 수 없고 영향을 미칠 수 없다면, 내 활동들의 효과들은 도무지 헤아릴 수 없게 됩니다. 그렇게 되면 우리는 도저히 예견할 수 없던 것의 결과들에 어떤 일의 책임을 지우게 되기 때문에 **책임의 역설**에 직면하게 됩니다. 선행이 잠재적으로, 끔찍한 결과들을 유발할 수도 있습니다. (그 역도 마찬가지이구요.)

마뚜라나 책임이라는 개념은 애매합니다. 일부 저자들은 책임이라는 말에 '어떤 행위의 가능한 모든 결과들에 대해 설명해야 하는 것'이라는 의미를 부여합니다. 그렇게 되면 책임은 인과관계를 의미합니다. 내가 볼 때, 책임 있는 행위는 깨달음의 문제입니다. 사람들은 그들의 행위들이 야기하는 가능하고 바람직한 결과들 전부를 의식하면서 행동하거나 행동하지 못합니다. 어떤 행위의 결과들을 반드시, 완전하게 헤아릴 수 있거나 예견할 수 있는 것은 아닙니다. 정말이지 종국에 가서 바람직하지 못한 결과들이 나타날 수도 있습니다. 내 견해로는, 책임을 진다는 것은 주의함(배려함과 마음 씀의 어떤 상태에 있다는 것을 의미합니다. 우리의 활동들과 우리의 욕망들은 성찰적인 방식 속에서 일치를 이룹니다. 그게 답니다.

푀르크젠 선생님에게는, 책임의 개념이 어떤 행위의 결과들을 계획하는 것이 가능하다는 생각과 연결되는 것은 아닌가요?

마뚜라나 그것은 타당하지 않습니다. 무언가를 계획한다는 것은 어떤 결과를 성취하기 위한 방식들과 절차들을 예견하는 것이고, 다음 단계에 선택될 조치들을 이 상상된 결과에 종속시키는 것입니다. 하지만 이러한 결과들은 발생할 필요가 없으며, 어쩌면 특정한 사람들의 머릿속에서만 존재할 것입니다. 어쨌든 결정적인 것은, 이런 식으로 사태를 설계하는 사람들은 책임 있게 살고, 자신들의 행위들이 낳을 수 있는 결과들을 완전히 의식하면서 행동한다는 것입니다. 그들은 그들이 말하고 '하는' 것에 대해 책임이 있습니다. 그럼에도 불구하고, 사람들은 자신들이 말하고 '하는' 것에 대해 다른 사람들이 어떻게 이해하는가에 대해서는 책임을 질 수 없습니다.

기적이 필요하다

푀르크젠 선생님은 책임 있는 행위의 체험과 자유의 체험을 성찰의 수준에 위치시키는군요. 내가 이해한 바에 의하면 이런 식으로, 자유의 체험은 구조적 결정론과 조화를 이룰 수 있습니다. 이제 선생님의 전망에서 놀람의 현상을 어떻게 바라볼 수 있을까요? '구조적으로 결정된' 체계라는 생각은 분명, 우리가 모든 행위를 헤아릴 수 있고 예측할 수 있다는 것을 암시합니다.

마뚜라나 예측하는 사람들은 관찰자의 입장에서 자신들의 예상들에 대해 말합니다. 그들은 자신들이 체계에 영향을 미치는 모든 요인들을 알고 있다고 생각하고 어떤 상태들이 우리가 그때 관찰할 수 있는 다른 상태들로부터 결과할 것이라고 주장합니다. 하지만 생명체계들은 그것들이 비록 '구조적으로 결정된' 방식으로 작동한다 하더라도 이러한 의미로 계산될 수 없습니다. 구조적 결정론은 예측가능성(predictability)을 함축하지 않고 오직 그 순간의 (항상 변화하는) 구조적 정합성들과만 관계됩니다. 상기해 보면, 체계의 구조는 구성요소들과 이 구성요소들 사이의 관계들을 의미합니다. 이것들은 그 구조를 특수한 종류의 체계로 만듭니다. 구성요소들 또는 그것들의 관계들이 변할 때 그 구조는 변형됩니다. 만일 당신이 의자에서 몸을 돌린다면, 당신은 당신의 구조를 바꾸는 겁니다. 만일 당신이 말하거나 또는 침묵을 지키거나 남의 말에 귀를 기울이면, 그렇다면 당신의 구조는 바뀝니다. 구조는 고정되거나 확고하지 않고 부단한 변화 속에 놓여 있습니다.

푀르크젠 우리에겐 이제, 어떤 조건에서 구조적 결정론이 더 이상 작동하지 않을 수 있는가를 탐구할 정신적인 작업이 남아 있군요. 다른 말로 해서, 선생님은 죽거나 살아 있는 어떤 것이 더 이상 일원 우주적인 구조적 결정론에 종속되지 않을 조건들을 주장할 수 있나요?

마뚜라나 오직 기적의 출현만이 구조적 결정론을 벗어날 수 있을 것입니다. 갑자기 불가능한 것들이 가능하게 보이고, 설명 불가능하고 전혀 예상치 못한 일들이 발생합니다. 예를 하나 들어 보지요. 성자라 불릴 수 있을 만한 어떤 사람을 상상해 보세요. 그 사람이 성자라는 증거는 필경 그 사람에 의해 이루어지는, 그리고 그 사람으로 인해 일어나는 빈번한 기적들입니다. 현재의 의학 지식의 기준에서 볼 때 치료 불가능한 질병들로 고통을 겪는 사람들이 있습니다. 이들은 성스러운 사람에게 도와달라고 열렬히 기도를 한 결과 다시 건강해져서 의사를 깜짝 놀라게 하기도 합니다. 그들의 고통은 사라지고 다시 건강을 회복합니다. 무슨 일이 일어난 것일까요? 우리는 알지 못합니다. 그리고 그것은 어쩌면 영원히 불가사의로 남아 있을 것입니다. 이러한 종류의 현상은 기적의 핵심적인 성질 — 구조적 결정론의 외관상의 정지[유예] — 을 보여줍니다.

푀르크젠 철학자 칼 포퍼와 그의 과학이론을 지지하는 제자들은 가정들이 실험될 수 있는 조건들이 논박되거나 논파되기 위해서는 항상 명백하게 진술되어야만 한다고 요구합니다. 이 요구가 충족될 때에만 하나의 가정은 올바른 과학적 가설의 지위에 오를 수 있다는 것입니다. 구조적 결정론이 전혀 논파될 수 없다는 점을 받아들여야 한다는 것이 선생님에게 불편한 느낌을 가져다주지는 않나요? 몇몇 사람이 체험한 특이한 기적이 실제로 반례로서 기능할 수는 없지 않습니까?

마뚜라나 칼 포퍼가 단지, 하나의 가설을 잠재적으로 논파할 수도 있는 특수한 상황이나 특별한 현상을 규정하고자 했다는 걸 기억해야 합니다. 우리는 논파의 조건들을 직시할 수 있어야 합니다. 그것이 그가 제시하는 요구입니다. 그리고 내가 논파의 결정적인 조건을 진술함으로써 충족시킬 수 있는 것이 바로 이 요구입니다. 오직 기적만이 구조적 결정론을 무효화할 수 있습니다. 논파가 실천적으로 어렵다거나 불가능하다고 하는 것은, 특정의 가정이 과학적 가설인가 또는 설명인가를 결정하는 방법에 대한 칼 포퍼의 이론 안에서는 의미가 없습니다. 설명은 논박되기 전까지는 타당한 것으로 남아 있습니다.

푀르크젠 선생님은 논파를 예상하고 있는 건가요? 기적을 기다리고 있는 건가요?

마뚜라나 아닙니다. 그리고 나는 우리가 기적들을 그렇게 많이 체험할 수 있을 것이라고는 생각지 않습니다. 내가 볼 때 기적들은 다소 비현실적인 사건들인 것 같습니다. 디오니소스 신을 섬겼던 프리지아의 왕 마이더스의 이야기를 기억하기만 해도 될 것입니다. 이 이야기는 구조적 결정론을 정지시키는 기적들의 무용함을 — 내가 볼 때는 풍자적으로 — 보여줍니다. 디오니소스는 마이더스 왕에게 섬김의 대가로 어떤 종류의 보상을 원하는지 물었습니다. 마이더스 왕은 자기가 만지는 모든 것이 금으로 변하기를 원한다고 대답했습니다. 그리고 그런 일이 일어났습니다. 유리를 만지자 황금으로 변했습니다. 탁자를 만졌더니 황금으로 변했습니다! 그는 행복한 마음을 가지고 집으로 갔습니다. 그리고 그의 딸이 그에게로 달려왔습니다. 그는 그녀를 껴안았습니다. 그러자 그녀는 딱딱해지더니 황금 조상으로 변했습니다. 마이더스 왕의 비극은 무엇일까요? 나의 대답은 이렇습니다. '그의 비극은 그가 분석적 화학자가 될 기회를 갖지 못했다는 점이었다. 그가 만진 모든 것이 그에게는 동일한 것이었다. 바로 황금이었던 것이다.'

폐쇄적인 체계들이 어떻게 상호작용하는가

있을 법하지 않는 상호작용들

푀르크젠 선생님, 우리가 이 인터뷰를 목적으로 매일 만나 온 지가 이제 일주일이 되어 갑니다. 때로 선생님 댁에서 만났고, 나중에는 칠레 산티아고 대학교의 연구실에서 만나기도 했습니다. 그리고 종종 우리의 [만남] 약속들은 선생님이 시 중심지에 바로 얼마 전에 설립한 연구소에서 이루어졌습니다. 여기에서 정확히 어떠한 일이 벌어지고 있는 걸까요? 선생님이 지금까지 도입해 온 용어를 사용하자면, 우리는 다음과 같이 이야기해야만 할 것입니다. '폐쇄적인 신경체계를 갖고 있는 한 명의 구조적으로 결정된 관찰자가 폐쇄적인 신경체계를 갖고 있는 또 다른 구조적으로 결정된 관찰자와 마주친다.' 어떻게 그럴 수 있을까요? 어떻게 두 개의 폐쇄적인 체계들 — 칠레 출신의 인식론 학자와 독일 출신의 저널리스트 — 이 이 거대도시 산티아고에서 인터뷰를 위해 만날 수 있는 걸까요? 왜 우리는 대체로 서로를 놓치지 않을까요? 왜 우리는 분명하게도 어쨌든 만나는 데 성공하는 걸까요?

마뚜라나 그 이유는 우리의 마주침이 우리의 신경체계의 작동 영역과 명확하게 구분될 수밖에 없는 상호작용의 영역 속에서 이루어지기 때문입니다. 우리가 약속을 하고 만날 때 우리는 유기체들로서, 관계 영역 속에 놓인 전체들(wholes)로서 행동합니다. 우리의 만남들은 신경체계의 내적 작동들의 수준에서 이루어지지 않습니다. 그곳내적 작동들의 수준은 분명 우리가 만나는 장소가 아닌 것입니다.

푀르크젠 그럼에도 불구하고, 우리는 지금까지 오로지 **외로운 체계들**에 대해서만 이야기해 왔습니다. 그래서 우리가 영원히 서로를 오해할 수밖에 없는 것이 아닌가, 우리가 영원히 서로의 자기정향적인(self-directed), 자율적인 행위에 의해 곤란을 겪지 않으면 안 되는 것이 아닌가 하는 생각이 들 수도 있을 것입니다. 그러나 이것은 전혀 사실이 아닙니다. 외로움을 벗어나는 것이 어떻게 가능할까요? 폐쇄적인 체계들인 우리 둘이 어떻게 대화를 나눌 수 있을까요? 심지어 함께 책을 편집하려고 시도할 수 있을까요?

마뚜라나 인간으로서, 그리고 포유류로서 우리는 다른 사람들과의 교제와 대화, 공동체적인 행위를 즐기는 속성을 공유합니다. 그래서 우리는 일상생활을 하면서 이러한 즐거운 공동체 형태들로 계속 회귀합니다. 우리가 폐쇄적 체계들이라는 사실은 상호작용의 영역에서는 문제가 되지 않습니다. 우리는 내부적으로는 외로운 상태에 있지만, 우리의 마주침이 이루어지는 영역을 함께 창조해 냅니다. 우리의 대화는 상호작용의 흐름 속에서 이루어지며, 우리 내부에서 일어나는 것과는 구분되어야 하는 영역 속에서 이루어집니다.

푀르크젠 선생님의 주장에 따르면, 우리는 폐쇄적인 체계들이며 또 메울 수 없는 외로움의 영역 속에 존재하지만, 그와 동시에 서로 만나 함께 계획을 세우기도 합니다. 어떻게 그처럼 함께 어울리죠? 두 입장은 엄밀하게 서로 모순되지 않습니까?

마뚜라나 아닙니다. 그것들은 모순되지 않습니다. 잘못된 생각이, 당신이 여기에서 의심하고 있는 모순을 야기합니다. 늘 구분되어야 하는 두 영역을 혼동하고, 신경체계 내부에서 일어나는 것을 사회관계의 영역에 속하는 사건들에 연결하려고 헛되이 시도하는 것은 잘못입니다. 그럴 수는 없는데 왜냐하면 두 영역 각각은 떼어 놓고 고찰되어야 하기 때문입니다. 따라서 신경체계의 폐쇄성과 우리가 약속을 할 수 있다는 사실은 결코 서로 모순되지 않습니다.

푀르크젠 무슨 말인지 모르겠군요. 성공적으로 약속을 정하기 위해서는, 원래 폐쇄적인 체계가 열려야 하고, 수신 상태로 바뀌어야 하고, 외부로부터 침투 가능해져야 하며, 공명을 해야 하는 게 당연합니다. 만일 폐쇄적인 체계가 폐쇄적인 채로 남아 있다면 모든 게 무위로 돌아갈 것입니다.

마뚜라나 여기에서 짧은 유비를 들어 보지요. 당신이 구두를 새로 한 켤레 사서 때때로 신기 시작한다고 상상해 보세요. 1년 후 당신의 발과 구두는 분명 변해 있을 것입니다. 그것들은 더 이상 그 이전과 동일하지 않습니다. 구두는 당신의 발과 전혀 뒤섞이지 않았음에도(구두와 발이 여전히 분리된 채로 그리고 폐쇄적인 존재들로서 존재하고 있음에도) 훨씬 더 편안해졌습니다. 그것들이 이루고 있는 경계들을 분명하게 인식할 수 있고, 그것들은 어떤 식으로건 서로 침투할 수 있는 상태가 되지 않았습니다. 구두를 계속 신음으로써 생기는 편안한 느낌은 구분되는 두 체계들이 열려서 생긴 결과입니다. 그 느낌은 정말이지 다른 영역에서 일어납니다.

푀르크젠 만일 우리가 이 유비를 계속 사용한다면, 그 상호작용이 어떻게 더 자세하게 서술될 수 있을까요?

마뚜라나 요점은 — 계속 이 평범한 사례를 들자면 — 발과 구두 양자가 조형적이고 가변적인 구조를 가지고 있다는 점입니다. 이 구조는 반복적이고 순환[재귀]적인 상호작용에 의존해서 스스로를 변형시키고, 그 결과 시간이 흘러가면서 발과 구두는, 상호 조응 속에서 함께 변할 수 있습니다. 합치의 정도는 증대됩니다. 그러나 이 상호변화는 구두가 규칙적으로 그리고 일정한 빈도로 사용된다는 것을, 그리고 구두를 더 잘 신도록 우리를 끌어들이는 어떤 편안한 느낌이 존재한다는 것을 필요로 합니다. 나는 우리가 인간과 다른 동물들 사이에서 일어나는 마주침들을 발과 구두 사이에서 일어나는 상호작용과 똑같은 식으로 서술할 수 있다고 주장하는 바입니다. 조화로운 변화들—이것이야말로 비밀의 전부입니다—은 체계들 사이의 반복적이고 순환[재귀]적인 상호작용의 단순한 결과입니다. 이러한 상호작용은 그 체계들의 조직에는 영향을 미치지 않는 상호간의 구조적 변화들을 유발합니다.

푀르크젠 이제 우리 앞에 놓인 것은 상호작용 이론이군요. 체계들의 근본적인 자율성과 모순되지 않고, 또 필연적으로 어떠한 종류의 환원주의도 받아들이지 않는 이론 말입니다. 내가 선생님을 바르게 이해한 것이라면, 서로 다른 영역들과 그 영역들에서 일어나는 현상들의 구분을 유지하는 것은 환원주의 게임—이것은 정말로 다름 아닌 저것일 뿐이다—을 벌이는 것을 불가능하게 합니다.

마뚜라나 그렇습니다. 그리고 불현듯, 체계 내부에서가 아니라 그것의 관계들의 영역 안에서 일어나는 현상들을 지각하는 것이 가능해집니다. 물론 그것들이 결코 상호작용하는 체계들의 내적 특징들과 독립되어 있지 않다 하더라도 말입니다. 우리의 대화를 녹음하고 있는 녹음기를 한 번 보세요. 그것은 탁자보가 덮여져 있는 탁자 위에 있습니다. 당신이 오늘 저녁 그것을 가지고 가면, 우리는 모두 어떤 상호작용의 결과로 탁자보 위에 작은 홈이 생긴 것을 보게 될 것입니다. 탁자보에 생긴 홈은 녹음기의 내적 특징도, 탁자보의 내적 특징도 아니지만 분명 그 둘의 특질들에 의존합니다. 그리고 그것은 그것들이 맺는 관계들의 영역에 속하는 것입니다. 만일 우리가 이것을 생명체계들에 적용한다면 다음과 같이 말할 수 있을 것입니다. '신경체계와 전체 유기체는 폐쇄적일 수 있다. 만일 그것들이 자신들이 겪는 상호작용의 과정 속에서 변화하는 조형적인 구조를 가지고 있다면, 그때 신경체계나 유기체의 내적 동학과 교차하지 않는 관계들의 역사가 펼쳐질 수 있다. 그리고 그 역도 마찬가지이다.'

구조적 연동

푀르크젠 우리들 사이에 일어나는 일을 선생님의 언어로는 어떻게 서술하고 싶은가요? 우리가 만나서 서로 이야기하고, 추후 약속을 하고, 이어서 우리의 토론을 계속할 때 무슨 일이 일어나는 걸까요?

마뚜라나 내 용어법에 따라 나는 반복적이고 순환[재귀]적인 상호작용들이 **구조적 연동**을 낳는다고 말하겠습니다. 이 용어를 사용함으로써 나는 상호구조적 변화들의 역사를 언급하고 싶습니다. 교감영역 — 구조적으로 조형적인 두 개의 유기체들 사이에서 맞물리는 호혜적인 상호작용들의 행위 영역 — 이 출현하는 것을 가능하게 하는 그런 역사 말입니다. 우리 인터뷰와 관련해서 말하자면 이렇습니다. 우리는 만남을 유지하고 있습니다. 따라서 우리는 반복적이고, 끊임없이 되풀이되는 상호작용 속에 있을 뿐만 아니라 동시에 순환[재귀]적인 상호작용 속에 있습니다. 우리의 대화들은 추후의 대화들을 위한 기초를 형성하고, 대화들의 요소들은 서로를 준거하며 서로를 기반으로 하여 구축됩니다. 그리고 이것이 순환[재귀]입니다. 우리의 만남은 우리 각자의 내부에 구조적 변화들을 유발합니다. 그리고 우리가 구조적 연동에 이르는 역동적 조화 속에서 움직이는 한 그 만남은 계속됩니다. 구조적으로 조형적인 두 개의 조형적 체계들의 구조들이, 상호작용하는 체계들의 정체성[동일성]을 파괴하지 않으면서 계속적인 상호작용을 통해 변화할 때 구조적 연동이 발생합니다. 이러한 접속의 흐름 속에서 하나의 교감영역 ― 우리가 함께 행동하고 호혜적인 상응 속에서 행동하는 행위 영역 ― 이 형성됩니다. 접속된 체계들의 상태 변화들은 ― 더욱 일반적으로는 ― 맞물리는 연쇄를 통해 호혜적으로 조건지어집니다.

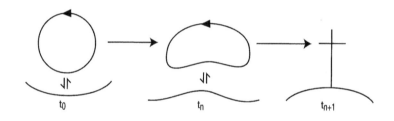

[그림 7] 이 도해는 자신의 역사의 여러 국면에서 매개체와의 상호작용을 통해 변화하는 하나의 생명체계를 보여준다. 생명의 실현은 유기체와 매개체가 함께 조화롭게 변하는 구조적 변화들의 자연적인 흐름 속에서 유기체와 매개체가 상호작용하는 가운데 이루어진다. 유기체가 그와 같은 구조적 변화들을 통해 자신의 조직을 보존하고, 매개체에 대한 자신의 적응을 보존하는 한에 있어서 말이다. 유기체와 매개체 사이에서 발생하는 구조적 합치의 이 동학을 구조적 연동이라 부른다. 구조적 연동이 상실될 때, 유기체의 조직화와 적응이 상실될 때, 유기체는 생명을 다한다.

푀르크젠 이 세 가지 개념들 ― 반복적이고 순환[재귀]적인 상호작용, 구조적 연동, 교감영역 ― 은 대답과 문제를 동시에 가지고 있습니다. 그런데 그것들이 어떤 문제를 해결하고 있는 겁니까? 그것들이 어떤 물음에 답하고 있는 겁니까?

마뚜라나 내가 보기에 이 개념들은 다음과 같은 물음에 답하는 요소들입니다. '폐쇄적이고, 구조적으로 결정된 체계들인 우리가 조화로운 방식으로 상호작용할 수 있다는 것이 어떻게 가능한가?' 모든 체계들이 구조적으로 결정되기 때문에 하나의 외적 작용체는 체계들 내부에서 일어나는 일을 결정할 수 없습니다. 변화는 섭동하는 작용체에 의해 유발되지만 섭동 체계의 구조에 의해 결정됩니다. 지시명령적 상호작용은 불가능합니다. 물론 외적 충격이 체계의 조직을 파괴함으로써 체계를 분해하는 결과를 낳을 수도 있습니다. 또한 체계들이 — 구조적 변화로 인하여 — 접촉을 상실할 수도 있습니다. 하지만 체계들은 어떤 응집 형태를 보존함으로써 계속해서 상호작용을 할 수 있고, 자신들의 조직을 유지할 수도 있습니다. 여기에서 우리는 상호작용의 최종 형태를 다루고 있는 것입니다.

푀르크젠 이러한 마주침의 토대는 무엇입니까? 체계들 사이의 이러한 계속적인 접촉의 토대는 무엇입니까?

마뚜라나 분명 어떤 구조적 합치가 있어야 할 것입니다. 다른 일상적인 사례를 들어 보지요. 만일 당신이 문을 부수거나 자물쇠를 망가뜨리지 않고 잠긴 방에 들어가고자 한다면, 당신에겐 그 새로운 영역에 접근할 수 있는 딱 맞는 열쇠가 필요할 것입니다. 그래서 자물쇠와 열쇠가 합치하는 구조를 갖추고 있어야만 한다고 말할 수 있겠습니다.

푀르크젠 지금 얘기한 것이 폐쇄적인 체계 속으로 들어갈 수 있는 방법에 대한 답변인가요? 그렇다면 모토는 이렇게 되겠군요. '알맞은 열쇠를 찾아라!'

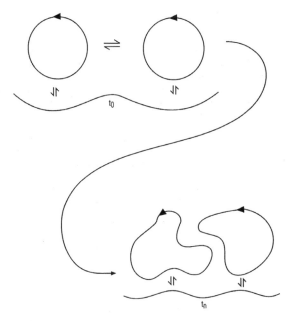

[그림 8] 이 도해는 두 개의 생명체계가 매개체 속에서 상호작용을 하는
모습을 보여준다.

마뚜라나 중요한 것은 자물쇠와 열쇠 사이의 특정한 관계입니다. 이 경우에 이 관계는 계획된 생산의 결과입니다. 누군가가 이 특수한 방식으로 자물쇠와 열쇠를 설계했던 것이지요. 하지만 젊은 남자와 젊은 여

자가 서로를 발견하고, 다른 사람들과의 대수롭지 않은 마주침들을 수차례 겪은 뒤에, 사랑에 깊이 빠지게 될 때, 자물쇠와 열쇠 사례와 매우 유사한 어떤 일이 일어납니다. 그들은 서로를 바라보며, 함께 지냅니다. 그들이 자신들의 관계를 즐길 수 있도록 해 주는 그들의 특수하게 합치하는 구조들은 수십 억 년 전부터 시작된 우리의 진화의 결과입니다.

성공적인 소통의 신화

푀르크젠 선생님은 왜 현재의 소통 모델들을 설명을 위한 자료로 이용하려고 하지 않는 거죠? 예를 들어 두 사람 사이에서 이루어지는 인터뷰의 준비과정 같은 거 말입니다. 그것들은 매우 간단하고 투명하다는 장점을 가지고 있습니다. 발신자, 수신자, 그리고 연결 채널이 있으니까요. 소통과 상호정향은 정보 전송을 이루는 데 도움을 주는 언어적·비언어적 기호체계들 또는 상징체계들을 통해 기능합니다.

마뚜라나 물론 우리는 우리가 하루 중 어떤 순간에 어떻게 전화기를 집어 들고, 어떻게 달력에 약속을 메모하며, 마침내 어떻게 전화기를 다시 내려놓는지 서술할 수 있습니다. 분명 나는 정보 전송이라는 생각에 기초한 현재의 소통 모델을 가지고 이러한 관찰 가능한 행위들을 서술할 수 있습니다. 또 방금 만남에 동의했다고, 그래서 소통이 이루어졌다고 말할 수 있습니다. 그럼에도 불구하고 이러한 설명은 오직 외관에, 보이는 것에 관계할 뿐이고, 내적인 체계 작동들과 그것들이 상호작용의 영역과 맺는 관계들을 지각하는 데는 결코 도움이 되지 않습니다.

푀르크젠 그렇다면 선생님의 견해로 볼 때, 성공적인 소통 또는 이른바 정보 전송의 의미는 무엇입니까?

마뚜라나 소통이 이루어졌다는 믿음은, 반복적이거나 순환[재귀]적인 상호작용들의 흐름을 지각한, 그래서 구조적으로 연동된 살아 있는 존재들을 관찰한 관찰자의 논평입니다. 정보 전송에 대해 이야기하는 관찰자들은 또한, 상호 수정된 상호작용을 기록합니다. 그들은 호혜적인 행위를 설명할 수 있을 것으로 기대되는 개념을 창안했습니다. 하지만 이 행위는 그들이 간과하는 구조적 정합성들의 결과(물)입니다. 곧바로 이 관찰자들은 오해나 상이한 지각들을 설명해야 하는 문제에 봉착합니다. 이러한 공통적 현상들이 언제나, 받아들여진 정보를 기대되는 관습적인 방식으로 처리하기 위해 수용자들을 심술궂게 거부하는 것에 기인하는 것일 수는 없습니다.

푀르크젠 선생님은 왜 이러한 모델들과 서술들에 그렇게 불만족스러워 하는 거죠? 그것들은 우리가 가지고 있는 상호정향의 뛰어난 수단인, 보다 면밀한 조사와 언어 분석을 통해 다듬어질 수는 없을까요? 언어 덕분에 우리는 소통할 수 있고, 단어와 문장을 이용하여 관계들을 정교하게 조율해 낼 수 있습니다. 따라서 언어적 상징들은 교감을 가능하게 하는 매체입니다.

마뚜라나 내 견해는 그것과 완전히 다릅니다. 언어 현상은 상호작용의 역사를 통해 진화해 온 특수한 구조적 합치로부터 출현합니다. 언어 출현을 위한 전제 조건 — '행위들의 조정의 조정' — 을 한 번 성찰해 보세요. 나는 상징들이 일차적으로 중요한 것이 아니라 이차적으로 중요하다고 주장합니다. 언어 사용의 '원 상황'(ur-situation)은 일상적인 상황입니다. 2차선 도로의 가장자리에 서서 택시를 잡으려 애쓰고 있는 사람을 상상해 보세요. 제 방향으로 지나가는 택시들은 전부 승객이 타고 있습니다. 그 사람은 마침내 반대쪽에서 달리고 있는 택시를 세우려고 애씁니다. 그리고 성공적으로 눈을 마주친 다음 택시 기사에게 다시 허공에 원을 그리면서 손짓을 합니다.

푀르크젠 그럼 택시 기사는 방향을 바꾸어서 …….

마뚜라나 바로 그렇습니다. 그 손짓 때문에 택시 기사가 차선을 바꾸고 승객을 맞으러 오게 되는 것입니다. 여기에서는 무슨 일이 일어난 것일까요? 이제 당신은, 예를 들어 당신이, 도로의 진행 방향에 갑자기 나타나 정차한 다른 택시를 그 사람이 이용하기로 결정한다는 것을 관찰할 때, 그리고 반대편에서 차를 돌린 먼저의 그 택시 기사가 그에게 "거기서 날 불러 놓고 지금 왜 그 택시를 잡는 거죠?"라고 소리칠 때, 어떤 일이 일어났는지를 즉각적으로 알아챌 것입니다. 겨우 눈이 한 번 마주쳤고, 두 번의 팔 동작이 있었을 뿐이지만, 그것들은 발화들로 이해되었습니다. 여기에서 일어난 일이 '행위들의 조정의 조정'입니다. 첫 번째 팔 동작과 눈이 마주친 순간에서, 택시 기사와 잠재적인 승객은 호혜적인 관계와 경계에 놓이게 됩니다. 그 승객이 허공에 그린 두 번째 팔 동작은 그들의 조정이 조정되도록 만듭니다. 요컨대, 상호작용의 흐름 속에 이러한 '행위들의 조정의 조정'이 존재하는 때에는 언제나 언어가 존재합니다. 나는 이것들이 우리가 언어가 일정한 상황 속에서 사용된다고 말할 수 있기 위해 필수적인 과정들이라고 주장하는 바입니다.

세계는 언어 속에서 출현한다

푀르크젠 선생님이 든 핵심적인 사례는 인간의 상호작용들의 영역에 속하는 것입니다. 다른 여러 살아 있는 존재들은 스스로 소통하며, 심지어는 다른 종들과도 소통합니다. 그(것)들도 언어를 사용합니까? 아니면 오직 인간만이 언어를 발달시킬 수 있나요?

마뚜라나 현재 상태의 우리 지식에 따르면, 우리는 오직 인간만이 언어 속에서 살아갈 수 있다는 점을 받아들일 수밖에 없습니다. 우리가 언어 속에서 살아가는 다른 살아 있는 존재들이 있을 수 있는지를 자문할 때, 우리는 말하기에 의해, 언어 속에서 살아가는 것을 통해 자문하게 될 것입니다. 저기 어디 바깥에 '관찰자와 독립적인' 실재가 존재하는지에 대한 문제를 파악할 때조차도 우리는 이러한 종류의 토론을 위해서 언어를 필요로 합니다. 그리고 사실상 이것이야말로 존재에 대한 이러한 토론들과 주장들이 완전히 무의미하게 되는 이유인 것입니다.

푀르크젠 그렇다면 선생님은 예컨대 꿀벌들의 이상한 춤을 어떻게 서술하겠습니까? 거기에는 의심할 바 없이 상호정향이 있습니다. 사람들의 말에 따르면 꿀벌들은 어느 방향으로 가야 하는지, 소득이 없는 어떤 종류의 꽃들을 피해야 하는지, 어디로 가야 풍부한 꿀을 기대할 수 있는지 등등에 관해 서로에게 알려준다고 합니다.

마뚜라나 분명 꿀벌들은 자신들의 행위를 조정합니다. 그러나 결정적인 문제는 그들이 행위의 조정 역시 조정하느냐 하는 것입니다. 순환[재귀]의 현상들이 존재하느냐 하는 것입니다. 꿀벌은 자기가 애석하게도 잘못된 방향으로 날아갔었노라고 다른 꿀벌에게 말할 수 있을까요? 만일 진짜 이것이 사실이라면 우리는 꿀벌들을 언어 속에서 살아가는 존재들로 분류해야만 할 것입니다.

푀르크젠 내가 올바르게 이해한 것이라면, 선생님은 언어에 본질적인 것이 무엇인가를 파악하기 위해 특별히 발화의 효과들에 주목하는 것 같습니다. 하지만 언어에 대한 우리의 통상적인 담론에서 우리는 일련의 상호 연관된 행위의 조정들에 초점을 맞추지 않고, (소통의 목적을 위해 사용되는) 상징체계들에 준거합니다. 우리에게 중요한 것은 개념들의 의미(의미론), 단어들 및 문장들의 구조들(어휘론 및 통사론), 그리고 이러한 개념, 단어들, 문장들의 목적지향적이고 상황구속적인 활용(화용론)입니다. 내 질문을 반복하고 싶군요. 언어에 대한 선생님의 특별한 견해는 무엇입니까?

마뚜라나 결정적인 측면은 이것입니다. '이 행위들의 조정의 조정에는 하나의 순환[재귀]이 있다. 이것은 그 이전의 적용의 결과들에 적용되는 주기적인 작동이다.' 내가 언어를 이해하는 데 이 요인이 왜 그렇게 중요할까요? 나의 대답은 이렇습니다. '우리가 하나의 순환[재귀]을 관찰할 수 있을 때마다 무언가 새로운 것이 존재한다. 이러한 종류의 주기적인 작동들이 있을 때마다 새로운 현상들이 존재한다.'

푀르크젠 순환[재귀]의 이 특별한 효과에 대해서 예를 들어 자세히 설명해 줄 수 있습니까?

마뚜라나 당신이 마치 달리고 있는 것처럼 다리를 움직인다면 당신을 바라보고 있는 어떤 사람도 당신이 지금 달리고 있으며, 움직여 사라지고 있다고 말하지 않을 것입니다. 사람들은 어쩌면 당신이 어떤 팬터마임을 하려 한다고 생각할 수도 있습니다. 하지만 실제로 당신이 다리를 움직여 공간을 움직이고 있다면, 누구나 당신이 걷거나 뛰기 시작했다고 인식할 것입니다. 이것이 의미하는 것은 다음과 같습니다. '달리기의 현상은 당신의 다리의 주기적인 움직임이 당신의 발이 그 순간에 우연히 딛고 있는 표면의 선형적인(linear) 이동에 연결될 때 정확히 발생한다.' 하나의 움직임은 이전의 움직임 위에 구축되고, 다리 움직임들의 단순한 반복은 하나의 순환[재귀]으로 변형됩니다. 그리고 하나의 새로운 현상이 출현합니다. 즉 당신이 달리고 있는 현상이 출현하는 것이지요.

푀르크젠 순환[재귀]이라는 관념에 대한 선생님의 이러한 관심이 언어를 이해하는 데 어떻게 기여하는 것이죠?

마뚜라나 내 주장은 이렇습니다. '우리가 행위의 순환[재귀]적인 조정, 즉 행위의 조정의 조정에서의 흐름과 마주칠 때마다, 우리는 새로운 것, 즉 언어가 출현한다는 것을 알게 된다.' 언어가 출현할 때 대상들이 출현합니다. 예컨대 택시 같은 것 말입니다. 택시란 무엇입니까? 내가 말하고 있는 것은 다음과 같은 것입니다. '행위의 두 번째의 조정(첫 번째 순환[재귀])에 의해 조정을 이룬 행위의 조정으로서의 승객을 태우는 수송 및 운전은 행위의 세 번째의 조정(두 번째 순환[재귀]) 속에서 택시라고 "이름 붙여져" 나타나는 행위의 그러한 배치(configuration)가 된다.' 이것은 (택시가 수송[실어나름]을 모호하게 하는 것처럼) 대상들이 자기들이 조정하는 행위를 모호하게 하는 '행위의 조정들의 조정'으로서 출현한다는 것을 의미합니다.

푀르크젠 선생님이 제시하고 있는 언어에 대한 이 새로운 이해가 갖는 장점은 무엇입니까?

마뚜라나 이것은 언어가 정보 전송의 수단이 아니라, 그리고 소통 체계가 아니라 '행위의 조정들의 조정'의 흐름 속에서 '더불어 살아가는' 방식이자 방법임을 드러내 줍니다. 이것은 상호작용하는 체계들의 구조적 결정론과 모순되지 않습니다. 일단 이것이 파악되고 나면 상징들이 언어의 시초가 아니라, 역으로 언어가 상징들의 기원이라는 점이 분명해집니다. 모든 것이 뒤집어집니다. 잠깐 우리가 체계들의 상호작용 및 언어현상과 관련한 우리 대화의 앞머리에서 논의했던 인터뷰 약속이라는 핵심적인 사례로 돌아가 볼까요? 당신이 칠레로 오기 전에 우리가 나눴던 전화 통화는 함부르크에서 산티아고로, 또는 산티아고에서 함부르크로 이어지는 정보 전송이 아니었습니다. 그러한 상호작용의 결정적인 결과는 두 개의 '구조적으로 결정된' 체계들 — 푀르크젠과 마뚜라나 — 이 그들의 행위의 순환재귀적인 조정을, '행위의 조정들의 조정'을 이루어 냈다는 것이었습니다. 그래서 지금 우리는 여기에 함께 앉아 있는 것입니다.

자기생산은 살아 있다

죽음과 맞닥뜨리기

푀르크젠 1944년에 물리학자인 에르빈 슈뢰딩거는 과학사에서 하나
의 고전이 되어 버린 작은 책을 출간했습니다. 그 책의 제목은 『생명
이란 무엇인가?』였지요. 선생님 자신의 생각은 이 문제에 집중적으로
관련되어 있습니다. 선생님은 ― 생물학자로서 ― 생명에 대한 서술,
즉 자기생산 이론을 전개시켜 왔습니다. 이 이론은 과학계에서 여전히
흥분을 불러일으키고 있습니다. 하지만 처음부터 시작해 보죠. 왜 선
생님은 '살아 있다는 것'이 무엇인가 하는 문제에 그렇게 깊이 매혹되
고 사로잡혔나요? 특별한 사건이 있었나요? 어떤 중요한 지적 체험이
있었던 건가요?

마뚜라나 사실, 다양한 사건들과 여러 중요한 체험이 나를 고무시켰

습니다. 알고 있겠지만 나는 어릴 적에 자주 심하게 앓았습니다. 어린 시절 죽음은 변치 않는 친구였던 거지요. 나는 결핵에 여러 차례 걸렸는데, 이 질병의 위협 때문에 나는 아주 일찍 삶과 죽음의 관계에 대해 생각하게 되었습니다. 열네 살 때 시 한 편을 쓴 게 기억납니다. 시체와 바위의 차이에 대해 다룬 것인데요, 시체는 살아 있었던 적이 있었기 때문에 바위와 다르다고 했던 것 같습니다. 그러니까 살아 있다는 사실은 물질(matter)의 속성이 아니었습니다. 하지만, '그렇다면 그것은 무엇이었지? 지금 우리가 그것을 잃는다면 말이야.'라는 의문이 떠올랐습니다.

푀르크젠 선생님은 변증법적 방식으로 서술하고 있군요. '우리는 죽음과의 마주침 속에서 삶을 향한 갈망을 자각하게 된다.'

마뚜라나 그렇게 말할 수 있을 것입니다. 1949년 나는 산 속 요양원에 있었습니다. 다시 결핵을 앓았거든요. 절대로 기력을 소진하지 말라는 엄명을 받았습니다. 실제로 처방요법은 아무 일도 하지 말라는 것이었습니다. 하지만 비밀리에 나는 두 권의 책을 읽었습니다. 니체의 『차라투스트라는 이렇게 말했다』에서 나는 정신의 변형에 대한 놀랄 만한 이야기를 발견했습니다. 정신은 우선 낙타로 변했다가, 이어서 사자로 변하고, 마침내 어린이로 변합니다. 어린이가 최초의 운동으로 서술되고 있습니다. 내가 요양원에서 나가게 된다면, 다시 처음부터, 출발선에서 출발하는, 어린이가 되어야겠다고 생각했습니다. 줄리언 헉슬리의 『진화: 현대적 종합』의 결말 부분에 이르러 나는 진화

과정이란 살아 있는 존재가 자신의 환경으로부터 점차 독립하는 것을 의미한다고 씌어 있는 장을 발견했습니다. 그래서 인간은 가장 독립적이고 가장 진보한 살아 있는 존재인 것처럼 보입니다. 나는 그렇게 매 개체에 완전히 의존하고, 요양원을 떠날 수도 없으며, 앓으면서, 죽음을 앞둔 채로 침대에 누워 있으면서 줄리언 헉슬리가 틀렸음을 분명히 깨달았습니다.

푀르크젠 내가 올바르게 이해한 것이라면, 선생님은 죽음과의 대면을 통해 삶(생명)의 본성에 대한 물음을 던졌습니다. 더욱이 니체와 헉슬리가 대답들을 제공해 주었고요. 선생님은 그 대답들을 선생님 자신의 상황에 관련지을 수 있었군요.

마뚜라나 맞습니다. 나는 삶이란, 뜻도 의미도 가지고 있지 않으며 진화과정의 어떤 프로그램도 따르지 않는다고 자신에게 말했습니다. 내 결론은 동어반복의 고리를 이룹니다. '살아 있는 존재의 의미와 목적은 다른 게 아니라 바로 현재의 그것이 되는 것이다.' 개의 목적은 개가 되는 것이고, 인간의 목적은 인간이 되는 것입니다. 하나의 살아 있는 존재에게 영향을 미치는 어떤 것도 그리고 그것에게 일어난 어떤 일도 오로지 그 자신과 관련해서 그러해야 한다는 점이 내게는 분명해졌습니다. 어떤 개가 내가 그 개의 꼬리를 밟았기 때문에 나를 문다면, 개는 고통을 피하고 싶기 때문에 나를 무는 것입니다. 이것은 살아 있는 존재들이 자율적임을, 그들이 규정된 한계들을 가지고 있음을, 어떤 것이 그들에게 속하고 어떤 것이 속하지 않는지를 표시하는 경계선이 있음을 의미합니다.

푀르크젠 필요한 속성들의 목록을 작성함으로써 살아 있다는 것이 무엇인가 하는 질문에 대답하는 것이 생물학에서는 통례가 되어 왔습니다. 살아 있다는 것이란 예컨대, 재생산할 수 있고 운동할 수 있다는 것이라고 말합니다. 선생님은 왜 이러한 목록에 만족하지 않았습니까?

마뚜라나 이러한 절차는, 하나의 체계가 살아 있는 체계라는 것을 주장하기 위해 필요한 특징들 및 기준들의 목록이 언제 완성되는지를 말해주지 않기 때문입니다. 우리는 이러한 목록이 언제 완성되었는지를 알지 못합니다. 만일 우리가 하나의 체계를 살아 있는 체계로 특징짓는 특징들의 목록을 이미 앞서서 알고 있지 않다면 말입니다. 1960년에 한 학생이 강의 도중에, 40억 년 전에 무슨 일이 시작되었기에 살아 있는 체계들이 그때 시작되었다고 우리가 주장할 수 있는 것인지 나에게 물었습니다. 그 질문은 나를 적잖이 당황스럽게 만들었습니다. 그 질문에 대답할 수 없었기 때문이지요. 그래서 나는 그 학생에게 1년 후에 다시 와 달라고 부탁했습니다. 그때쯤이면 그의 질문에 답할 수 있는 위치에 있을 것이라고 생각했던 것이지요. 하지만, 나는 계속해서 그 질문을 숙고하면서, 알맞은 대답을 실제로 찾았다고 어떻게 결정할 수 있을지 계속 자문했습니다. 재생산 또는 운동(locomotion), 특별한 화학적 구성과 같은 특징들, 또는 이러한 특징들의 결합을 목록으로 만들면서 삶을 적절하게 규정했노라고 내가 어떻게 확신할 수 있었겠습니까?

푀르크젠 문제는 우리가 중심적인 특징들을 모두 찾았다는 것을 어떻게 증명할 수 있는가 하는 것이군요.

마뚜라나 엄밀히 말해, 특징들의 목록을 작성하는 것은 모든 잠재적 특징들에 대한 지식을 전제합니다. 그것들이 이미 대답을 가지고 있다고 생각하는 사람들만이, 그들이 비록 아직도 그것을 찾고 있다 할지라도, 그것들의 목록이 언제 완성되는지를 어쩌면 알 수 있을 것입니다. 하지만 나는, 연관되어 있는 모든 구성요소들과 과정들을 계산하고 분류하는 것을 필요로 하지 않는 생명체계들을 이해하려고 탐색하고 있었습니다. 나는 (그것들의 특별한 구성요소들과 그것들의 특별한 구조들과 독립되어 있음에 틀림없는) 모든 생명체계들에 공통적인 유기체 형태를 찾고 있었습니다.

푀르크젠 선생님은 자기생산이라는 표제어로 널리 알려지게 된 그 이론을 어떻게 전개시키게 되었나요?

마뚜라나 나의 생각은 다양한 단계들을 경과했습니다. 처음에는 외적 목적을 가지지 않는 (그 활동들이 오직 그들 자신의 존재 안에서만 의미를 갖는) 체계들에 대해 이야기했습니다. 이러한 **자기준거적 체계들**은 **타자준거적 체계들**과 구분됩니다. 타자준거적 체계들의 본질적인 특징은 그것들이 자기들 외부의 목적을 위해 기능한다는 것이었습니다.

(예를 들어 자동차는 일종의 타자준거적 체계입니다. 자동차의 의미와 목적은 한 장소에서 다른 장소로 이동하는 수단으로서 기능합니다.) 하지만 사실, 나는 준거 개념에 마음이 끌리지 않았습니다. 왜냐하면 그 개념은 언제나 상이한 요소들 사이의 어떤 관계를 함축하기 때문입니다. 그리고 나는 관계들의 유형을 서술하고 싶지 않았기 때문입니다. 나는 체계 그 자체를 통해 체계의 과정들을 이해하고 싶었습니다. 그래서 나는 궁극적으로 자기준거의 현상으로 귀결되는 과정들을 밝혀 줄 개념을 찾았습니다.

푀르크젠 선생님은 선생님의 생명 이론이 그 자체로 살아 있기를 원했던 거군요.

마뚜라나 나는 생명의 현실적 실현과 분리될 수 없는 생명의 특징화에 사로잡히고 매혹되었습니다. 에르빈 슈뢰딩거의 책을 읽었지만, 나의 질문은 생명이란 무엇이었나(생명의 과거)가 아니라 무엇이 생명체계를 본질적으로 구성하였는가 하는 것이었습니다. 나는 과정들의 배치, (결과적으로 생명체계, 예컨대 세포를 생산한) 특수한 분자적 동학을 발견하고 싶었습니다. '이러한 체계가 출현하기 위해서 무엇이 일어나야만 하는가?' 어쨌든 개념적으로 나는 생명체계를 창조하고 싶었습니다. 그것이 나의 목표였습니다.

푀르크젠 선생님은 신처럼 행동하고 싶었던 거군요.

마뚜라나 (웃음) 나는 신처럼 행동하고 싶었던 것이 아니라, 신이 되고 싶었습니다.

스스로를 생산하는 공장

푀르크젠 선생님의 새로운 생명 이론의 단계적인 발전 단계에서 그 다음에는 어떤 일이 일어났나요?

마뚜라나 1963년에 나는 (분자생물학에서 이루어진 발전들에 대해 정기적으로 토론을 했던) 미생물학자인 친구의 실험실에서 결정적인 영감을 얻었습니다. 당시 분자생물학에서 정설은 정보가 세포핵에서 세포질로 이동한다는 것이었습니다. 우리는 정보가 한편으로 다른 길을 ― 세포질에서 세포핵으로 ― 이동할 수 있는 것은 아닌지 자문해 보았습니다. 아직 아무도 레트로바이러스에 대해서 들어본 적이 없었기에 우리의 질문은 아주 당연한 것이었습니다. 우리는 결코 실행된 적이 없었던 실험들을 하려고 생각했습니다. 그런데 어느 날 나는 칠판에 그림을 하나 그려 놓고 친구에게 이렇게 말했습니다. "DNA는 단백질들의 합성에 참여하고, 단백질들은 DNA의 합성에서 효소로 참여해." 나의 그림은 원의 형태를 띠었습니다. 칠판에 막 그린 것을 보는 순간 나는 크게 소리쳤습니다. "저런, 길레르모, 바로 이거야! 그 과정들의 이 순환성이 생명체계들을 자율적이고 경계지어진, 독립적인 존재들로 만드는 동학을 밝혀준다구." 나는 나중에 **자기생산**이라고 불리는 현상의 개념적 기초를 발견했던 것입니다. 그때부터 나는 생명체계를 순환적인 체계로 서술했습니다.

푀르크젠 우리는 이제 이 짧은 과학적이고 역사적인 서곡의 마지막 국면에 도달했군요. 자기생산 개념은 결국 어떻게 창안되게 되었나요?

마뚜라나 틀림없이 1970년이었을 것입니다. 나는 『돈키호테』에 대한 박사논문을 썼던 호세 마리아 불네스라는 친구를 만났습니다. 이 논문에서 그는 자신의 행위들이 가져올 결과들에 대해서는 크게 주의를 기울이지 않은 돈키호테가 직면한 딜레마 ― 포이에시스(생산, 창조)의 길을 선택할 것인가, 프락시스(실제적인 일)에 직접 참여할 것인가 ―를 다루었습니다. 돈키호테는 마침내 프락시스를 하러 가고 방랑하는 기사가 되기로 결심합니다. 그래서 포이에시스에 맞서기로 결심하고 방랑하는 기사에 대한 소설을 씁니다. 친구와 대화를 나누는 중에 이런 생각이 들었습니다. "내가 이때껏 찾아 왔던 말이 이거야. 오토포이에시스(autopoiesis)." 그것은 **자기생산**을 의미합니다. 그리스 단어인 autos(자기)와 poiein(생산하다, 창조하다)으로 이루어져 있죠. 나는 생명체계를 본질적으로 특징짓는 것에 대한 나의 생각을 하나의 개념으로 성공적으로 집약시켰습니다. 그 용어가 **순환체계들**이라는 다소 부담스러운 표현과는 달리 전혀 알려지지 않았다는, 그리고 그것이 그들 자신의 작동들을 통해 스스로들을 존재들로 생산하는 체계들의 구성적인 과정들의 결과에 주의를 집중시켰다는 부가적인 이점도 있었습니다. 한 체계의 자기생산적 조직의 생산물은 바로 체계 그 자체입니다.

푀르크젠 자기생산 개념을 아주 자세하게 설명해 줄 수 있나요?

마뚜라나 생명체계들은 자기의 폐쇄적인 동학 속에서 스스로들을 생산합니다. 그것들은 분자적 영역에서 자기생산적 조직을 공유합니다. 하나의 생명체계를 고찰할 때, 우리는 서로 상호작용하는 분자들을 생산하는 네트워크를 발견하는데, 이 네트워크는 분자들을 생산하고, 이번에는 이 분자들이 분자들을 생산하는 네트워크를 생산하고 자신의 경계선을 한정합니다. 이와 같은 방식으로 네트워크는 분자들을 생산하는 것입니다. 이러한 네트워크를 나는 자기생산적이라고 부릅니다. 그러므로 만일 우리가 분자적 영역에서 (자신의 작동들이 그 자신의 생산을 야기하는) 이러한 네트워크와 마주친다면, 우리는 자기생산적 네트워크를, 그리고 그 결과 생명체계를 다루고 있는 것입니다. 그것은 그 자신을 생산합니다. 이 체계는 물질(matter)의 투입에 개방되어 있지만 그것을 낳는 관계들의 동학과 관련해서는 폐쇄되어 있습니다.

푀르크젠 어쩌면 생명의 자기생산을 증명하는 사례를 드는 것이 이 단계에서 도움이 될 것입니다. 선생님은 종종 세포를 하나의 자기생산적 체계로 언급했습니다. 그것이 유력한 모델이 될까요?

마뚜라나 내 용어법에서 세포는 제 1 순위의 분자적인 자기생산 체계로서 서술됩니다. 따라서 다세포적 존재는 제 2 순위의 자기생산 체계입니다. 세포의 물질대사에 관한 특별한 점은 그것이 구성요소들—이 구성요소들은 자기들을 생산한 변형들의 네트워크 속으로 완전히 통합됩니다—을 생산한다는 점입니다. 따라서 구성요소들의 생산은 가장자리, 경계선, 그리고 세포막의 가능성의 조건입니다. 역으로 이 막은 변형의 계속되는 과정들에 참여합니다. 그것은 세포의 자기생산적 동학에 참여합니다. 그것은 네트워크를 통합적 전체로 생산하는 '변형들의 네트워크의 작동'을 가능하게 하는 조건입니다. 세포막의 경계선이 없다면 모든 것은 일종의 분자적 점액(slime)으로 해체될 것이고, 분자들은 사방으로 흩어질 것입니다. 그렇게 되면 독립적인 존재는 더 이상 존재하지 못할 것입니다.

푀르크젠 이것은 세포가 막을 생산하고 막이 세포를 생산한다는 것을 의미하는군요. 이렇게 되면 생산자, 생산행위, 생산물 들은 구분 불가능하게 되겠군요.

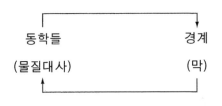

[그림 9] 제1 순위의 자기생산 체계인 세포는
그 자신의 생산물인 공장이다.

마뚜라나 조금 더 엄밀히 말하자면 다음과 같을 것입니다. '세포막의 분자들은 세포의 자기생산 과정들의 실현에 참여하고 세포의 자기생산 네트워크 내부의 또 다른 분자들의 생산에 참여한다. 그리고 자기생산은 막의 분자들을 낳는다.' 그것들은 서로를 생산하고, 전체의 구성에 참여합니다.

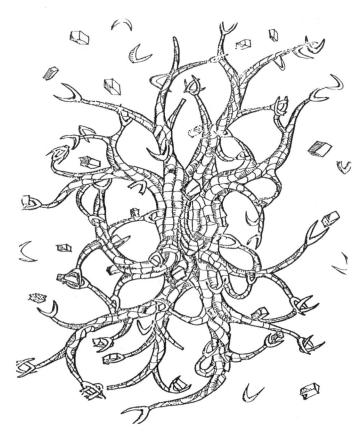

[그림 10] 자기생산 체계는 그 자신의 구성요소들을 자기생산(self-creation)의 요소들로 활용한다. (알레한드로 마뚜라나 그림)

자기생산적 및 타자생산적 체계들

푀르크젠 제1순위의 자기생산 체계들에 대한 상술이 설득력 있다고 생각하지만 어떻게 선생님이 제2순위의 자기생산 체계들(예컨대 인간)이 자신들을 생산할 수 있다고 말할 수 있는지 이해가 되지 않습니다. 다음과 같이 이야기하는 게 좋지 않을까요? '인간들은 본질적으로, 그들의 일상적인 삶 속에서 자신들과 다른 것을 생산한다.' 사람들은 일하고, 집을 짓고, 빵을 굽고, 스웨터를 짜는 등등으로 생산합니다.

마뚜라나 당연히 우리는 이런 식으로 인간을 볼 수 있습니다. 우리가 사회영역에 있는 사람들을 노동자들로서 서술할 때, 그들을 빵이나 스웨터의 생산자들로 생각하고, 또 그들을 이런 식으로 일차적인 것으로 특징짓는 것은 분명 가능합니다. 그들이 생명체계들이라는 점은 사실상 이 맥락에서는 관계가 없습니다. 똑같은 생산물들을 만드는 기계들이 그들을 대체할 수 있을 것이기 때문입니다.

푀르크젠 그래서 존재를 제2순위의 자기생산 체계로 분류하는 것은 선택된 접근법과 선택된 전망의 결과일 수도 있겠군요?

마뚜라나 그렇기도 하고 그렇지 않기도 합니다. 우리의 대화를 녹음하기 위해 사용하는 녹음기는 쉽사리 자기생산 체계로 간주될 수 없습니다. 비록 우리가 그렇게 하고 싶은 마음이 굴뚝같다고 해도 말입니다. 오직 어린이들만이 가끔 그와 같은 일을 할 수 있습니다. 그들의 놀이에서 무생물이 살아 있는 것으로 보일 때가 있습니다. 하지만 그것은 놀이이고, 또 우리는 그것이 놀이라는 것을 알고 있습니다.

푀르크젠 그렇다면 전망들을 바꿀 수 있는 가능성은 한 방향에서 성공적일 뿐입니다. 우리는 자기생산 체계들을, 자신들과 다른 것을 생산하는 체계들로 간주할 수 있습니다. 무생물 체계들의 경우 이러한 접근법은 맞지 않습니다. 그것들은 (단순히 우리가 그렇게 분류하고 싶다고 해서) 자기생산적인 것으로 분류될 수 없습니다.

마뚜라나 맞습니다. 만일 내가 우리의 녹음기를 생명체계로 서술한다면 당신은 분명히, 이 체계의 자기생산이 어떻게 기능하는지 알고 싶을 것입니다. 그리고 나는 당신에게 만족스러운 설명을 제공해 줄 수 없을 것입니다.

푀르크젠 자기 자신과 다른 것을 창출하는 체계들을 선생님은 무엇이라고 부릅니까?

마뚜라나 원래 나는 그것들을, 이미 언급한 바처럼, '타자준거적' 체계들이라고 불렀는데, 오늘날 나는 자기의 작동들의 의미와 목적이 자기들 외부에 있다고 말할 수 있는 체계들을 **타자생산 체계들**이라고 부릅니다. 이것들이 작동해서 생긴 결과는 그들 자신이 아닙니다. 자동차나 컴퓨터를 한 번 생각해 보세요. 하지만 이것은 결코 경멸적인 용어가 아닙니다. 그리고 그것이 어떤 차별적인 위계의 표현으로 오해되어서도 안 됩니다. 자동차와 컴퓨터가 없다면 나는 내가 누리고 싶은 삶을 살아갈 수 없을 것입니다.

푀르크젠 자율의 특징이 자기생산의 실현에 중심적입니까? 우리는 분명 모든 체계들이 사실상 그것들이 모두 자기 자신의 규칙들에 따라 기능하기 때문에 자율적이라고 주장할 수 있을 것입니다. 만일 내가 카페에서 웨이터에게 커피를 가져다 달라고 목청이 터져라 외친다면, 그럼에도 그는 나에게 커피를 가져다주지 않을 수도 있습니다. 만일 내가 커피메이커(타자생산 체계)에 대고 내게 커피 한 잔을 만들어 달라고 매우 정중하게 부탁을 한다면 똑같은 일이 일어날 것입니다. 필터가 안에 끼워져 있고, 물이 채워져 있을 때에만, 그 기계의 스위치가 켜져 있을 때에만, 요컨대 그 기계의 규칙들에 따라 내가 작동을 하는 경우에만, 커피가 만들어질 것입니다.

마뚜라나 당연히 서로 다른 체계들이 자율적이 될 수 있는, 그들 자신의 규칙들에 따라 기능할 수 있는 다양한 가능성들이 존재합니다. 물론 생명체계들이 아닌 다수의 자율적 체계들이 존재합니다. 자율을 자기생산의 핵심 특징으로 간주하는 것은 잘못일 것입니다. 요점은 우리들이 하나의 폐쇄적인 네트워크를 가지고 있는바 이 네트워크들이 분자들을 생산하고, 이번에는 이 분자들이 자신들을 생산한 네트워크를 생산한다는 점입니다. 하나의 정식으로 표현하면 다음과 같습니다. '자기생산은, 자율적이고 자신의 자율을 실현하는 생명체계들에게 고유한 특수한 방식이자 방법이다.' 자율은 보다 일반적인 개념(notion)입니다.

푀르크젠 우리는 순환적 유기체의 이 특수한 형태인 자기생산이 실제로 생명의 결정적인 기준이라는 점을 어떻게 알죠? 선생님은 그것을 어떻게 증명할 수 있나요?

마뚜라나 우리는 '어떤 사람이 증명되었으면 하고 바라는 것'을 그 결과로서 생산할 일련의 과정들을 성공적으로 제시함으로써 그것을 증명할 수 있을 것입니다. 우리는 자기생산의 실현이 생명체계들의 모든 특징들의 직접적인 또는 간접적인 원천이며, 궁극적으로는 생명체계들의 모든 알려지고 알려지지 않은 특징들을 갖춘 존재를 생산한다는 점을 밝혀야만 할 것입니다.

두 번째 창조

푀르크젠 선생님은 자기생산 체계를 모의실험하는 컴퓨터를 설계했습니다. 과학 관련 문헌에는 이 모의실험이 선생님의 이론을 사실상 논박했다고 주장하는 이상한 의견이 있었습니다. 선생님의 모의실험이 설령 생명체계의 특징들을 가질 수 있다 하더라도, 그것이 명백히 살아 있지 않다는 주장이던데요.

마뚜라나 나는 그 모델이 하나의 실례로 제시되었던 것이며, 무언가를 증명하는 것으로 주장된 것이 아니라고 대답할 수밖에 없군요. 그것은 분명 생명체계가 아닙니다. 컴퓨터는 인형극장의 인형 조종사처

럼 기능합니다. 그것은 서로 다른 요소들을 관찰의 공간—예컨대 그
래픽 공간, 분자적 동학에 비견될 만한 하나의 동학—속에 나타나는
존재들로 변형시키기 위해 활용됩니다. 컴퓨터와 컴퓨터 프로그램은
생명체계 속에서 자율적으로 움직이는 요소들을 가동시키기 위해 이
용됩니다. 분자들은 인형 조종사가 필요하지 않습니다. 분자들은 자신
들을 움직이게 해 줄 숨겨진 힘이 필요하지 않습니다. 분자들은 열역
학 법칙들에 따른 열적 진동에 의해 스스로 움직입니다. 그것이야말로
정확히 그들과 관련해 특별한 그 무엇입니다. 하지만 알다시피 현재
엄청난 노력들이 인공적인 생명을 창조하기 위해 투자되고 있습니다.
언젠가 이 시도들은 의심할 바 없이 끔찍한 대가를 무릅쓰고라도 성
공할 것입니다. 그리고 우리는 분자적 영역 안에 자기생산 체계들을
세울 수 있을 것입니다.

푀르크젠 선생님의 예견이 입증되고 인공적인 생명이 창조된다면, 언
젠가 니체가 말했던 것처럼 신은 단순하게 죽지 않을 것입니다. 신은
여분의 존재가 될 것이고, 자기생산 체계들의 창조에 의해 제거될 것
입니다. 선생님은 동의합니까?

마뚜라나 전혀 동의하지 않습니다. 이러한 질문에 대답할 수 있기 전
에 또는 이러한 종류의 테제를 정식화할 수 있기 전에 우리는 신이라
는 단어의 뜻에 대해 일치를 보아야 합니다. 언젠가 위대한 요가 수행
자인 요가난다가 미국에 와서 이렇게 말했습니다. '당신이 신이 멀리
있다고 생각할 때 신은 멀리 있다. 당신이 신이 매우 가까이 있다고

생각할 때 신은 매우 가까이 있다.' 신이라는 단어는 우리 세계에서 엄청난 중요성과 힘을 얻고 있는 인간(적) 개념을 가리킵니다. 하지만 많은 사람들에게 신은, 기독교 교리에 규정되어 있는 것처럼, 우리가 그의 형상에 따라 만들어진 지적이고 창조적인 존재(Being)로 보이지 않습니다. 그들에게 결정적인 것은, 신에 대해 이야기하는 것이 그들로 하여금 어떤 접근불가능한 현전에 대해, 그리고 우리가 실제로 결코 말할 수 없는 그들의 실존 원천과의 연결에 대해 말할 수 있도록 허용해 준다는 점입니다. 그래서 만일 내가 신을 만물의 원천[근원]으로 간주한다면, 그는 분명 여분의 존재가 될 수는 없을 것입니다. 생명이 특수한 조건들 아래에서 스스로를 형성한다는 사실은 그래서 신의 존재함의 표현인 것입니다.

푀르크젠 독일의 어떤 작가가 자신의 모든 인터뷰를 이와 똑같은 질문, 내 생각엔 훌륭한 질문을 가지고 마무리함으로써 한때 사람들의 감정을 격앙시킨 적이 있습니다. 질문은 이런 것이었습니다. '신은 존재하는가?'

마뚜라나 어떤 강의의 말미에 이런 질문을 받았습니다. "선생님은 신을 믿습니까?" 나는 이렇게 대답했습니다. "나는 신의 왕국에 살고 있습니다." 질문자가 반복했습니다. "선생님은 신을 믿습니까?" 나는 다시 대답했습니다. "나는 신의 왕국에 살고 있습니다." 그리고 그는 그 질문을 다시 한 번 반복했습니다. "다시 한 번 묻겠습니다. 선생님은 신을 믿습니까, 아니면 믿지 않습니까?" 나는 마침내 그에게 이렇게 이야기했습니다. "만일 내가 그렇다고 대답하거나 또는 그렇지 않다고 대답한다 해도 어쨌든 나를 좋아하겠습니까?" 그의 고집은 차별을 위한 욕망에 기인한 것이었습니다.

푀르크젠 그렇다면 선생님의 대답은 실제로 '신의 존재는 신념의 문제가 아니다'라는 것이군요.

마뚜라나 나는 신을 믿는 사람들이 심각한 의심들에 의해 괴로워하고 있다고 말하고 싶습니다.

이념의 역사

개념은 유행을 탄다

푀르크젠 선생님은 자기생산 개념을 오로지 생명을 특징짓는 데에 한정해서 사용하기 위해 무척 애를 써 왔습니다. 그럼에도 불구하고, 선생님의 생각들은 지금 사회이론에, 사회를 서술하는 데에 널리 활용되고 있습니다. 그러는 사이에, 과학, 저널리즘, 풋볼, 가족, 예술, 정치, 사회 등등 모든 것이 자기생산 체계가 되었습니다. 모든 것이 그 자신의 경계선들 안에서 그 자신의 규칙에 따라 진동하게 되었지요.

마뚜라나 그렇습니다. 사람들은 나를 자기생산이라는 용어 및 개념의 창안자라고 해서 좋아하고 존경합니다. 내가 그 자리에 없을 때, 그래서 내가 말한 것이 실제로 무엇인지를 그들에게 알려줄 수 없을 때 특히 그렇습니다. 하지만 내가 직접 그 자리에 있게 되면, 나는 항상 그 개념이, 내 생각에는, 그것이 특별한 문제를 해결하는 일정한 규정된 영역에만 타당할 뿐이라는 점을 지적합니다. 예를 들어, 몇 년 전 나는 '런던 경제 학회'의 회의에 초대받았습니다. 그 회의는 사회체계들이 자기생산적인 것으로 간주될 수 있는가 하는 문제를 다루었습니다. 그 논쟁은 꼬박 3일 동안 계속되었고, 마침내 결론적인 말을 몇 마디 해달라는 요청이 들어왔습니다. 나는 다음과 같이 말했습니다. "사흘 동안 나는 여러분들의 생각들과 논쟁들을 경청해 왔습니다. 그래서 나는 이제 다음과 같은 질문을 여러분들에게 던지고 싶습니다. '이 회의의 주제로 사회체계가 자기생산적인 것으로 분류될 수 있는가 그렇지 않은가 하는 문제를 선택한 것을 정당화해 줄 사회체계의 특징들은 무엇인가?'"

푀르크젠 그들의 토의를 위한 다른 출발점을 제시한 거군요. 먼저 사회현상들을 이해하고 나서야 생물학에서 빌려온 개념을 가지고 사회현상들을 보다 정밀하게 서술할 수 있다는 말씀이지요.

마뚜라나 바로 그렇습니다. 사회현상들을 설명하기 위하여 자기생산 개념을 적용하게 되면 사회현상들이 시야에서 사라질 수도 있을 것입니다. 왜냐하면 모든 관심이 자기생산 개념에 흡수될 것이기 때문입니다. 물론 우리는 지금 우리가 앉아 있는 이 집이 자기생산 체계인지 토론할 수 있습니다. 하지만 이 주제를 선택하면 자기생산 체계의 특징들이 우리의 성찰을 인도해 줄 것이라는 피할 수 없는 효과를 낳게 됩니다. 그러나 집이라는 존재의 구성적 속성들을 묻고, 그 특징들이 자기생산 개념과 부합하는지 물음으로써 우리는 자유롭게 분석하고 연구할 수 있을 것입니다. 그렇게 되면 우리는 집들이 자기생산적인 것으로 서술될 수 없다는 것을, 또는 그렇게 서술되어야 한다는 것을 발견할 수도 있을 것입니다. 그걸 누가 알겠습니까?

푀르크젠 전체 사회를 자기생산적으로 기능하는 거대세포들의 집합체라고 상상력을 발휘하는 것은 매력적이지 않으요? 우리는 그러한 거대세포 중의 하나가 미디어에 의해, 다른 것은 정치에 의해 형성된다고 말할 수 있을 것입니다. 더욱이 다른 것들은 경제체계, 과학, 예술 등등을 함축한다고 말이지요.

마뚜라나 물론 예술작품들이 생산되는 예술가들의 공동체에는 예술에 대한 담론들과 성찰들이 존재합니다. 그렇다고 이 모든 것이 자기생산적일까요? 어떤 영역에서 그리고 여기에서 무엇이 어떤 식으로 생산되나요? 당신이 예시한 모든 상이한 사회체계들에는 의심할 바 없이 자율의 차원들이 존재하지만, 자기생산적 조직은 존재하지 않습니다. 나는 다음과 같이 반복할 수 있을 뿐입니다. '자기생산은 상호작용들을 통해 바로 그 네트워크를 생산하고 자기의 경계선을 창출하는 분자들을 생산하는 분자적 네트워크에 준거한다.' 자기생산은 다른 많은 것들 중에서 자율의 한 변형입니다. 자기생산과 자율의 개념들은 엄격히 구분되어야 합니다.

무릎을 꿇고 에리히 잔쉬에게 애원하다

푀르크젠 선생님의 독자들과 제자들은 엄밀성에 대한 선생님의 요구를 공유하지 않는 것 같습니다. 천체물리학자인 에리히 잔쉬는 70년대 후반에 간행된 자신의 책 『자기조직하는 우주』에서 어떠한 종류의 순환적인 형상(figure)을 자기생산적인 것으로 서술하고 있습니다. 선생님이 언젠가 잔쉬를 만나서는 연극적인 몸짓으로 무릎을 꿇고 그에게 선생님의 개념을 그만 오용하라고 애원했다는 얘기가 있던데요. 사실인가요?

마뚜라나 사실입니다. 그때 나는 장난스럽게 내 논증을 입증하고 좀 더 진지해지자는 요구를 익살스럽게 해 보았던 것입니다. 내가 무릎을 꿇은 것은 1978년이었습니다. 프란시스코 바렐라는 하인쯔 폰 푀르스테르, 그레고리 베이트슨, 에른스트 폰 글라제르스펠트, 에리히 잔쉬, 그리고 나와의 만남을 조직했습니다. 함께 저녁을 먹었고, 어떤 계제에 나는 무릎을 꿇고 에리히 잔쉬에게 말했습니다. 자기생산 개념을 그렇게 일반적으로 계속 사용하게 되면 자기생산이라는 생각을 파괴하게 될 것이라고요.

푀르크젠 그가 어떻게 반응하던가요?

마뚜라나 그는 자기생산이 여러 방식으로 자율적인 모든 체계들을 기술하는 데 매우 적합하다고 주장했습니다. 내가 제기한 이의가 타당하지 않다는 거였습니다. 내가 내 자신의 이론이 야기한 모든 결론들을 받아들일 준비가 되어 있지 않다는 거였습니다. 그렇지만 내 자신의 견해는, 그것이 적용되는 적절한 맥락의 바깥에서 그 개념을 사용하게 되면 이중의 잘못을 저지르는 것을 의미한다는 것입니다. 그 개념은 원래의 영역에서도, 그리고 새로운 영역에서도 온당하게 작용하지 않게 될 것입니다.

푀르크젠 독일에서는 비엘레펠트 대학에 있는 사회학자 니클라스 루만이 자기생산 이론의 가장 잘 알려진 옹호자들 중의 한 사람이었습니다. 그는 이 개념을 1984년에 출간된 자신의 핵심 저작인 『사회체계』에 도입했고, 거기에서부터 모든 상이한 사회영역들을 '그들 자신의 특수한 실재들을 자발적으로 생산하는 생산자들'로서 서술함으로써 이 이론을 계속해서 다듬어 오고 있습니다. 루만은 사회학 분야에서 **자기생산적 전환**을 일으켰습니다.

마뚜라나 내가 비엘레펠트 대학에 초빙교수로 있었을 때 나는 도무지 내 비판을 억누르지 못하고 무수한 논쟁 자리에서 빈번하게 내 비판의 의사를 분명하게 밝혔습니다. 나는 니클라스 루만에게 말했습니다. "나를 독일에서 유명하게 만들어줘서 고맙습니다. 하지만 나는 당신이 내 생각들을 그런 식으로 활용하는 것에는 동의하지 않습니다. 나는 우리가 사회현상들의 특징들에 대한 문제에서부터 출발하기를 제안하는 바입니다. 사회라는 개념은 역사적으로 볼 때 생명체계들의 자기생산이라는 생각보다 선행합니다. 사회는 논쟁의 제1차적인 주제였습니다. 자기생산과 사회체계들은 훨씬 나중에 나타납니다. 따라서 우리는 사회를 분석하는 데에서 나타난 모든 연관된 현상들을 먼저 다루고, 오직 그 다음에 그것들이 자기생산 개념에 의해 보다 자세하게 밝혀질 수 있는지 자문해 보아야 합니다."

푀르크젠 선생님은 환원주의가 가져올 위험들에 대해 주의를 주었던 거군요.

마뚜라나 문제는 단순합니다. 니클라스 루만이 자기생산 개념을 사회현상들을 설명하는 원리로 사용한다는 것입니다. 이것은 서술되어야 할 과정들도 사회현상들도 밝히지 못하고 그것들을 모호하게 하는 경향이 있습니다. 생물학적 현상으로서의 자기생산은 분자들을 생산하는 '분자들의 네트워크'를 함축합니다. 분자들은 분자들을 생산하고 스스로들을 다른 분자들로 모양을 바꾸며, 분자들로 나누어질 수 있습니다. 하지만 니클라스 루만은 분자들을 생산하는 분자들에서 시작하지 않습니다. 그에게 모든 것은 소통들을 생산하는 소통들의 주변을 돕니다. 그는 현상들이 유사하다고, 상황들이 비교가능하다고 생각합니다. 그것은 옳지 않습니다. 분자들은 외부의 도움 없이, 지원 없이 분자들을 생산하기 때문입니다. 이것이 의미하는 것은 다음과 같습니다. '자기생산은 그것을 구성하는 요소들의 상호작용들이 그와 같은 종류의 요소들을 낳는 영역 속에서 일어난다.' 이게 결정적인 것입니다. 하지만 소통들은 소통하는 인간들을 전제합니다. 소통들은 인간의 도움이 있어야만 소통들을 생산할 수 있을 뿐입니다. 분자들을 소통들로 대체하겠다고 결정함으로써 소통들을 중심에 놓게 되고, 그럼으로써 실제로 소통을 하는 인간들을 배제하게 되는 것입니다. 인간들이 배제되어 버리고 심지어는 부적절한 것으로 간주됩니다. 인간들이 단지, (자기 생산적인 소통 네트워크로 간주되는) 사회체계가 끼워 넣어지는 배경 및 기초로 기능할 뿐입니다.

푀르크젠 우리가 만일 이러한 전망을 좇아 하나의 사회체계를 자기생 산적으로 자기재생산하는(self-reproducing) 소통들의 네트워크로 서 술하게 된다면 점차 분명해지는 것은 매우 기묘한 사회구조 — 인간들 없는 사회 — 이겠군요.

마뚜라나 그것이 바로 니클라스 루만이 만들어낸 서술 형태입니다. 그의 생각은 사회체계들을 통계학적으로 바라보는 견해와 비교될 수 있습니다. 이러한 통계학적 견해에서는 특별한 특징들을 가지고 있는 사람들이 중요한 역할을 하지 않기 때문입니다. 하지만 우리의 일상적 인 삶의 사회체계들에 대해 이야기할 때, 우리는 자연스럽게 그들만의 고유한 속성들을 지닌 모든 개인들을 염두에 둡니다. 그들은 자신들을 자기생산적 네트워크들로 특징짓는 것에 대해 항의할 것입니다. 그리 고 니클라스 루만을 비판하는 경우 그들은 그렇게 합니다.

푀르크젠 물론 이렇게 이야기할 수도 있습니다. '그런데, 그것은 경험 주의자의 이의제기일 뿐이다. 그것으로 이론적 사회학자를 당황하게 할 필요가 없다.'

마뚜라나 그러나 추상물들의 영역을 떠다니기를 원치 않는 모든 사람들은 분명 그 질문—우리가 실제로 사회체계를 다루고 있다는 것을 우리가 어떻게 아는가? 우리가 소통들을 관찰하고 있기 때문에 그것이 사회체계인가?—에 대한 대답을 요구할 것입니다. 결국 대답을 찾는 과정에서 인간들이 필연적으로 나타날 것입니다. 그런데 도대체 왜 니클라스 루만은 이런 식으로 시작할까요? 그는 언젠가 나에게 자기가 보편적인 진술을 원했기 때문에 자신의 이론적 설계[단계]에서부터 사람들을 배제했다고 말했습니다. 만일 우리가 인간들에 대해 이야기하면 보편적인 진술이 불가능하게 된다는 것이 그의 주장이었습니다. 그러한 견해에도 나는 공감하지 않습니다.

인간은 없어서는 안 될 존재이다

푀르크젠 니클라스 루만이 설계한 체계이론은 어쩌면 일종의 **부정적 인류학**으로 간주될 수도 있겠군요. 우리는, 경배의 대상인 인간성(humanity)이라는 무한한 다양성(manifold)과 형언할 수 없는 신비에 대해, 순종적인 겸손과 경의를 가지고 침묵할 수밖에 없게 되니까요.

마뚜라나 나는 그렇게 생각하지 않습니다. 왜냐하면 니클라스 루만은 보편적인 진술을 하기 위해 이 서술 형태를 선택했으니까요. 그것이 바로 그가—수학체계와 같은—단연코 형식적인 서술 형태를 선택한 이유였습니다. 인간들이 그들의 호오, 편애와 싫음, 욕망과 감정에 따라 돌발적으로 변한다면 어떤 일이 일어날까요? 그들은 형식적인 서술이 가지고 있는 아름다움에 위협이 되며, 형식주의의 우아함을 위험에 빠뜨리게 되겠지요.

푀르크젠 그럼에도 불구하고 인간들을 자기 이론의 요소들로 바꾸는 것을 거부하는 것은 한편으로 특별한 평가형태의 하나로 해석될 수 있지 않을까요?

마뚜라나 가능한 얘기입니다. 하지만 실로 이러한 제안에도 불구하고 당신은 어쩌면 그러한 특징 규정에 대해 불평하고 저항할 수도 있는 사람들을 고려해야만 할 것입니다. 만일 당신이 사람들에게서 이러한 기회를 박탈한다면, 당신은 그들을 자유롭게 처분 가능한 대상들로 취급하는 것입니다. 그러한 대상적 인간들은 자기들에게 일어나고 있는 일이 마음에 들지 않을 때 불평할 수 있는 기회를 갖지 못하고 직분을 다하도록 강제당하는, 노예의 형상을 띠게 됩니다. 사람들을 이런 식으로 취급하고 경멸하는 것은 개인들을 부정하는 특정한 회사들, 공동체들, 국가들에서 볼 수 있는 통상적인 풍습입니다. 불평과 저항을 금지하고 심지어 원칙적으로 배제하기조차 하는 사회체계는 사회체계가 아닙니다. 그것은 폭정의 체계입니다.

푀르크젠 내가 선생님의 비판을 바르게 이해한 것이라면, 선생님의 비판은 주요하게는 윤리적 고찰에 의해 촉발된 것 같습니다. 이것은 우리가 비판적인 인식론적 분석을 떠나 윤리학의 영역에 들어서고 있다는 것을 의미합니다. 개인을 보호하고 개인의 권리를 위해 싸우는 것이 논점이 된 것 같습니다.

마뚜라나 잠깐 실제로 자기생산적으로 기능하는 사회체계를 상상해 보세요. 그것은 그 자체 제2 순위의 자기생산 체계들로 구성된, 제3 순위의 자기생산 체계가 될 것입니다. 이것은 이 체계 내에서 일어나는 모든 단일한 과정이 전체의 자기생산 유지에 필연적으로 종속될 것이라는 점을 함축할 것입니다. 결과적으로, 자기들의 특수성들과 다양한 자기표현 형태들을 갖춘 개인들이 사라질 것입니다. 그들은 자기생산의 유지에 자기 자신들을 종속시킬 것입니다. 그들의 운명은 더 이상 상관이 없습니다. 그들은 그 체계의 정체성 보존을 위해 순응해야 합니다. 개인에 대한 이러한 종류의 부정은 전체주의 체계들이 가지고 있는 특징들 중의 하나입니다. 그래서 스탈린은 자신의 견해에 동의하지 않는 당원들이 당의 결속과 통일을 위험에 빠뜨리지 못하도록 그들의 지위를 강제로 박탈했던 것입니다. 하지만 민주적인 공동체적 삶의 형태에서는 개인들이 핵심적인 중요성을 갖고 있으며, 사실상 없어서는 안 됩니다. 그들의 속성들이 사회체계의 독특한 특징들을 창조해 냅니다.

세계관으로서의 체계 이론

푀르크젠 자기생산 개념은 과학에서 그리고 에리히 잔쉬나 니클라스 루만의 추종자들 사이에서 열광적인 찬양을 받았을 뿐만 아니라, 뉴에이지 분야(scene)에서도 엄청난 인기를 누렸습니다. 우리가 뉴에이지의 이론가들 및 여론 주도자들과 더불어 일종의 패러다임 변화를 목격하고 있다는 생각이 드는데요. 수년 전에 그들은 현대 물리학과 원자들의 약동(dance)에 이끌렸습니다. 불확실성 원리의 창안자인 물리학자 베르너 하이젠베르크와 부처가 실제로 물질의 본질에 대해 동일한 견해를 공유하고 있다고 이야기되곤 했습니다. 이 때 출현한 혼합주의를 양자 이론으로 부를 수 있을 것입니다. 지금까지 한 동안, 뉴에이지 분야의 핵심 개념들은 그레고리 베이트슨, 프란시스코 바렐라, 그리고 움베르또 마뚜라나에 의해 제공되어 왔습니다. 그 세계의 주역들—카프라 앤 코(Capra & Co.)—은 관념론과 과학의 꽤 폭발적인 혼합물, 일종의 네트워크 이론을 만들고 있는 중이었습니다. 이 이론은 보편적인 연결성에 대한 경배를 과학적으로 정당화해주는 토대가 될 것으로 생각되고 있습니다.

마뚜라나 우리는 이제 우리 문화를 특징짓는 환원주의의 문제에 부딪히게 되었습니다. 잠깐 창밖을 내다보세요. 저쪽에 사랑을 나누는 커플—서로 입맞춤을 하는 젊은 남자와 여자가 보이죠? 저기에서는 무슨 일이 일어나고 있을까요? 나는 이렇게 대답하겠습니다. '저기에서 무슨 일이 일어나건 그것은 인간관계들의 영역에서 일어난다.' 당연히 당신은 이렇게 부드러움을 교환하는 데에는 호르몬들과 신경전달 물질이 관계되어 있다고 지적할 수 있습니다. 물론 당신은 두 유기체들 내에서 이루어지는 체계적 과정들에 대해서 이야기할 수 있습니다. 모두 다 맞을 것입니다. 그러나 저 두 사람들의 마주침 안에서 일어나고 있는 것은, 그들의 사랑의 느낌은 이러한 과정들을 언급하는 것에 의해서는 파악되지도 서술되지도 않습니다. 저 두 사람이 살아가고 있는 사랑하는 부드러운 관계는 호르몬들로, 신경전달 물질들로, 체계적 과정들로 환원될 수 없습니다. '그들이 살아가는 것'은 그들의 상호작용들의 흐름 속에서 그들 안에서 (이러한 상호작용들이 그들이 자신들을 통해 서로에게 하는 것의 흐름을 발생시킴에 따라) 발생합니다. 카프라(Fritjof Capra)와 일부 사람들이 자신들의 양자 이론이나 어떤 네트워크 이론을 제기하고 체계들이나 네트워크들을 숭배하기 시작할 때, 그들은 환원주의적 방식으로 사고하고 주장하고 있는 것입니다. 그들은 모든 것을 단조롭게 만들고 흐릿하게 만듭니다. 그들은 더 이상 분자들에 대해서 이야기하지 않고 오직 그들이 자신들의 새로운 신들의 위치로 끌어올릴 체계들에 대해서만 이야기합니다. 이것 역시 분명하게 환원주의입니다. 내가 하는 것은 환원주의적 접근법과 근본적으로 다릅니다. 나는 항상, 상이한 비교차적(non-intersecting) 현상 영역들이 존재한다는 것을 의식하고 있기 때문에, 생각을 하거나 집필을 할 때 그것들을 혼동하지 않기 위해 주의를 기울입니다. 사실상, 이렇게 하면 한 영역의 현상들이 다른 영역의 현상들의 용어들을 가지고 표현될 수 없다는 것을 알 수 있습니다. 따라서 유기체가 자신의 상관적 공간 속에서 하나의 전체로서 작동하는 영역에서 일어나는 일은 그것을 구성하는 분자들을 가지고는 표현될 수 없으며, 그 역도 마찬가지입니다. 관찰자가 할 수 있는 일이란 그러한 두 영역들에서 무슨 일이 일어나는지 살펴보고, 그것들 사이의 발생적 관계를 설정하려고 노력하는 것이 전부입니다. 나는 서술을 하면서 그 분리되는 현상 영역들 사이의 차이들을 보존하고, 또 주의를 기울입니다. 이런 식으로 우리는 분자들의 영역을, 체계의 영역을, 관계들의 영역 등등을 봅니다. 이 모든 차이나는 영역들은 그들 자신의 고유한 현상들을 구성합니다.

푀르크젠 내가 어떠한 것에 대해서 뉴에이지 분야를 옹호하는 데에 특별하게 경도되어 있지 않음에도 불구하고, 선생님의 작업이 그러한 분야의 관심을 끌게 된 것은 우연이 아니라고 생각합니다. 모든 지식이 관찰자에게 의존한다는 테제는 우리가 정신적이고 신비적인 체험들에 대한 서술 속에서 만나게 되는 주체-객체 균열을 제거하는 것으로 해석될 수 있습니다.

마뚜라나 내가 볼 때에 이러한 정신적인 체험들은 존재론적인 분야에서 초월을 체험하는 것과 아무 상관이 없고 오히려 깨달음의 확장 및 강렬한 참여 느낌과 더 관계가 깊습니다. 당신은 모든 것이 다른 인간들, 우주, 생물권 등등과 더불어 존재할 뿐이라는 것을 깨닫게 됩니다. 하지만 사람들이 정신적인 문제들(matters)에 대해 말할 때, 그들은 대개 어떤 존재론적인 이해 또는 자연에 대한 참된 지식을 포함하는 어떤 체험에 준거합니다. 이러한 통찰들이 원리적으로는 불가능하다는 것이 내 견해입니다. 말해질 수 있는 어떤 것도 우리와 독립적이지 않습니다.

푀르크젠 선생님은 선생님이 말하는 의미에서 정신적이라고 지칭될 수 있을 체험들을 직접 해 본 적이 있습니까?

마뚜라나 이미 말했다시피, 나는 어렸을 때 결핵을 앓았습니다. 침대에서 일곱 달을 보낸 후에 다시 학교로 돌아가서 내가 아직도 정식으로 학기를 마칠 수 있는지, 그래서 그것을 다시 이수하지 않아도 되는지를 알아보았습니다. 때는 12월이었고 병상에서 막 일어났기 때문에 나는 결핵의 위험성에 대해 내 동료 학생들이 준비한 발표를 경청해야 했습니다. 그들은 이 질병의 끔찍한 위험들을 서술했고, 당시 이용할 수 있는 치료의 기회들이 매우 제한되어 있음을 서술했습니다. 그들의 이야기를 경청하는 도중 나는 의식을 잃기 시작하는 것을 서서히 느꼈고 이 의식을 잃는 과정을 관찰하기로 마음먹었습니다. 의식을 되찾았을 때 나는 교실 중앙에 있었으며, 내가 매우 창백해 보이며 무슨 일이 일어났는지를 알고 싶어 한다고 말하는 선생님의 목소리를 들었습니다.

푀르크젠 무슨 일이 일어났던 건가요?

마뚜라나 내가 그 상황을 어떻게 체험했는지를 이야기해 보도록 하겠습니다. 의식을 잃는 과정을 관찰할 준비가 되자 나는 내 몸에서 모든 느낌을 잃었습니다. 나는 더 이상 몸이 없었지만 살아 있으며, 거룩한 푸른 우주에서 — 온 방을 조용하고 고요하게 떠도는 가녀린 연기처럼 — 점차 사라져 간다는 의식은 아직 남아 있었습니다. 나는 그 장엄한

푸름 속으로 풀어지는 것 같았고, 녹는 것 같았으며, 모든 것과 함께 있는 하나가 되는 느낌이었습니다. 그런 뒤 갑자기 모든 것이 끝났습니다. 머리가 아팠으며 메스꺼웠습니다. 선생님의 목소리가 들렸고, 의식이 돌아왔습니다. '이 굉장한 체험이 의미하는 건 뭘까?'라고 자문해 보았습니다. '신을 본 것이었을까? 신비한 체험이었을까? 아니면 죽음에 이르는 길을 경험한 것일까?' 그 이후로 몇 주 몇 달 동안 나는 당시 '근사 죽음' 체험들이 담긴 책들을 몇 권 읽었고 의학 문헌들과 신비 문헌들을 공부했습니다. 내가 모든 상이한 해석들이 들어 있는 매우 얇은 선을 걸었다는 것이 분명해졌습니다. 의학 서적들을 읽고 거기에 담긴 진술들을 받아들이면서 나는 내가 죽는 것과 비슷한 것을 체험했고, 두뇌에 혈액이 불충분하게 공급됨으로써 생기는 결과들을 체험했다는 것을 믿게 되었습니다. 만일 내가 신비 문헌들을 믿었다면, 내 체험은 신과의 마주침, 그리고 존재의 총체성과의 통일을 함축했을 것입니다. 당시 나는 나한테 일어났던 일을 '근사 죽음' 체험으로 풀이한 의학적 해석을 선택했습니다.

푀르크젠 이 두 해석들은 그렇게 많이 다른가요? 죽음은 — 낡은 개인성(personality)이 죽어 가고 있다는 — 새로운 시작의 선물임을 알려주는 은유일 수도 있을 것입니다.

마뚜라나 어쨌든 그것은 나의 삶을 변형시킨 체험이었습니다. 이 변형과 의식 확장의 요소는 나의 체험에 (어릴 때에는 그렇게 명확하지 않아서 두 해석들 중에서 선택해야 하는 것으로 생각했던) 정신적인,

신비적인 차원을 회복시켜 주었습니다. 나는 죽음에 대한 모든 두려움에서 벗어났습니다. 나는 사물들에 대한 집착을 그만두었고 내 자신을 그것들과 부당하게 동일시했던 것을 그만두었습니다. 죽음과 마주침으로써 나는 내가 전체와 연결되어 있다는 것을 체험했기 때문이었습니다. 나는 더 성찰적이게 되었고 덜 교조적이게 되었습니다. 이것은 내가 나 자신을 '모든 세속적인 유대를 초월하는 영광스런 존재'로 서술하고 싶다는 것을 의미하려고 하는 것이 아닙니다. 결코 그런 것이 아닙니다. 그 체험은 너무 강렬했고 그래서 나의 삶을 바꾸어 놓았습니다. 나는 모든 것이 순간적임을, 오직 변이일 뿐임을 깨달았습니다. 우리는 그 어떤 것도 옹호할 필요가 없습니다. 우리는 그 어떤 것도 붙잡고 있을 수 없습니다.

II

이론의 응용

정신요법

교육

정신요법

체계론자의 견해

푀르크젠 특히 정신요법 의사들이 선생님의 개념들과 사유모델들을 열광적으로 받아들였습니다. 그리고 꽤 오랫동안 자신들의 회의들에서 선생님을 진심으로 찬양했습니다. 1980년대 무렵에는, 가족 요법에 전념하는 저널 중에 선생님을 인용하지 않는 것은 하나도 없었습니다. 더욱이 체계론과 구성주의에 관심을 두고 있는 치료사들은 모두 마치 인식론적으로 완전한 현인으로 변한 것처럼 보였습니다. 하지만, 정신요법이 선생님의 작업에 보인 이 열렬한 관심을 보면서 나는 조금 이상한 생각이 들었습니다. 치료사의 활동은, 선생님을 진지하게 고려해 본다면, 도무지 짐작할 수 없기 때문입니다. 선생님은 인간들이 직선적인 방식으로 통제될 수 없으며, 지시명령적 간섭은 있을 수 없다고 주장합니다. 또한 이러한 생각이 전체 치료사 세대들이 갖고 있는 치료의 이상(理想)과 능률 기반적인 사고를 즉각적으로 파괴한다고 주장합니다.

마뚜라나 나는 무의미해지는 것은 요법 일반이 아니라, 직선적인 인과관계라는 생각에 의존하는 특수한 요법관이라고 말하고 싶습니다. 고통과 괴로움으로부터 사람들을 자유롭게 하기 위한 보편타당한 절차를 알고 있다고 주장하는 사람들은 모두 내 견해에 대해 분명 화를 낼 것입니다. 다른 사람의 내면에서 어떤 일이 일어나고 있는지를 정확하게 결정할 수 있는 사람은 아무도 없습니다. 그리고 '구조적으로 결정된' 체계—즉 인간—에게 지시명령적 간섭을 행사할 수 있는 사람은 아무도 없습니다. 또한 어떤 통찰이나 체험과 맞닥뜨렸을 때 그러한 체계가 어떠한 행위를 보일지 엄밀한 정밀성을 가지고 결정할 수 있는 사람은 아무도 없습니다.

푀르크젠 모든 치료사들이 자기 환자들을 치료하려고 한다는 것은 의심할 수 없습니다. 그리고 치료하고 싶은 욕망을 가지고 있는 사람들은 모두, 인과관계라는 다소 평범한 개념에 궁극적으로 의존하고 있다는 게 내 주장입니다. 그들은 자신들의 작업이 무의미해지거나 전혀 예상 불가능한 활동이 되어버리는 것을 막아줄 수 있는 조야한 기계론적 사고를 필요로 합니다.

마뚜라나 당연히 모든 치료사들은 도와주고 싶어 합니다. 하지만 설령 그들이 자신들이 정확하고 목적지향적인 방식으로 테크닉들을 사용하고 있다고 확신할 수 있다 할지라도, 바라는 효과들이 반드시 나타나는 것은 아닐 것입니다. 그들이 하는 일이 무엇이건 간에 그것은 그 치료실을 벗어난 자신의 잠재적인 치료 효과들을, 그 치료실에서 창조된 이미지들, 대화들, 체험들의 세계와는 구별되는 인간관계들의 영역 속에 펼쳐 놓기만 할 것입니다. 치료사들이 가질 수 있는 인간 변화의 의도들 및 이론들은 예언적 성질을 갖고 있지 않습니다. 왜냐하면 그들의 고찰들과 소망들이 개별적인 환자가 맺고 있는 인간관계들의 영역 속에서 직접적으로 실행될 수도 없고 특정한 결과들로 이어질 수도 없기 때문입니다. 치료사들은 기존 범주들에 따라 사람들을 진찰하면서 그 사람들의 괴로움을 단지 분류할 수 있을 뿐이며, 어떤 식의 조처가 적합할 것인지를 확인할 수 있을 뿐입니다. 하지만 이것이 절대적 지식은 아닙니다.

푀르크젠 선생님의 작업이 신념의 이론으로 이용될 수 있기 때문에 요법적 의미에서 그렇게 인기가 있다고 말할 수 있을까요? 어떤 유명한 치료사가 선생님의 작업과 관련해서 다음과 같이 말하고 있습니다. "지시명령적 간섭의 신화를 던져 버렸기 때문에, 구성주의적 치료사들은 자기 환자들의 건강의 증진과 치료에 책임이 있다는 생각을 던져 버려도 좋다." 역으로 생각하면 이렇게 되는 것이겠죠. 설령 환자가 악화되더라도 치료사들은 결코 죄가 없다는 것입니다. 치료사들이 어떠한 비판적인 상황에서도 벗어날 수 있는 완벽한 정당화가 있게 되는 것입니다.

마뚜라나 우리는 이 문제와 관련해서 더 자세하게 논의해야 합니다. 물론 나는 다른 사람들이 내가 말하고 행하는 것을 어떻게 이해하는지에 대해, 그들이 나의 행위들과 발언들을 어떻게 받아들이고, 이해하고, 또는 해석하는지에 대해 책임질 수 없습니다. 그들은 자기들이 듣는 것을 듣고, 자기들이 이해하는 것을 이해하며, 자기들이 하는 것을 합니다. 정말이지 어떤 발언이나 행위가 ─ 성공적인 간섭으로 인해 ─ 어떤 개인 안에 바로 그 의도된 결과를 낳았다 ─ 그래서 어쨌든 우리가 이제 책임을 떠맡아야만 한다 ─ 고 하는 것은 어불성설입니다. 이러한 점에서 나는 당신이 인용한 그 필자에 동의합니다. 하지만 이것은 동전의 한 면일 뿐입니다. 나는 다른 사람들의 행위들에 대해 책임을 질 수는 없지만 내 자신의 이해에 따라 내가 말하고 행하고 있는 모든 것에는 틀림없이 책임이 있습니다. 그리고 인간관계들의 영역에서, 또 체계적 네트워크에서 내가 초래한 모든 것에도 마찬가지로 책임이 있습니다. 나는 다른 사람들을 돕겠다는 의도를 가지고 행동할 수도 있습니다. 또는 어쩌면 그들을 기만하거나 속이고 있을 수도 있습니다. 이러한 상이한 의도들은 상이한 종류의 행위를 낳습니다.

푀르크젠 선생님이 요법학계에 대해 정식화할 핵심 요구는 다음과 같은 것이 되겠군요. '다른 사람들을 통제하고 결정한다는 생각을 버려라. 그러나 당신이 무엇을 하건 간에 그것에 대해 책임이 있다고 선언하라.'

마뚜라나 바로 그겁니다. 자기들이 다른 사람들이 어떻게 행동할지를 결정할 수 없다고 깨닫게 된 사람들은, 자기들의 행위들이 갖는 성질이 그들의 지혜의 범위에 달려 있다는 것 역시 깨닫게 됩니다. 치료사들의 지혜란, 편견 없이 경청할 수 있는, 그리고 '개방성과 무간섭'의 태도를 보여줄 수 있는 그들의 능력 속에서 모습을 드러낸다는 게 나의 주장입니다. 따라서 관계 속에서 자기를 표현하고자 하는 모든 것은 편견과 개인적 편애에 의해, 그리고 속임수 기술들이나 통제 욕망들에 의해 왜곡되지 않고, 그것이 드러나는 형태 속에서 지각됩니다. 이것을 해내기 위해서 우리는 최대한 경청해야 하며, 우리의 지각이 성급한 판단 때문에 맹목적으로 되는 것을 막아야 합니다. 또한 우리가 듣고 있는 것에 영향을 끼치는 감정들을 의식하고 있어야 합니다. 참견하기 좋아하고, 화를 내며, 질투심이 강하거나 오만한 사람들은 모두 틀림없이 제한된 방식으로 들을 것이고, 그래서 그 이상의 마주침의 가능성들을 배제할 것입니다. 그들의 주의[배려는 다른 사람의 특수한 성질들에 의해 억제됩니다. 우리의 '귀 기울여 듣기'를 제한하지 않고 넓혀 주는 유일한 감정이 바로 사랑입니다.

푀르크젠 사랑은 치료사와 환자 사이의 마주침과 관련해서 사용하기에는 위험한 개념입니다. 남용의 이미지들이 즉각적으로 마음에 떠오릅니다. 어쨌든 부적절하게 거리를 잃지 않을까 하는 두려움이 있다는 거죠. 하지만 나의 이 속단은 어쩌면 이 순간에 선생님의 말에 귀 기울여 들으려고 하지 않기 때문인지도 모르겠습니다.

마뚜라나 만일 우리가 사람들이 **공포, 증오** 또는 **사랑**에 대해 이야기할 때 그들이 의미하는 바를 주의해 보면, 우리는 그들이 항상 어떤 상관적인 행위의 특별한 영역을 암시한다는 점을 알 수 있습니다. 그들이 그 순간에 하고 있는 것을 하는, 또는 그들이 할 것을 하고 싶어 할 영역 말입니다. 우리가 어떤 감정을 구분할 때 구분하는 것은 상관적인 행위들의 영역입니다. 그리고 상이한 감정들을 구분하면서 우리는 상관적 행위들의 상이한 부류들을 구분합니다. 그러므로 우리가 어떤 다른 사람이 특별한 감정을 드러낸다고 말하거나 또는 우리가 누구라고 말할 때, 우리가 의미하는 것은 우리가 특별한 상관적 영역 속에서 그/녀를 본다는 것입니다. 감정들은 상관적인 원리, 즉 어느 순간이건 우리가 하는 모든 것을 [그것에 기초해서] 우리가 하는 상관적인 원리를 구성합니다. 우리가 하는 모든 것을, 우리는 특별한 상관적 영역 속에서, 다시 말해 우리가 하는 것에 행위로서의 그 특별한 상관적 특징을 부여해 주는 특별한 감정 속에서 하는 것입니다.

변화의 변화

푀르크젠 치료사들이 작업에 들어가기 전에 그들 자신의 느낌들을 분석해야 한다는 얘기인가요?

마뚜라나 필요한 것은 감정들의 분석이 아니라, 각각의 특수한 감정을 특수한 상관적 영역에서의 작동으로 구성해주는 상관적 동학을 깨닫는 것입니다. 우리의 시각(vision)이나 이해를 속박하고 여과하거나 왜곡

하지 않고, 반대로 우리의 지각적 개방성을 늘려줌으로써 우리를 편견들과 야망들, 또는 기대들에서 자유롭게 해 주는 유일한 감정이 우리가 일상생활 속에서 사랑이라고 부르는 것이라고 내가 주장하는 곳이 바로 이 관계에서입니다. 사랑은 언제 존재할까요? 우리는 다른 존재 또는 그/녀 자신이 (자기 자신과 공존하면서 정당한 타자로 나타나는) 상관적인 방식으로 행동하는 사람을 볼 때마다 그 사람 안에서 사랑의 행위를 본다고 말합니다. 그렇다면 사랑이란 무엇일까요? 나는 우리가 우리의 일상생활 속에서 사랑의 관념으로써 암시하는 것은 우리가 당연한 일로 수행해 내는 그러한 상관적 행위들의 영역이라고 주장하는 바입니다. 그 영역을 통해, 우리 자신일 수 있었을 다른 존재가 우리와 공존하는 정당한 타자로서 출현하는 것입니다. 다시 말해, 사랑의 상관적 영역 속에서 타자는 자신의 존재를 정당화하도록 요청받지도 요구받지도 않습니다. 설령 의견이 안 맞는다 하더라도, 그/녀는 자신의 출현이 편견들이나 요구들에 의해 부정되지도 가려지지도 않은 채 보입니다. 따라서 그/녀가 받아들여지느냐 또는 부정되느냐는 '보기'의 행동이지 맹목의 행동이 아닙니다. 사랑은 다른 누군가에게 정당성을 부여해주는 의도된 행동이 아닙니다. 사랑은 단방향적입니다. 그리고 보답을 바라지 않고 타자의 정당성을 당연한 것으로 받아들이는 자연스러운 사건으로 일어납니다.

피르크젠 선생님이 주장하는 근본적인 수용이 무제한으로 실행될 수 없다는 것은 분명합니다. 어떤 경우들에는, 치료사들이 의도된 자극들과 몰인정한 압력 수단을 가지고 변화를 강요하는 것이 가장 효과적일 수 있습니다.

마뚜라나 물론이지요. 사랑의 감정에 기초해서 행동하는 것은 어떠한 종류의 행위도 감수해야 한다거나 심지어는 그것을 개인적으로 적절한 것으로 고려해야 한다는 것을 함의하지 않습니다. 하지만 기존 관계들의 형태는 결정적인 중요성을 갖습니다. 치료사의 잠재적으로 무서운 행위는, 만일 그것이 사랑에 기반하고 있다면, 오만이나 편견의 표현이 아니라 심원하고 공평한 이해의 표명일 것입니다. 환자들을 맹목으로부터 자유롭게 하기 위해 마음을 흔들거나 충격을 줄 수도 있으며, 그것이 사랑에서 우러나와 한 것이라면 그것은 더할 나위 없이 정당합니다.

푀르크젠 선생님의 요구는 치료상의 거리에 대해서 어떤 결과를 낳을 수 있을까요? 사랑에서 우러나온 행동을 하는 치료사들은 스스로들을 그들의 진찰을 받는 가족의 구성원들로 간주해야 하나요?

마뚜라나 이중 보기가 요구됩니다. 치료사들은 올바르게 경청할 수 있기 위해서 어느 정도로는 하나의 체계에 자신들을 통합시켜야 합니다. 하지만 그와 동시에 그들은 일어나고 있는 일의 맥락을 이해할 수 있는 위치를 점하기 위해, 그리고 성찰의 자유를 지키기 위해 일정한 거리를 유지해야만 합니다. 체계는 보통 관계들의 네트워크로 특징지을 수 있습니다. 만일 사람들이 그 체계를 구성하는 이 관계들의 네트워크 내에서 행동한다면, 그들은 내가 '**무편각적**(agonal)'이라고 부르는 상호작용 형태를 선택한 것입니다. 그들은 기존의 전통적인 방식의 체계 행위와 조화를 이루고 있는 방식으로 행동합니다.

피르크젠 이것이 특별하게 의미하는 것은 무엇입니까?

마뚜라나 예를 들어 어떤 어머니가 자신의 딸의 끔찍한 행위에 대해 나에게 불평하고, 그때 내가 그 소녀에게 그녀의 행위가 정말로 너무 끔찍하다고 말해주고 이렇게 행동하는 이유가 무엇인지 그녀에게 묻는다면, 나는 그 체계 안에 에워싸인, 그래서 그 체계를 그 상태 그대로 유지해 주는 상호작용들에 직접적으로 참여하고 있는 것입니다. 하지만 사람들이 그 체계를 긍정하지 않고 체계의 구조를 변경시키는 방식들로 행동할 때에는 언제나 **직각적 마주침**(orthogonal encounter)이 발생합니다. 상호작용은 말하자면 체계의 창조와 유지에 참여하는 차원들에 대응하는 알맞은 각도에 맞춰 위치가 정해집니다. 직각적 마주침을 위한 접근은 관찰을 통해 밝혀져야 합니다. 어쩌면 그 어머니는 다음과 같이 표현하며 불평을 할 수도 있습니다. "이 아이는 끔찍하게 못되게 행동한다니까요!" 그럼 나는 실제로 어떤 일이 일어났는지 질문을 던지기 시작하고 결국 그 소녀가 가지고 있는 엄청난 창의성에 대해 말하기 시작합니다. 이것이야말로 우리가—상황에 맞게—해내야 하는 직각적 마주침입니다. 하지만 모든 치료사의 근본적인 감정이 사랑이어야 한다는 것을 다시 강조해 두어야 하겠습니다. 치료의 길은 자기존중과 자기사랑을 새로이 발견하는 것입니다.

피르크젠 이렇게 사랑으로 인도된 치료가 어떻게 작용하는지 예를 들어 설명해 줄 수 있겠습니까?

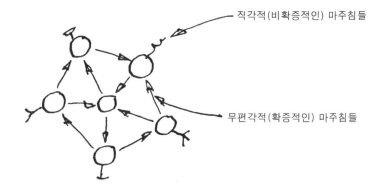

직각적(비확증적인) 마주침들

무편각적(확증적인) 마주침들

[그림 11] 하나의 체계(구성단위)는 두 종류의 마주침들을 겪을 수 있다. 하나는 외적 실체가 (그 체계의 현재의 존재방식의 구조적 변화들과 동일한 종류의 구조적 변화들을 그 구성요소들 내부에서 유발하는) 그 체계의 구성요소들을 만나는 마주침들이다. 다른 하나는 외적 실체가 (그 체계의 존재방식에 적합한 구조적 변화들과 상이한 구조적 변화들을 그 구성요소들 내부에서 유발하는) 그 체계의 구성요소들을 만나는 마주침들이다. 나는 첫 번째 종류의 마주침들을 무편각적(확증적인) 마주침들이라고 부른다. 왜냐하면 외적 작용체가, 그 체계의 일부 구성요소들 안에서 그 체계의 다른 구성요소들이 그 체계의 현재의 동학 내부의 그것들 안에서 유발할 그와 동일한 구조적 변화들을 유발하는 마주침 속에서 작용하기 때문이다. 그래서 그 체계는 그것의 과거 상태의 총체로서의 그와 동일한 상관적 흐름 속에서 유지된다. 그리고 나는 두 번째 종류의 마주침들을 직각적(비확증적인) 마주침들이라고 부른다. 왜냐하면 외적 작용체가, 그 체계의 현재의 구조적 동학과 관련하여 새로운 구조적 변화들을 그 체계의 일부 구성요소들 안에서 유발하는 마주침 속에서 작용하기 때문이다. 그래서 이 체계는 하나의 총체로서의 그것의 상관적 흐름의 방향 속에서 하나의 전환을 겪는다. (움베르토 마뚜라나 그림)

마뚜라나 글쎄요, 알다시피 나는 치료사가 아닙니다. 그래서 내가 실제로 한 일에 대해서 보고할 수는 없고 단지 나의 평범한 체험에 대해서 말씀드리도록 하겠습니다. 그러므로 그 영역에서 알맞은 사례를 선택해 보도록 하지요. 어느 겨울날 내 귀여운 다섯 살짜리 손자가 나를 방문하러 왔습니다. 그는 눈이 매우 나빴기 때문에 두꺼운 안경을 써야 했지요. 그날 그는 또한 보온을 위해 옷을 여러 겹 껴입고 있었습니다. 정원에서 놀다가 그만 수영장의 깊은 곳으로 미끄러져 빠지고 말았습니다. 물속으로 가라앉았지만 그가 입고 있는 옷들에 공기가 많이 차 있었기 때문에 다시 표면으로 솟구쳐 올랐습니다. 그는 필사적으로 수영장 가장자리를 부여잡고 도와 달라고 소리치기 시작했습니다. 나는 수영장 가장자리로 달려가서 그를 끌어내고 이렇게 말해 주었습니다. "축하한다, 얘야. 네가 너 스스로를 구했구나!"

푀르크젠 선생님은 그 상황을 재해석한 거였군요.

마뚜라나 그러나 자의적으로 그런 건 아니었습니다. 그런 것은 먹혀들지 않았을 것입니다. 그 아이는 의심할 바 없이, 그 자신의 힘으로 스스로를 구했던 것입니다. 여전히 무서움에 벌벌 떨며 혼날까봐 두려워하면서 그는 나에게 그것은 사고였다고 말했습니다. 나는 이렇게 대답해 주었습니다. "물론 그것은 사고였지. 하지만 어쨌든 너는 네 자신을 구했단다. 나는 단지 네가 수영장 밖으로 나올 수 있도록 도와준 것뿐이란다." 그는 흐느끼면서 화장실이 급하다고 중얼거렸습니다. 나는 말했습니다. "오, 어서 쉬어렴. 가서 수건을 가져오마. 따뜻한 오줌은 환상적인 느낌일 걸!" 자기 누이가 저녁에 나를 보러 왔을 때 손자 녀석은 그녀에게 쪼르르 달려가서는, 기쁨에 넘치고 자부심으로 우쭐거리면서 말하는 것이었습니다. "수영장에 빠졌었는데 내가 나를 구했어!" 그는 죄의식을 느끼지 않았고, 물에 대해 어떠한 두려움도 드러내지 않았으며, 자기믿음을 잃지 않았습니다. 원한다면 당신은 이 체험을 치료법적 간섭이라고 생각할 수 있을 것입니다. '눈이 나쁜 어린 소년이 있었는데, 실수로 수영장에 빠졌으나 어떻게 해서 스스로를 구했다.' 그리고 당신은 당신 자신의 공포나 분노에 따라 반응하지 않고 그 아이의 특수한 상황에 대한 당신의 지각과 긍정적인 평가에 따라 반응할 것입니다.

개인과 사회

푀르크젠 여러 치료 방식들 중의 일부인 저항 개념에 선생님의 치료법적 태도를 적용해 보는 것도 어쩌면 좋은 생각일 수 있겠습니다. 치료사가 자기 환자에게서 **저항**을 진단한다는 것은 어떤 의미가 있을까요? 환자가 병세가 호전되는 것을 거부하고, 치료 방식을 받아들이려 하지 않고, 어떠한 치료법적 간섭이 가져올 긍정적인 효과들을 헛되게 한다고들 하던데요.

마뚜라나 사람들이 (다른 사람들이 그들에게 보여주고 싶어 하는 것을 보려고 하지 않는 것과 마찬가지로) 그들 자신의 지각 가능성들을 제한하려고 마음먹는 상황 속에서 이루어지는 행위를 저항으로 규정한다면, 우리는 죄의 귀인(歸因)과 비난거리들을 다루게 됩니다. 이렇게 되면 환자들의 행위는 부정적인 것으로, 또 비난받을 것으로 판단되게 됩니다. 그와 반대로 우리는 또한 저항을 진단하는 그와 같은 치료사들이 분명하게 (환자들로 하여금 자신의 걱정거리를 보여주게 하고 알고 있는 것들을 드러낼 수 있도록 해주는) '귀 기울여 듣기'의 형태를 아직 발전시키지 못했다고 말할 수도 있을 것입니다. 하지만 만일 우리가 사람들이 단지 두렵기 때문에 저항을 보여준다는 것을 지각할 수 있다면, 그들의 행위의 정당성에 대해서 상이한 종류의 이해와 느낌을 발전시킬 수 있습니다. 그렇게 되면 우리는 이 사람이 하는 것이 그 자신을 향한 것이 아니라는 점을 깨닫게 될 것입니다.

푀르크젠 정신요법계는 아직도, '개인과 체계 사이의 차이'를 나누는 하나의 핵심적인 구분에 의해, 그리고 한편으로는 개인 또는 맥락을 겨냥하는 절차들에 의해 지배되고 있습니다. '마뚜라나'라는 이름은 분명히 체계요법과 연결되어 있습니다. 이 요법은 도움을 필요로 하는 환자들뿐만 아니라, 부모, 형제자매, 할아버지나 친구 들이 치료실에 있어야 한다고 요구합니다. 이제 이렇게 물어 보고 싶습니다. 선생님은 '체계 지향적' 접근법을 항상 선호합니까?

마뚜라나 내가 보기에는, 모든 행위가 관계들의 동학 속에 삽입되기 때문에 어떤 체계적 이해는 항상 필요할 것 같습니다. 비록 우리 둘만이 여기에서 서로에게 이야기하고 있을지라도 우리 둘만 있는 것이 아닙니다. 우리 가족, 우리의 문화, 우리가 태어난 나라, 우리의 모국어 등이 우리가 나누는 대화 속에 참여하고 있습니다. 우리 각자는 우리가 생각하거나 말하거나 행동하는 내용과 방법에 의미를 부여해주는 관계들의 전체 네트워크를 몸에 지닙니다. 말하자면 이렇습니다. '우리의 마주침은 순전히 개인적일 수 있지만 우리 둘 모두 체계적 동학의 빠져나올 수 없는 일부이다.' 문화의 형성적 힘에 대한 깨달음이 없다면 (우리 자신의 결정에 따라) 우리가 실제로 하는 것과 (우리의 출신으로 인해) 우리를 관통해 일어나는 것을 확증할 수 있도록 해 줄 성찰 방법은 존재하지 않습니다. 그와 같은 '형성하는 영향력들'을 깨달을 때에만 해방을 위한 기회가 생겨나게 됩니다.

푀르크젠 선생님은 문화적 관례의 힘에 대해 얘기하면서 커다란 캔버스에 이러한 영향력들의 뼈대를 그리고 있군요. 이것은 매우 효과적이라고 생각하는데요, 나는 체계요법자들이 일반적으로 어째서 자신들의 진단들을 가까운 친척들에게만 한정하고 주위의 사회, 한 나라의 구성물, 아니 어쩌면 전 세계 문화로 확장시키지 않는지 종종 자문해 본 적이 있기 때문입니다. 그리고 나는 우리가 분명히 우리의 부모, 형제자매에 의해서만 꼭 형성되지 않는데도 이게 왜 그래야만 하는지 자문해 본 적이 있습니다. 오로지 한 가지 이유만을 생각할 수 있었습니다. 그들이 문화에는 치료비 청구를 할 수 없었기 때문이라고 말입니다.

마뚜라나 (웃음) 정말 가능하겠어요. 비록 그들이 물론 문화적 영향력들 역시 볼 수 있도록 만들 수 있었다 하더라도 말입니다. 그리고 (치료사들의 생계를 책임질 수 있을 만큼) 이러한 작업에 대해 지불할 준비가 되어 있는 사람들에게 계산서를 보낼 수 있다 하더라도 말입니다. 칠레의 가정 상담원인 씨메나 다빌라 야네쓰가 분명하게 보여주었던 것처럼, 치료의 과정에서 드러나게 되는 고통은 언제나 문화적으로 조건지어져 있습니다. 고통은 불신, 소유권 주장, 다른 사람에 대한 끝없는 부정에 의해 지배되는 가부장 지향의 문화 속에서 나타납니다. 동료들에게 보이지도 들리지도 않는 사람들이나 노동하고 있는 사람들, 삶의 자리를 갖고 있지 못한 사람들은 이 은폐된 배제를 가장 고통스럽게 체험합니다.

질병의 구성

푀르크젠 우리가 사랑의 치료 효과들과 문화의 힘에 대해 이야기를 나누고 나니 지금이 선생님의 인식론적 작업과 더 밀접하게 관련되는 또 다른 주제로 넘어갈 좋은 순간인 것 같습니다. 정신적 건강이라는 개념과 정상이라는 개념이 선생님의 생각의 맥락 속에서 무엇을 의미하는지가 결정적인 의문입니다. 아니면 에둘러 가보죠. 정신과의사들은 환각을 일으키는 환자들에 대해 그들이 "실재와의 연결"을 상실했다고 말합니다. 즉, 그들은 암묵적으로 자신들의 진단의 기초를 '인식될 수 있는 실재'에 두기 때문에, 존재론적으로 오염된 진단 공식을 이용합니다. 선생님이 이야기하고 있는 것은 모든 실재의 구성이 불가피하게 '관찰자에 의존'한다는 것입니다. 그럼 아프다거나 비정상이라고 하는 것은 무엇을 의미합니까?

마뚜라나 다음과 같이 대답해 보도록 하죠. '생물학(생물적 짜임새)의 영역에는 병리학이 존재하지 않는다.' 고양이는 발육이 덜 된 호랑이가 아닙니다. 호랑이 또한 병리학적으로 오만한 고양이가 아닙니다. 당신의 피를 빨아먹는 진드기는 어떤 식으로건 선하지도 악하지도 않고 단지 자기가 사는 방식대로 쭉 살아갈 뿐입니다. 그리고 불행하게도, 그 진드기가 주둥이를 박아 버린 다리를 당신이 우연하게 가지고 있을 뿐입니다. 이것은 모든 형태의 생물이 정당한 것으로 받아들여져야 한다는 것을 의미합니다. **괄호 친 객관성**의 경로를 선택한 사람들에게, 병리학은 관찰자와 독립적으로 존재하는 세계의 한 특징이 아닙니다. 질병이란 관찰자가 — 그들의 성향에 따라 — 바람직하지 않다고 간주할 수 있는 어떤 조건으로 보입니다. 정상적이고 건강하다는 것은, 그와 유사하게, 우리가 외부의 도움을 얻어 우리의 상황을 바꾸기 위해 삶의 흐름 속에서 어떠한 노력도 기울이지 않는다는 것을 의미합니다. **병리학 그 자체**는 존재하지 않습니다. **문제들 그 자체**는 존재하지 않습니다. 관찰자의 욕망들 및 편애들과 독립적인 질병은 존재하지 않습니다.

피르크젠 정상성과 바람직함에 대한 어떤 사람의 정의가 중요한가요, 아니 꼭 참고해야만 할까요? 물론 우리는 어떤 사람들이 자기들의 정신이상들을 즐긴다는 것을 상상할 수도 있을 것입니다. 하지만 그들의 친지들은 그들을 폐쇄된 시설에 격리시킴으로써 그와 같은 종류의 향유를 멈추게 하지 않으면 안 된다고 느낍니다. 정신과 의사인 두레 폰 윅스퀼은 예전에, 고열을 수반하는 중병을 앓은 뒤 자신의 삶에서 몇몇 가장 아름다운 체험들을 했노라고 말한 적이 있습니다.

마뚜라나 병에 걸린 것으로 분류된 어떤 사람이 그럼에도 불구하고 몸 상태가 좋다고 느낄 때 어떤 일이 일어나는가 하는 물음에 대한 일반적인 대답은 존재하지 않습니다. 모든 것이 행위들을 이끄는 감정들에 의존하기 때문에 여기에서 우리의 결정들을 지시해 줄 안정된 기준은 존재하지 않습니다. 아마도 사람들은 누군가 미쳤다는 소문을 들으면 두려워합니다. 아마도 사람들은 아프다고 하는 환자에 연민을 느끼고 그를 예정된 죽음에서 구해내고 싶어 합니다. 아마도 어떤 사람들은 다른 사람들이 그들의 특권들을 잃지 않을까 두려워하기 시작한다고, 어떤 위험스럽고 혁명적인 방식으로 말합니다. 사람들은 사회 평등의 요구를 선언하는 것이 (사회를 긴급하게 보호해야 하는) 사회적 병리의 징후가 되었다고 생각할 수도 있습니다. 잘 알려진 바처럼, 소련에서는 다수의 반대자들이 그들의 생각이 병리적이며, 그래서 전기충격으로 그들을 조병적(manic) 생각에서 벗어나게 할 수 있을 것이라는 단순한 주장에 기초해서 정신병 시설들에 보내졌습니다. 책임을 질병으로 돌리는 것은 모든 심도 깊은 토론을 가로막는 주장입니다.

푀르크젠 선생님이 제시한 견해들이 가져올 수 있는 결론들은 무엇입니까? 모든 정신병 시설들이 개방되어야 하고, 이른바 모든 환자들이 ─ 단지 특정한 관찰자들에 의해 병에 걸린 것으로 규정되는 것이므로 ─ 풀려나야 할까요?

마뚜라나 이 사람들은 틀림없이, 격리를 목적으로 병리적이라는 딱지가 붙습니다. 하지만 확실하게 해 두겠습니다. 나는 어떤 종류의 환자 해방도 좋아하지 않습니다. 그것은 다시 한 번 어떤 이론을 특수한 상황들에 대한 적절한 지식을 갖추지 않고 실행하는 것을 의미할 수 있습니다. 하지만 나는 어떤 조건을 **병적이다** 또는 **정상적이지 않다**고 서술하는 것에 연결된 책임에 대한 적실한 깨달음을 성취하는 것을 목표로 할 것입니다. 이러한 귀속(attribution)은 그것을 위한 상위의 이유도, 절대적으로 타당한 적법화도, '관찰자와 독립적인' 정당화도 존재하지 않는 결정에 의존합니다.

푀르크젠 선생님은 선생님이 치료사가 아니라 철학의 근본 문제들에 맞서고 있는 생물학자라고 말합니다. 하지만 선생님의 성찰들이 정신 요법과 개인의 변모와 연관된 분야 — 교육과 경영설계 — 에서 가장 집중적으로 받아들여져 온 게 사실입니다. 선생님의 인기와 함께 이 특별한 관심을 어떻게 설명하겠습니까?

마뚜라나 우선 나는 이 급작스런 인기 상승이 나에게는 그렇게 대단한 영향을 끼치지 못했다는 것을 지적해 두고 싶습니다. 칠레에 살고 있기 때문에 정말로 모든 초대에 응할 수 없기 때문이지요. 당연히 가족 치료사들의 작업에 좀 더 밀접하게 익숙해지는 것이 가장 유익했습니다. 하지만 다른 사람들의 칭송을 들을 때마다 나는 그 이유가 무엇인지, 그리고 내가 어느 정도로 이해되고 있기에 칭송을 받고 있는 것인지, 그리고 만일 사람들이 어느 날 내 글들이 그렇게 열광적으로 해석되는 대단한 생각들을 내가 실제로 가지고 있지 않다는 결론에 다다르게 될 때 무슨 일이 일어날지 항상 의문이 들었습니다. 많은 치료사들이 생물학에서의 내 작업이 가족을 (모든 상이한 구성원 개인들이 그들의 진술들이 서로 모순된다 할지라도 그와 동시에 옳을 수 있는) 상이한 실재들의 다원 우주로 이해하는 것을 가능하게 해주었다는 사실에 매혹당했던 것이 아닌가 싶습니다.

푀르크젠 정신요법계에서 1980년대는 이론적 토론의 시기였습니다. 오늘날은 개업의들과 실용주의에 경도된 뛰어난 장인들이 다시 이 세계를 지배하는 것 같습니다. 선생님은 1981년 미국의 가정 치료사 폴 델의 폭발적인 강의를 통해 즉각적인 명성을 얻었습니다. 취리히의 한 심포지엄에서 그는 새롭게 가공된 풍미를 곁들여 자신의 새로운 교의를 청중에게 쏟아 부었습니다. 그는 이렇게 선언했다고 합니다. "정보란 존재하지 않는다. 질병 그 자체는 존재하지 않는다. 진리의 인식은 불가능하다." 등등. 선생님은 오늘날의 정신요법의 세계와 어떤 관계에 있습니까?

마뚜라나 내 인기는 그 동안 눈에 띄게 줄어들었습니다. 그리고 그것은 새로운 것들을 향한 탐욕스러운 욕구에 사로잡혀 있는 문화에서는, 그리고 예상 가능한 결과들을 가장 효율적인 방식으로 산출할 방법을 창출할 목적으로 모든 것의 실천적인 수행을 위해 압력을 가하는 문화에서는 충분히 이해할 수 있는 일입니다. 나는 이러한 종류의 능률 지향적인 사고를 진작시키는 데에는 전혀 어울리지 않습니다. 왜냐하면 내 작업은 이렇게 일원 우주적으로 기능하는 인간공학 방법이 절대로 그리고 어떠한 상황 아래에서도 달성될 수 없다는 것을 보여주기 때문입니다. 우리는 언제나 근본적인 불확실성의 영역에서 다른 인간과 마주칩니다. 그리고 우리가 할 수 있는 것이란 오직 존재의 형식을 시도하고 창조하는 것입니다. 이것이 우리로 하여금 함께 약동할 수 있도록 해 주는 것입니다. 언젠가 — 우리가 치료사들이라고 가정한다면 — 환자는 변모되는 것을 느낄 것이며, 외부의 도움을 받지 않고 다시 자신의 삶을 꾸려나가기 시작할 것입니다.

푀르크젠 마지막 질문입니다. 내가 알기로 선생님의 이론들을 치료나 경영설계에 응용하는 것은 언제나 두 개의 극단 사이에서 이루어지고 있습니다. 첫 번째 극단은 선생님의 추종자들이 복잡성에 대한 새로운 깨달음을 갖고 행동한다는 것입니다. 이러한 깨달음은 겸양의 느낌과 더불어, 우리가 통제라는 우리 자신의 생각들 및 원리에 따라 이 세상을 바꿀 수 없으며 모든 관련된 참여자들과, 그 자체로 결코 완전하게 침투될 수 없는 상호작용 요소들의 전체 네트워크를 고려해야 한다는 깊은 이해에 의해 인도된 것입니다. 또 다른 극단은 지금까지 한 동안, 선생님의 이론들이 점점, 궁극적으로 성공적인 속임수 수단들로 팔리고 있다는 것입니다. 그 모토는 이렇습니다. '우리는 폐쇄적인 체계들이 어떻게 섭동하는지 이해하고 있기 **때문에** 이 통찰을 성공적으로 활용할 수 있다.' 나는 이러한 두 개의 극단적인 응용을 여러 체계 이론가들의 전문적인[직업적인] 전기(傳記)들에서 찾아볼 수 있다고 생각합니다. 좀 더 거칠게 말해 보자면 이런 것이죠. '과거 우리는 새로운 종류의 신비주의에 가까이 움직이고 있었지만, 오늘 우리는 경영 고문들이다. 과거 우리는 새로운 정신적 방침을 추구하고 있었지만, 오늘 우리는 돈을 많이 버는 것을 선호한다.'

마뚜라나 만일 당신의 평가가 옳다면, 그렇다면 나는 내 생각이 왜곡되고 있다는 것을 알고 있다고 매우 분명하게 말할 수 있을 뿐입니다. 속임수를 쓰면서 그러한 시도들을 할 때 나의 작업은 보다 인간적인 형태의 삶을 창조하는 데 활용되는 것이 아니라 개인적인 이익들을 위해, 개인들의 치부(致富)를 위해 착취되는 것입니다. 우리 문화의 지배 우상들, 능률 지향, 광인 통제, 그리고 성공에의 열망을 섬기기 위해 착취되는 것입니다. 다른 사람들이 가능한 한 많은 인간들의 복리를 위해 나의 작업을 이용할 수 있기를 희망하면서, 이러한 발전들을 받아들이고 또 인간 본성에 대한 나의 믿음을 유지하는 것 외에 내가 할 일은 아무 것도 없습니다. 만일 내가 내 생각의 남용을 막으려고 시도했다면, 나는 불가피하게 폭군이 되었을 것입니다. 그 결과 인지생물학과 사랑의 생물학을 부정하게 되었을 것입니다.

교육

교육의 역설

푀르크젠 칸트는 자신의 논문 「교육론」에서 어떤 근본적인 역설이 교육이라는 넓은 분야를 지배하고 있다고 말합니다. 한편으로 우리는 자유롭고 자기결정적인 개인들을 키워내고 싶지만, 다른 한편으로 미래의 개인들에게 강의요목을 부과하고 학교에 나오도록 강요하며, 잘못한 것이 있으면 벌을 주고, 순종하지 않는다는 이유로 핍박한다는 겁니다. 만일 우리가 칸트를 따른다면, 교육적 노력의 목표와 수단 사이에는 피할 수 없는 긴장 관계가 놓여 있어서 서로 모순된다는 겁니다. 이에 동의합니까?

마뚜라나 아닙니다. 교육, 즉 관찰자의 논평이란 성인들[교사들]과의 공존으로부터 나오는 변화의 과정입니다. 우리는 우리가 함께 살고 있는 성인들로 생성되는 것입니다. 이는, 만일 자유롭고 자기 결정적인 사유가 교육적 활동의 목적이라면 우리는 다른 사람의 자율성에 대한 상호존중이 바탕이 되는 방식으로 함께 살아야 함을 의미합니다. 내 견해로는 칸트가 정식화한 역설이란 전혀 존재하지 않습니다. 삶의 방식, 더불어 살기의 방법이 사람들을 형성하고 변형시킵니다. 만일 당신이 자율과 성찰을 가르치고 싶다면 그 방법으로서 폭력을 사용할 것이 아니라 성찰과 행동을 함께 하기 위한 열려진 공간을 창출해야 합니다. 목적과 수단 사이에는 어떠한 모순도 있어서는 안 됩니다.

푀르크젠 분명히, 강제사항들 역시 있어야겠죠? 모든 사람이 언제 나와야 하는지, 과제가 무엇인지, 누가 교사인지, 누가 권위를 가졌는지 규정되어야 하는 것 아닌가요?

마뚜라나 강요란 교사들이 자신의 교육자료를 흥미를 유발하는 방식으로 제시하지 못했을 때, 그리고 학교를 더불어 존재하는 매력적인 장소로 만들지 못했을 때 나타나는 법입니다. 교사들의 실패가 폭력을 낳는 것이지요.

푀르크젠 교사는 학교에서 일어나는 모든 일에 전적으로 책임이 있다는 얘기인데요. 이것은 지나친 주장이 아닐까요?

마뚜라나 아닙니다. 만일 교사가 존경스럽게 행동한다면, 만일 그가 자신의 학생들을 윽박지르지 않는다면, 만일 그가 학생들에게 귀를 기울이고 협력과 성찰을 북돋워준다면, 그때 특별한 형태의 상호작용이 출현할 것입니다. 가르침의 목표를 포함해서, 교사가 실천하는 삶의 방식은 학생들의 입장에서 유익한 배움의 원천이 될 것입니다. 이것은 또한 세 가지 물음들과 과제들이 교육에서 협력적으로 해결되어야 한다는 것을 함축합니다. 첫째, 내가 볼 때에는, 선택되어야 할 교육 이념에 관해 토론하는 것이 필요합니다. 학생들은 과연 어떤 미래의 성인들로서 졸업해야 할 것인가? 민주적인 정신을 가지고 책임감있게 행동하는 시민이어야 하는가? 아니면 권위적이고 남을 통치하려는 고관들, 다른 모든 사람에 대하여 우월감을 느끼는 지배자들이 되어야 하는가? 둘째 그와 같은 이념에 따라 생각하고 행동하는 것을 가능하게 해 주는 삶의 방식을 학교에 정착시키는 것이 필요합니다. 마지막으로, 소망되는 목적들을 제대로 소화할 수 있도록, 즉 자신들이 성취해야 하는 것을 몸으로 살아갈 수 있도록 교사들을 준비시키는 필수적 과제가 있습니다.

퓌르크젠 이것은 가르침이, 일반적으로 생각되어 온 것처럼 무지를 한 단계씩 제거하는 것과는 아무런 관계가 없다는 것을 의미하겠군요. 지식의 전달은 부차적인 것이 되는군요. 우선적으로 필요한 것은 이념에 상응하는 삶의 방식, 독특한 형태의 '더불어 살기'이고, 이로부터 중요한 주제들이 때가 되면 자연스럽게 나오는 셈이군요.

마뚜라나 바로 그렇습니다. 아이들은 학교에서 수학을 배우는 것이 아니라 수학 교사와 함께 '더불어 살아가는' 방법을 배웁니다. 아마도 아이들은 언젠가 이 즐겁고 흥겨운 종류의 '더불어 있음'을 독립적으로 수행할 것입니다. 그리고 수학 교사가 되거나 그 자신 수학자가 될 수도 있을 것입니다. 교사들은 어떤 내용을 단순히 전달하기만 하는 것이 아닙니다. 학생들에게 어떤 삶의 방식을 접하게 하는 것입니다. 그 과정에서 산수의 규칙들, 물리학의 법칙들, 또는 언어의 문법 등이 습득될 것입니다. 내 주장은 이렇습니다. '학생은 **교사를 배운다.**'

푀르크젠 협력하기를 고의로 거부하는 아이들은 어떨까요? 그들에겐 무엇을 해야 할까요? 물론 고전적인 대답은 이렇습니다. '낮은 점수, 추방, 성공적인 무리들에서 배제하기.'

마뚜라나 교사들이 늘 불만스러워하는 이른바 문제 학생은 종종 눈에 띄고 받아들여지기 위해 노력하는 것일 뿐입니다. 세상이 온통 이들에게 계산될 수 있는 방식으로 행동하고 강한 요구에 자신을 맞추도록 예상하고 있는 상황에서 말입니다. 이 아이들에게 자신들이 하고 싶은 것을 하도록 요구하면 교류를 위한 공간이 열리고 아이들은 자신들의 저항을 버리게 될 것입니다. 실제로 눈에 띄는 것, 자기존중을 회복하는 것, 그리고 사랑이 바탕이 되는 상호작용들에 참여하는 것은 치유 효과가 매우 큽니다. 일부 학생들은 어쩌면 제공된 가르침의 종류가 쓸모없게 보이고 지루하기 때문에 돌아설 수도 있습니다. 만일 아버지가 벽돌공이고 아들도 같은 직업을 갖게 될 운명이라면, 왜 그가 고급 대수학에 시간을 낭비해야 할까요? 학생들 쪽에서 내리는 이러한 평가는 이제 교사로 하여금 벽돌공의 일이 고급 수학과 상당히 연결되어 있음을 증명하는 수완을 발휘하도록 촉구하는 것입니다. 일단 관심을 갖는다면 세상 모든 일이 흥미롭습니다.

귀 기울여 듣기에 귀 기울여 듣기

푀르크젠 선생님은 발표를 위해 요구되는 재능을 이용할 수 있는 한 누구라도 열광자가 될 것이라고 생각하는군요.

마뚜라나 당연합니다. 나는 어느 날 내 세미나들 중의 하나에 참석했던 교사를 생생하게 기억합니다. 그녀가 말하더군요. 내 생각이 매력적이라는 걸 알았지만 아이들에게 그저 문법―그 힘들고 따분한 종류의 일―을 가르칠 수밖에 없었다고요. 나는 그녀가 문법을 가르치는 일이 어쩔 수 없이 힘들고 지루해서 언어에 대한 새로운 이해로 이어지지 않았다면 학생들도 정확히 그와 똑같이 느끼도록 만들었을 것이라고 대답해 주었습니다. 물론 나는 그녀가 무엇을 해야 할지 말해 줄 수가 없었습니다. 그녀가 즉각적으로 다음과 같이 대답할 것이기 때문이죠. "그런 건 이미 여러 번 시도했었다고요. 전혀 통하지 않는단 말이에요!" 하지만 나는 그녀에게 매우 분명하게 다음과 같이 한 가지를 말해 주었습니다. "만일 당신이 당신의 작업에 대해 존경과 사랑을 그렇게 적게 갖고 있다면, 학생들이 문법을 싫어하는 건 당연합니다." 그녀는 자신의 내적 태도를 바꿈으로써 스스로 해결책을 찾아야 했습니다. 학생들은 자신들의 선생님이 업무에 열광적으로 몰두하고 있는지 언제나 재빠르게 파악합니다.

푀르크젠 그렇지만 문제는 분명, 모든 사람이 모든 것에 흥미를 느낄 것인가 하는 것입니다.

마뚜라나 그것은 문제가 되지 않습니다. 아이들은 어떤 것에도 열광적으로 몰두할 준비가 확실히 되어 있습니다. 물론 주변에 "수학은 싫증나, 문법은 따분해, 생물은 재미없어"라고 계속해서 이야기하고 말하는 사람들이 없다면 말입니다. 이런 식으로 생각하게 된 사람들은 불리한 입장에 놓이게 됩니다. 말할 것도 없이, 학생들의 일상생활에 학교의 화젯거리들을 연결시키고, 그들과 관련된 문제들을 전면에 내놓는 일은 항구적인 과제입니다.

푀르크젠 하지만 일정 분량의 주제들은 시간의 부족으로 인하여 그것들을 체험의 세계와 더 깊게 연결시키는 일이 적절하게 이루어질 수 없기 때문에 일단 암기되어야 하는 것 아닌가요? 정신과 의사인 에른스트 폰 글라제르스펠트는 언젠가, 한편으로는 **훈육과 가르침**을, 연습하는 것과 기계적으로 암기하는 것을 구분할 것을, 다른 한편으로는 개념들과 관념들의 능동적이고 창의적인 구축을 구분할 것을 제한한 적이 있습니다. 그의 주장에 따르면 둘 다 필요하며, 주어진 과제의 요구에 맞춰 적절하게 섞여서 연습되어야 합니다.

마뚜라나 무릇 교사란 상황에 따라 올바른 절차를 선택할 수 있을 정도로 유연해야 합니다. 물론 어떤 것들은 암기되어야 하고 반복적으로 연습되어야 합니다. 하지만 심지어 단순한 반복조차 우리의 시각을 예민하게 하고 새로운 통찰들을 낳을 수 있기 때문에 이해를 증진시킬 수 있습니다. 갑자기 우리 앞에 놓인 방정식들을 푸는 게 더 쉬워졌다는 것을 알게 되고, 공을 네트에 수백 번 드롭킥을 하고 나면 어느 순간 우리의 근육은 바뀌게 되고, 우리의 숏은 더욱 정확해지게 됩니다. 만일 당신이 반복 연습을 어쩔 수 없이 지루한 판에 박힌 활동으로 평가절하한다면, 당신은 그것이 가치가 없다는 부가적인 의미를 그것에 부여하는 것입니다.

푀르크젠 단지 훌륭한 교사들만이 우리로 하여금 정말 뭔가를 배우도록 해 준다고 생각합니까? 어느 날 아침 내가 다녔던 학교의 담벼락에 다음과 같은 낙서가 있었습니다. "선생님들은 형편없었지만 학교는 좋았다." 이것은 나에게는 매우 옳은 것처럼 보입니다. 여기에는 배움의 변증법이 있기 때문입니다. 우리는 부정적인 사례들을 접하게 됨으로써 틀림없이 무언가를 배울 수 있습니다. 심지어는, 열의를 잃어버린 것처럼 보이는 공무원과의 마주침을 포함하는 사례들을 통해서도 말입니다.

마뚜라나 나는 그런 식으로 보지 않습니다. 일부 학생들이 받아들일 수 없는 환경들 아래에서조차 분명 그럭저럭 살아간다는 사실이 나쁜 교사들이 어떤 식으로건 그들을 돕고 있다는 것을 뜻하는 것은 결코 아닙니다. 불경과 학대에 직면하고 있는 어린이들에겐 자신과 남 모두를 존중할 수 있는 공간이 필요합니다. 페루의 어떤 정신과 의사는 한 연구에서, 단 한 사람의 완전히 신뢰할 만한 어른이 있어도 아이들이 그들의 자기존중을 회복하는 데 충분히 도움이 된다는 점을 밝혔습니다. 어쩌면 그 어른이 교사들이 학대하는 그 아이들의 부모들일 수도 있을 것입니다. 그들을 믿고, 신뢰하며 사랑하는 부모들 말입니다. 부모들의 후원은 아이들이 끔찍한 체험에서 벗어나서, 절망이나 비탄에 빠지지 않고 그들만의 길을 찾을 수 있도록 도와줄 것입니다. 그럴 경우 학교가 그리 큰 해를 끼칠 수는 없을 것입니다. 하지만 만일 가정과 부모들로부터의 어떠한 후원도 없다면, 자율적인 삶의 방식의 강화가 이루어지지 않는다면, 학교는 각별한 책임을 갖게 됩니다. 학교에서가 아니라면 아이가 어디에서 자신감을 발휘할 수 있겠습니까?

푀르크젠 선생님은 칠레의 산티아고 중심지에, 주로 교사들의 심화교육에 전념하는 기관을 설립했습니다. 선생님의 강의에 참여하는 사람들에게 어떤 조언을 해주겠습니까?

마뚜라나 내가 볼 때, 가르침에 있어서는 두 가지 다른 종류의 '귀기울여 듣기'를 구별하는 것이 기본적으로 중요한 것 같습니다. 한편으로 만일 어떤 것이 우리에게 말해진다면, 우리는 언제나 우리가 그것에 동의하는지 확인할 수 있고, 우리 자신이 갖고 있는 견해들과 부합하는 정도를 입증하려고 노력할 수 있습니다. 이것은 우리의 문화에서는 중심적이고 널리 퍼져 있는 경향입니다. 하지만 이런 식으로 귀기울여 듣는 사람들은 실제로는 그들 자신을 제외한 다른 누구의 말도 귀 기울여 듣지 않습니다. 이와 다른 종류의 귀 기울여 듣기는 (그 안에서 말해지는 것이 타당한) 상황들의 문제를 고려합니다. '실재의 어떤 영역에서 그것이 옳은가? 여기에서 생산된 세계가 나는 마음에 드는가?' 내 강의를 들으러 오는 교사들에게 해 주는 조언은, 엄청난 인내를 보여주고, 학생들의 말에 폭넓게 귀 기울여 들어 주고, 그들이 귀 기울여 듣는 것을 귀 기울여 들으라는 것입니다. 만일 학생들이 타자들을 존중하고 그들을 정당한(legitimate) 현존의 공간으로 간주한다면, 학생들은 상호작용의 흐름 속에 있는 사랑하는 존재들이 될 것입니다. 우리가 아이들에게 말을 할 때 아이들이 실제로 무엇을 듣는지를, 우리는 물어야 합니다. 아이들은 무엇을 지각할까요? 공격 행동을 두려워할까요? 위협에 직면했다고 느낄까요? 아니면 협력에 초대받았다고 느낄까요?

지각과 환상

푀르크젠 오늘날 우리 학교에서, 실수는 실패의 지시자로서, 그리고 부적당함의 상징으로서 엄청난 중요성을 갖는 것처럼 보입니다. 학교는 실수를 피하기 위한 훈련시설이라고 말할 수도 있을 것입니다. 학교는 잘못들을 처벌하고, 잘못된 대답을 빨간 잉크로 표시를 하고 무결점의 완벽함에는 '참 잘했어요'라는 표시를 달아 줍니다. 이제 이렇게 물어보겠습니다. 실수에 대한 선생님의 견해는 어떤 것인가요? 이러한 방향의 학교의 관례에 대해서 선생님은 어떻게 평가하겠습니까?

마뚜라나 우리는 모든 인간들이 지적이며, 매우 드물게만 논리적 실수를 저지른다는 점을 분명히 알아야 합니다. 특히 아이들은 (어른들을 만족시키지 못하는, 그래서 잘못이며 문젯거리라고 선언되는) 수많은 구분들을 이용합니다. 예를 들어 어떤 학생의 생각들이 비논리적이고 잘못되어 있다는 의견은 대개, 말해진 것이 관찰자의 청취와 판단의 기초인 논리 영역과는 다른 어떤 논리 영역에 속한다는 것을 의미할 뿐입니다. 다시 말해, 무릇 실수란 또 다른 영역의 맥락 속에서 청취되고 평가된, 실재의 특별한 영역에서 만들어진 진술인 것입니다.

푀르크젠 실수를 저지른다는 것은 일반적으로, 아직 정확하게 알거나 보지 못하는 것을 의미한다고 가정됩니다.

마뚜라나 괄호 없는 객관성의 경로를 취하는 사람들은 실수나 환각을 처벌해야 할 잘못들로, 실패의 징후들로 간주합니다. 지각되어야 하고 이해되어야 하는 무언가가 있는데, 사람들이 단지 그것을 보거나 이해할 수 없고, 사물들을 그것들의 실재대로 볼 수 없다는 것입니다. 그와 대조적으로, 괄호 친 객관성의 경로를 따르는 사람들은 환각과 실수의 체험을 진지하게 받아들입니다. 그들은 환각들과 실수들이 어떻게 발생하는지를 알고 싶어 합니다. 대답은 이렇습니다. '어떤 것은, 특정한 방식으로 그리고 제한된 전망에서 외관상으로 지각된 현상의 적절한 특징들에 부합하는, 구조적으로 결정된 유기체 안에서 유발된다.' 이것은 우리가 환각들과 실수들을 — 아이러니하게 — 부분적 진실들로 바라볼 수 있다는 것을 의미합니다. 그것들은 부분적으로 어떤 현상에 부합하지만, 우리는 작동의 과정에서는 그것들이 전체 현상과 동일한 것이라고 생각합니다.

푀르크젠 예를 하나 들어줄 수 있나요?

마뚜라나 낚시꾼이 던진 인공 파리를 잡기 위해 뛰어오르는 숭어를 한 번 생각해 보세요. 숭어가 그렇게 하는 까닭은, 깃털 달린 낚싯바늘이 수면 위로 날아다니는 곤충을 쏙 빼닮았기 때문입니다. 파리가 없었다는 사실을 나중에서야 깨닫지만 그때에 숭어는 이미 낚싯바늘에 매달려 있습니다. 이 사례가 보여주는 바처럼, 환각의 체험은 그것이 실제로 일어날 때에는 타당한 것으로 받아들여집니다. 그것이 평가 절하되는 까닭은 오직 다른 체험들이 존재하기 때문이며, 그에 따라 그것은 지각의 오류로 분류됩니다. 요컨대, 환각들과 실수들은 사건 이후에, 후험적으로 발생하는 것입니다.

푀르크젠 명백하게 환각적인 지각들이 존재하지 않습니까? 내가 선생님에게 이렇게 말한다면 어떨까요? "선생님, 밖을 보세요. 창문에서 유니콘이 우리를 쳐다보고 있어요."

마뚜라나 당신이 하는 말에 반응하는 상이한 가능성들이 있습니다. 나는 당신이 나를 놀리고 있는 게 아닌가 생각할 것입니다. 또는ㅡ알고 있는 한 유니콘은 신화적 존재이기에ㅡ당신이 그 순간 환상을 체험하고 있다고 추측할 수도 있습니다. 내가 당신이 거기에 있는 유니콘을 가리키는 것을 지각과 환각의 구분 불가능성에 대한 토론을 시작하기 위한 시도로 해석하는 것 역시 가능합니다. 하지만 이 모든 해석들은 한 가지 공통점을 가지고 있습니다. 그것들은 당신이 나에게 서술한 체험을 평가절하한다는 것입니다.

푀르크젠 내가 실제로 유니콘을 보고 있다고 우리가 잠시나마 가정해 볼 수 있을까요?

마뚜라나 물론 우리는 그럴 수 있습니다. 우리는 그렇다면 왜 내가 당신의 체험에 참여할 수 없는지 ― 왜 우리를 관찰하고 있는 유니콘을 못 보는지 ― 토론해야 합니다. 내 지각이 어떤 식으로건 제한되어 있는 걸까요? 아니면 그 유니콘이 어쩌면 내가 접근할 수 없는, 당신의 내부 세계의 일부인 걸까요? 하지만, 나는 정말 그것과는 다른 것을 지적하고 싶습니다. **체험의 순간에는**, 지각과 환각을 구분하는 것이 불가능하다는 게 내 주장입니다. 만일 당신이 창문 밖에 유니콘이 있다고 나에게 진지하게 말하고 있다면, 그때에 당신은 완전히 그 세계에 **빠져** 살고 있는 것입니다. 당신의 전체 몸은 그러한 체험 속에서 사는 것입니다. 당신은 그 세계에 흡수됩니다. 오직 나중에 가서야 유니콘이 한 쌍의 새들로 인한 나뭇잎들의 다소 이상한 움직임이었음을 확인하는 것이 가능할 것입니다. 이것은 환각이란 그것이 다른 체험에 의해 자격을 박탈당하기 전까지는 타당한 것으로 남아 있는 체험이라는 것을 의미합니다.

푀르크젠 그렇다면 우리는 우리가 보고 서술하는 것이 '실재하는 어떤 것'인지를 실제로 전혀 모르겠군요.

마뚜라나 체험의 순간에는 이러한 구분이 원칙적으로 불가능합니다. 우리는 항상, 다른 체험들에의 준거에 의존합니다. 다른 체험들은 다시 또 다른 체험들과의 관계에서 인식 혹은 환각으로 분류될 수 있습니다. 이런 식으로 계속 이어집니다.

푀르크젠 이것은 우리가 이것을 어느 정도의 확실성으로 확인할 수 없다면 우리가 평생 환각들의 세계에 살 수 있다는 것을 의미합니까?

마뚜라나 칸트는, 그것이 존재함에도 우리가 그것을 알 수 없는 물자체와 연결시켜 하나의 테제를 그와 같이 정식화할 수 있었습니다. 모든 것이 환각이라고 말할 수 있기 위해서는 궁극적인 준거가 필요하게 됩니다. 나는 이런 식으로 주장하지 않겠습니다.

푀르크젠 실제로 내가 묻고 싶은 것은 우리가 가정하는 것이 환각적이지 않다는 것을, 우리가 심층적인 의미로 도대체 확신할 수 있는가 하는 것입니다.

마뚜라나 우리는 오늘의 우리의 지각이 내일 환각으로 드러날 것인지 결코 알 수 없습니다. 물론 그것은 우리의 전체의 삶을 통틀어 타당한 것으로 남아 있을 수 있습니다. 결국 어제 내가 말한 모든 것이 잘못이었다고 내일 당신에게 고백할 수도 있습니다. 주말쯤 되어서 당신의 칠레 여행이 실수였음이 드러날지 어떻게 알 수 있겠습니까? 그렇지만, 당신이 녹음된 테이프들을 다시 듣게 된다면, 당신은 움베르또 마뚜라나가 완전히 난센스를 말하고 있다고 결론짓지는 않을 것입니다.

푀르크젠 나는 함께 하는 우리의 시간을 위해 철저하게 준비를 했기 때문에 그렇게 생각하지는 않습니다. 선생님들의 책들을 읽었고, 표를 끊었으며, 호텔을 예약했습니다. 이 모든 안전성을 급작스럽게 상실하고 나의 이전의 신념들이 붕괴된다면 나는 아마도 엄청 당황스러워 할지도 모르겠습니다. 그렇지만 겨우 이러한 단순한 이유만으로 나는 나의 칠레 여행을 실수로 간주할 마음을 갖지는 않을 것입니다.

마뚜라나 그럼에도 불구하고 우리는 당신이 언젠가 결국엔 이러한 평가로 마무리하지 않을 것인지 쉽사리 알지 못합니다. 하지만 결정적인 측면은 우리가 타당한 것으로 만들고 있는 체험들을 우리가 항상 유지한다는 것입니다. 이러한 의미에서 당신은 물론 옳습니다. 우리의 삶의 흐름 속에서 우리는 이러한 안정성을 필요로 합니다. 우리는 암묵적인 신뢰로부터 작동합니다. 그리고 우리의 구조적 연동의 정합성 내부에서 지내기 때문에 우리는 보통 실수를 저지르지 않습니다. 따라서 실수들은 드물게 일어나고, 관찰자와 독립된 실재에 준거해 어떤 실패를 가리키지도 않습니다. 실수들은 언어 안에서 살아가는 인간의 후험적인 평가들 및 성찰들입니다.

모든 인간은 똑같이 지적이다

푀르크젠 선생님은 학자 생활 대부분을 연구에 종사했고 가르치는 데에는 그렇게 많은 시간을 바치지 않았습니다. 그럼에도 불구하고 선생님에게 물어 보고 싶습니다. 학생들과 함께 작업하는 것이 선생님에게는 어떤 의미가 있었습니까? 때때로 대학 내에서는 연구와 교육의 결합이 폐지되어야 하느냐 마느냐를 둘러싸고 다소 논란이 있습니다. 학생들이 일을 감당할 수 없으며, 최고의 연구자들은 적어도 교육에서 면제되어야 한다는 등의 말이 있습니다.

마뚜라나 나는 그것이 전혀 바람직하지 않다고 생각합니다. 가르치는 일은 나에게는 언제나 매우 중요했습니다. 학생들의 지적인 소견들에 고무받는 경우, 나는 내 세미나를 사고의 가능성들을 시험하기 위한 실험실로 사용할 수 있었기 때문입니다. 나는 결코 지루해 본 적이 없습니다. 제기되는 어떠한 질문도 흥미로울 수 있고, 또 좀 더 면밀히 살펴본다면 심화된 성찰로 이어질 수 있기 때문입니다. 나는 학생들에 대해 낮게 평가하는 것을 결코 받아들일 수 없었습니다. 나는 근본적으로, 모든 인간이 어쨌든 똑같이 지적이라고 믿기 때문입니다.

푀르크젠 그게 사실입니까? 분명 어떤 사람들은 동등한 사람보다 좀 더 낫습니다. 따라서 다른 사람들보다 좀 더 똑똑합니다.

마뚜라나 아닙니다. 지성은 변화하는 세계에서 우리의 행위를 다양화하는 가능성 속에서 모습을 드러냅니다. 우리가 어떤 살아 있는 존재를 지적이라고 분류할 때 우리는 그 존재가 자신의 삶을 적절하게 변형시킬 수 있다고 평가하고 싶어합니다. 언어 속에서 살아가는 존재로서의 우리는 행위의 이러한 거대한 조형성을 필요로 하고 또 가지고 있기에 한껏 정당하게 다음과 같이 말할 수 있습니다. 우리가 '행위의 조정의 조정'이라는 영역 속에 존재한다는 이 하나의 사실이야말로 우리 모두를 똑같이 지적인 살아 있는 존재로 만들어 준다고 말입니다. 상이한 체험들과 편견들, 이해들과 가능성들이 존재하는 것은 당연합니다. 이것은 분명히 맞습니다. 하지만 그 어떤 사람이라도 자신이 원하기만 한다면 다른 사람이 배운 것을 배울 수 있다는 것이 나의 주장입니다.

푀르크젠 이제 어떤 개인이라도 — 뛰어난 지성의 아이콘인 — 앨버트 아인슈타인이 될 수 있다는 얘기처럼 들리는군요.

마뚜라나 모든 사람이 아인슈타인이 될 수는 없지만, 원하기만 한다면 누구나 아인슈타인이 배우고 가르쳤던 것을 배울 수 있습니다. 당연히 그들은 아인슈타인처럼 똑같은 길을 가지는 않을 것입니다. 그리고 그들이 동일한 개념들과 이론들을 창안하지도 않을 것입니다. 동일한 생활환경들에다 그와 똑같은 체험들이 필요할 테니 말입니다. 덧붙여 말하자면, 하나의 삶의 형태와 직업 경력을 선택한 사람은 누구나 불가피하게 자신의 또 다른 가능성들을 제약합니다. 만일 내가 보디빌딩계에서 스타가 되고 싶다면, 특별한 요구들에 집중해야 합니다. 그래서 다른 요구들은 겉으로 드러나지조차 못할 것입니다. 하지만 보디빌드 하는 사람들이 특정한 종류의 존재가 되겠다는 결정을 했다는 이유만으로 그들이 근본적인 지성을 결여하고 있다는 말은 아닙니다.

푀르크젠 그렇다면 선생님은 이 똑같이 지적인 인간들이 모두 결코 똑같이 성공적이지 않다는 것을 어떻게 설명하겠습니까? 시장에서 이루어지는 대부분의 지능 테스트들은, 주어진 문제들을 해결하는 데에서 드러나는 변별적 성공이 지능의 지시자라는 가정에 기초를 두고 있습니다.

마뚜라나 지능 테스트들이 이끌어내고 진단하는 것은 하나의 문화가 가지고 있는 포섭(inclusion)의 정도입니다. 내 주장은, 우리가 우리의 가능성들과 우리의 근본적인 지능을 활용할 수 있는지, 그리고 어느 정도로 그럴 수 있는지 결정하는 것은 바로 감정들이라는 것입니다. 지배적인 감정은 결정적인 방식으로 지적인 행위를 변조합니다. 어떤 사람들은 겁을 먹었기 때문에 따라오지 못할 수도 있습니다. 그리고 그들은 우울하거나 또는 흥미가 다른 데 있기 때문에 따분해진 사람들과 다르게 행동할 것입니다. 마지막으로, 편견들과 가능성들에서 드러나는 엄청난 변이의 폭이 사람들이 성장하는 특수한 상황에서 출현합니다. 그들은 어렸을 때 사랑받았을까요? 그들은 정당한 보살핌을 받았을까요? 음식은 충분했을까요? 어쨌든 나는 다음과 같이 주장하는 바입니다. '내가 볼 때 지능은 어떤 특정한 활동이 아니라 변화하는 세상 속에서 유연하게 그리고 내적 조형성을 갖고서 움직일 수 있는 보편적인 역량이다.'

푀르크젠 그렇더라도, 사람들이 사물을 이해하기 위해 매우 열심히 공부하려고 하지만 그럼에도 불구하고 잘 되지 않는 것이 경험상 엄연한 사실입니다.

마뚜라나 만일 사람들이 노력을 다해서 공부를 열심히 한다면 이는 그들이 실질적으로는 따분해져 있다는 것을 암시할 수도 있습니다. 왜 우리가 특정한 주제들에만 마음을 빼앗겨야 할까요? 단지 우리가 지적이라는 것을 보여줄 수 있기 위해서일까요? 우리가 지능 테스트들을 위해서 습득해야만 하는 지식이 어떤 다른 목적을 위해 기능할 수 있을까요? 아마도 이러한 종류의 질문들에 시달리는 사람들은 그들에게 실질적인 흥미를 가져다주는, 그리고 그들이 기쁨을 가지고 주의력을 집중해서 활동할 수 있는 다른 영역들로 옮겨 가는 것이 좋을 것입니다. 하지만 어쩌면 두려움이 그들을 가로막을 수도 있습니다. 어쩌면 아이들은 학교에 도착하는 순간부터 교사들의 처벌에 대한 두려움에 싸이고 실패[낙제]의 공포에 의한 고문을 받고 있을지도 모릅니다. 그러한 경우에는 사랑, 존중, 신뢰가 도움이 될 것입니다.

III

이론의 역사

시작들과 영감들

어린이의 통찰들

푀르크젠 선생님의 이론은 순환적인 디자인을 가지고 있습니다. 다음과 같이 순환적입니다. '관찰자와 관찰대상, 아는 자와 아는 대상은 분리할 수 없는 통일체[단일체]를 형성한다.' 하나의 원과 관련해서 우리는 다음과 같은 점을 깨닫습니다. 원은 누군가 어느 곳에서 끊어 '시작'을 만들지 않는다면 시작도 끝도 없다는 것을 말입니다. 따라서 순환적 사고의 시작들과 출발 조건들에 대해 묻는 것은 다소 부적절해 보입니다. 그 질문의 형식은 이론의 체재(format)와 모순됩니다. 그럼에도 불구하고 물어보겠습니다. 무엇이 선생님을 고무시켰나요? 선생님에게 영향을 끼친 사람은 누구였나요? 어디에서 '시작'을 출발하고 창조하고 싶은가요?

마뚜라나 의심할 바 없이 나의 어머니가 나의 정신적이고 지적인 성장에 지대한 영향을 끼쳤습니다. 어머니는 내가 세계에 대한 나 자신의 이해에 대해 책임을 지도록 가르쳤고 자기 자신에 대한 신뢰를 갖도록 가르쳤습니다. 어느 날 내가 형과 놀고 있을 때 어머니가 우리를 부른 적이 있었습니다(그때 나는 11살이었습니다). 어머니는 말씀하셨죠. "애들아! 어느 것도 그 자체로 좋거나 나쁜 것은 없단다. 어떤 행동은 적합할 수도 있고 부적합할 수도 있고, 옳거나 틀릴 수도 있단다. 그래서 어느 쪽을 정하느냐는 너희들의 책임이란다." 그리고는 덧붙여 말씀하셨지요. "좋아, 이제 다시 나가 놀으렴."

푀르크젠 이 일화가 선생님에게 중요한 이유는 무엇입니까?

마뚜라나 만일 어떤 행위가 그 자체로 좋거나 나쁜 것으로 분류될 수 없다면, (내가 깨달은 바가 이것인데) 우리는 그 행위가 끼어들어가는 관계망에 주의를 기울여야 하고, 우리의 행위양식을 자율적으로 선택해야 합니다. 내게 있어서는, 하나의 특별한 태도가 여기에서 그 모습을 드러냅니다. 그러한 태도는 나와 형의 내면에 신뢰를 불어넣어주고, (존중심을 갖고 다루어져야 하는) 모든 인간의 자율과 자유에 대한 믿음을 갖도록 해 줍니다. 어느 것도 무조건적으로 고정된 타당성을 갖고 있지 않고, 그래서 헤아려 보고, 선택하고, 결정하는 것이 필요한 것이지요.

푀르크젠 칠레 사회는 사회적으로 빈부로 분열, 분할되어 있습니다.

산티아고의 변두리의 황폐한 헛간들 — 빈민굴 — 에서 생존하고 있는 사람들과 프로비덴시아의 화려한 도회 빌라에 거주하고 있는 사람들은 완전히 다른 세계에서 살아갑니다. 선생님은 어떻게 성장했습니까? 선생님의 가족은 상대적으로 작은 사회 상위 계급에 속했나요?

마뚜라나 우리는 가난했습니다. 비록 다른 사람들은 훨씬 더 나쁜 환경에서 살아남아야 했지만 말입니다. 사회사업가인 어머니가 일하는 곳에 따라갔던 날을 못 잊을 것입니다. 어머니는 병을 앓고 있는 어떤 여성을 보러 갔습니다. 무료 의료 간호를 위해 그녀의 빈곤 정도와 자격 여부를 확인하기 위해서 말입니다. 우리가 이 여성이 살고 있는 장소 — 이곳은 땅을 파서 지붕으로 덮은 구멍에 지나지 않았습니다 — 에 도착했을 때, 나는 그녀가 넝마를 두른 채 바닥에 누워 있는 것을 보았습니다. 키가 작고, 나보다 더 어린, 어쩌면 여덟 살 정도 되는 아이가 그녀 옆에 앉아 있었습니다. 머릿속에 떠오른 첫 번째 생각은 이런 것이었습니다. "부디, 내가 저 아이가 될 수 있기를!" 우리 둘 사이에는 어떤 차이도 없었지만, 나는 깨끗한 마루가 있는 집에 살고 있고, 어머니는 직업을 가지고 있었고, 나를 바라보고 있는 이 아이는 오물 속에서 살고 있었습니다. 이러한 광경을 보자 내 마음 속은 나의 과분한 행운과 특권적인 생활방식에 대한 감사한 마음으로 꽉 찼습니다. 그렇지만, 우리는 정말이지 결코 잘 살지 못했습니다. 우리는 오로지 (부업으로 남몰래 카바레 무용수 노릇을 하며 근근이 돈을 버는) 어머니의 수입에만 의존하며 살았습니다. 겨울이 되면 나는 가끔 어머니가 보온을 위해 재킷에 몇 겹의 신문지들로 안을 대는 것을 도와드렸습니다. 이것으로 우리의 상황은 보여드린 것 같군요.

푀르크젠 선생님의 가족은 항상 그와 같이 가난에 내몰린 삶을 살았나요?

마뚜라나 아닙니다. 나의 외할아버지는 볼리비아의 꽤 부유한 가정 출신이었습니다. 칠레에서 의학을 공부한 뒤 볼리비아로 돌아가서 그곳에서 살해당했습니다. 그 일이 일어났을 때 어머니는 아직 너무 어렸습니다. 그와 같은 가족의 비극으로 인해 어머니는 안데스 산맥에 있는 인디언 공동체로 보내졌고 거기에서 2년을 보낸 뒤에 다시 고향으로 무일푼으로 돌아와서 친척들과 결합했습니다. 그 2년이야말로 어머니와 나 모두에게 엄청난 영향을 미쳤습니다. 왜냐하면 안데스 산맥에서 살고 있는 인디언 공동체들은 가부장적으로 조직되어 있지 않았기 때문입니다. 남자들과 여자들은 상호존중에서 우러나온 서로 원조하는 조화 속에서 균형 잡힌 삶을 살았습니다. 어머니는 나에게, (아직 매우 어린 소녀였던) 자신이 거기에서 나눔과 협력의 다른 문화를 이해하는 법을 배웠노라고 말했습니다. 거기에서는 공동체의 모든 구성원들이 그들의 특별한 잠재력에 따라 얽혀 있었습니다. 어머니는 그러한 체험에 대해 나에게 말씀해 주셨고, 그것은 자연스럽게 나에게 교육이 되었습니다. 되돌아보면, 나는 정말 자기신뢰와 자기존중이 펼쳐지도록 허용되는 모계(matristic) 가정에서 성장한 것 같습니다. 부모님들은 내가 태어나자마자 헤어졌습니다. 형과 나는 우선 할머니와 함께 살았는데, 할머니는 가톨릭교 분위기 속에서 우리를 키웠습니다.

할머니가 죽자 우리는 어머니하고만 살게 되었습니다. 이제 나는, 책임을 지는 것이 무엇을 의미하는지, 자율적이고 존중심을 갖는 방식으로 행동하는 것이 무엇을 의미하는지를 어머니가 나에게 가르쳐 주었다고 말하고 싶군요.

푀르크젠 살아 있는 존재들에 대한 선생님의 관심은 어떻게 발전되었나요? 다른 유명한 생물학자들의 전기들에서 볼 수 있는 것처럼, 선생님 또한 어릴 적에 이미 주머니에 개구리들을 넣어 가지고 돌아다니며 놀았나요?

마뚜라나 얼마간은 그랬지요. 정확히 말하자면, 살아 있는 모든 것은 다양한 이유들로 나의 흥미를 끌었습니다. 이미 말했다시피, 한 가지는 내가 너무나 자주 앓았다는 것입니다. 따라서 나는 어릴 때부터 일찍이 죽음의 의미를 이미 알고 싶어했습니다. 그리고 자연스럽게 삶의 의미 역시 이해하기 위해 노력해야 한다는 생각이 떠올랐습니다. 삶과 죽음은 서로 깊게 얽히고설켜 있기 때문이었습니다. 또 다른 이유는 물건들을 직접 만들고 무언가를 창조해내는 것이 나에게 큰 기쁨을 주었다는 점입니다. 열한 살 때 나는 결핵을 앓았고, 많은 시간을 집에서 혼자 보내야 했습니다. 약간의 종이, 가위, 풀만 있으면, 그럼 몇 시간 작업한 뒤 나는 동물들, 자동차들, 집들, 세계 전체를 창조해 냈습니다. 이런 식으로 나는 (내가 나중에 **체계의 구조**라고 이야기할) 하나의 존재 형태가, 그 안에서 어떤 작동들이 발생할 수 있는지를 어떻게 특정하고 결정하는지에 대한 심도 깊은 이해를 할 수 있었습니다.

나는 그 형태가 어떤 결론들을 낳는지 자문해 보았습니다. 졸업 후에 나는 의학을 공부하기로 결심했습니다. 당시에는 생물학을 선택하는 게 가능하지 않았기 때문입니다. 생명체계들에 대해 관심이 있다면 인간 의학 또는 수의학을 선택해야 했습니다. 그래서 1948년 나는 대학교의 의학부에 합격했지만 동시에 인류학, 인종학, 그리고 수많은 다른 분야들을 공부할 준비를 했습니다. 불행히도, 대학교에서의 나의 연구들은 그 후 곧바로 꼬박 2년 동안 중단되었습니다. 다시 결핵을 앓게 되었기 때문이지요. 병원과 요양원에서 꽤 오랜 시간을 보낸 후인 1950년에 나는 마침내 완치되어 질병에서 놓여났습니다.

따뜻한 피를 가진 공룡

푀르크젠 어떤 계제에 나는 선생님의 약전(略傳)을 구했는데 말이죠, 그걸 보니까 선생님은 칠레를 떠나 영국에서 연구를 계속했더군요. 거기에서 선생님은 선생님의 중요한 은사들 중의 한 사람인 신경해부학자인 J. Z. 영을 만났군요.

마뚜라나 1954년 나는 록펠러 재단의 보조금을 받아 영 교수와 함께 연구에 착수했습니다. 그는 내가 격주마다 둘 모두가 관심을 갖는 합의된 주제에 대한 논문을 한 편씩 제출해야 한다고 말했습니다. 그가 무조건 지켜지기 원했던 중심적인 규칙들 중의 하나는, 내가 나의 주장들에 대해 독립적인 이론적 근거들을 제공해야 한다는 것이었습니다. 영 교수는 — 이전의 어머니처럼 — 내 자신의 생각을 신뢰하라고 가르쳤습니다. 어느 날 나는 그에게 공룡들이 따뜻한 피를 가지고 있는 동물이었다고 주장하는 논문을 제출했습니다. 내 동료 학생들의 일부는 내 이론을 조롱하면서 나를 **따뜻한 피를 가진 공룡**이라고 불렀습니다. 그들은 내 견해가 불합리한 반론이라고 생각했습니다. 오직 조류와 포유류만이 따뜻한 피를 가질 수 있고, 파충류로 분류되는 공룡들은 그렇지 않다는 것이 당시 일반적으로 공인된 생각이었기 때문입니다. 일반적으로 받아들여지고 있는 생각에 따르면, '공룡들은 파충류다, 그러므로 차가운 피를 가지고 있다'라는 것이었습니다. 이제 우리는 이것이 전혀 사실이 아님을 알고 있습니다. 내가 내 주장들을 영교수에게 제출하자, 그는 대단히 흥미로워 했습니다. 그리고 나를 유명한 고생물학자에게 보내 따뜻한 피를 가진 공룡 이론을 토론하도록해 주었습니다. 다시 말해, 그는 나를 위해 무제한적 사고의 공간을, 자율적인 성찰의 공간을 열어 주었습니다. 그는 언제나 진지하고 책임있는 토론을 요구했지, 상당히 만연된 생각이나 단순한 학문적 교리를 맹목적이고 분별없이 받아들이는 것을 요구한 것이 아니었습니다.

푀르크젠 몇 년 뒤 선생님은 하버드 대학교에서 생물학 박사 학위를 받고, 이어서 과학계의 의심할 바 없는 중심지 중의 하나인 MIT에서 얼마간을 보냈군요. 어떻게 그런 일이 일어났나요?

마뚜라나 그와 관련해서는 멋진 이야기가 있습니다. 어느 날 뛰어난 신경물리학자인 제리 레트빈이 하버드 대학교의 생물학 실험실의 통상적인 점심 모임에 초대받아 이야기를 했습니다. 그는 시각 과정 이론을 제안했습니다. 나는 큰소리로 그를 비판했고 그를 내 실험실로 초대해서 나 자신의 작업을 설명했습니다. 나는 시신경의 해부와 개구리 두뇌의 시각 중추에 대한 논문을 마무리하는 과정에 있었습니다. 레트빈은 깊은 인상을 받고, MIT에서 자기와 함께 박사과정 이후의 작업을 하자고 초대했습니다.

푀르크젠 선생님의 일탈적인 견해들이 선생님의 교제를 깨뜨린 것이 아니라 오히려 능동적인 협력을 위한 기초를 형성했군요.

마뚜라나 바로 그렇습니다. 하지만 우리가 마침내 공동 작업을 하고 친구가 되기 전에 나는 그에게 그의 제안에 대해 생각할 시간을 조금 달라고 요청했습니다. 그리고 다른 사람들에게서 그에 대한 정보를 수집했습니다. 하버드에서 내가 그에 대해서 들은 것은 좀체 긍정적이지 않았습니다. 사람들의 말에 따르면, 제리 레트빈은 변덕스럽고, 자신의 일을 결코 끝내지 않을 것이며 약간 미쳤다는 것이었습니다. 그러나 나는 자유로운 영혼을 가지고 동시에 너무나 따뜻한 마음씨를 지니고 상상력이 풍부한 이 키 큰 남자가 좋았습니다. 그래서 나는 1958년 MIT로 갔습니다. 다른 한편 그는 내 논문에 열광했고, 그것을 모든 사람에게 보여주었습니다. 그리고 오로지 나만을 위한, 내 자신의 실험들을 위한 자그마한 공간인, 나만의 신경해부학 실험실을 꾸밀 수 있도록 도와주었습니다. 나는 보통 거기에서 매일 새벽 약 1시까지 작업했습니다. 그때쯤 레트빈이 곁에 와서 이렇게 묻곤 했습니다. "마뚜

라나, 우리 동료들 중의 누가, 우리가 어제 했던 관찰들로 인해 가장
화를 낼까? 누굴 찾아가서 조금 자극해 볼까?" 나는 몇 명의 이름을
댔고, 그 다음엔 지적 논쟁을 절대 놓치지 않는 이 거구의 논객을 그
날 우리가 선택한 동료에게 데리고 갔습니다. 레트빈이 그에게 우리의
작업을 이야기하는 동안, 나는 매우 기쁜 마음으로 경청하고 있었습니
다. 유쾌한 시절이었습니다.

푀르크젠 선생님은 인공지능의 스타인 마빈 민스키의 실험실을 매우
자주 방문했던 것 같은데요. 하지만 진지하게 물어보겠습니다. 내가
아는 한, 마빈 민스키는 이미 MIT에 있었고, 인간들을 "정보처리 체
계"로, 그리고 사고 활동을 일종의 "데이터 처리"로 보는 그의 이론들
은 어쩌면 특별히 선생님에게 매력적이지는 않았을 텐데요. 그것들은
소통에 대한 선생님의 견해와, 구조적 결정론에 대한 선생님의 서술,
그리고 생명체계들에 대한 선생님의 특징규정과 직접적으로 반대됩니
다. 민스키의 작업이 어떤 식으로건 — 어쩌면 일종의 부정적 방해물
로서 — 선생님에게 영향을 미쳤나요?

마뚜라나 그렇게 말할 수도 있을 겁니다. 매일 저녁 집으로 돌아갈
때 나는 인공 지능의 주역들이 작업을 하는 실험실 출입구를 통과해
야 했습니다. 나는 발걸음을 늦추고 거기에서 이루어지고 있는 대화와
토론에 귀 기울여 보았을 뿐입니다. 이런 식으로 귀동냥해서 들은 것
이 내게는 전혀 그럴 듯해 보이지 않았습니다. 마빈 민스키와 그의 공
동연구자들은 그들의 실험실에서 생물학적 현상들의 모델들을 창조하

려고 애쓰고 있다고 계속해서 주장했습니다. 그것은 나에게 완전히 불합리해 보였습니다. 그와 같은 사람들이 하고 있었던 것은 전적으로 다른 어떤 것이었다는 게 내 생각이었습니다. 그들은 (특별한 행위 표면의 발생과 생산에 책임이 있는) 체계 내부에서 어떤 일이 일어나고 있는지 이해하지 못한 채 생물학적 현상의 표면 양상 모델들을 창조하려고 애쓰고 있었습니다. 나는 또한 그들의 극단적인 형식주의적이고 수학적인 접근법을 좋아하지 않았습니다. 그들의 실험실들 중의 한 곳에 갔을 때 그곳에서 나는 수학이론들, 논증들, 공식들의 세례를 받았습니다.

푀르크젠 이러한 선생님의 비판을 촉발시킨 것은 무엇입니까? 수학적 성찰들이 생물학적 현상들의 다양성을 볼 수 없도록 만들 수 있습니까? 거기에는 미적인 이유로 선생님이 거부하는 일종의 환원주의가 있는 건가요?

마뚜라나 아닙니다. 형식주의는 문제가 무엇이고 실제로 어떤 일이 일어나고 있는지에 대한 완전한 이해가 이루어질 때에만 실행되어야 한다고 생각합니다. 만일 당신이 형식주의를 활용한다면, 당신은 당신의 순간적인 이해(그리고 그것으로부터의 추상)를 표현하는 것입니다. 몇몇 정합성들이 파악되었고 이해되었습니다. 그리고 그 결과 형식주의는 (이해되어 온 정합성들의 결과들에 적합한 것으로 보이는) 관계들의 네트워크와 함께 구축됩니다. 따라서 나는 내 주장이 미적인 것이 아니라 인식론적인 것이라고 말하겠습니다. 형식주의는 현상에 대한 적절한 이해와 충돌할 수 있고 우리로 하여금 길을 잃게 할 수 있습니다. 1960년 칠레에서 한 학생이 40억 년 전에 실제로 무엇이 시작되었기에 오늘날 우리가 생명이 그때 기원했다고 진술할 수 있는지 물을 때 나는 동일한 실수를 하고 싶지 않았고, 또 생명체계의 현상적 이미지의 모델을 구축하고 싶지 않았습니다. 우리가 생명체계라고 부르는 어떤 것의 형성을 일으키기 위해 어떤 과정들이 발생해야 하는 가— 이것이 대답되어야 하는 적절한 질문입니다.

개구리의 눈이 개구리의 두뇌에 알려주는 것

푀르크젠 선생님은 MIT에서 어떤 종류의 연구 작업을 했습니까? 주제가 뭐였나요?

마뚜라나 모든 사람이 알 필요가 없는 일들을 할 수 있는 나만의 방을 가질 수 있을 때 내가 그것을 대단히 좋아한다는 것을, 당신은 알아두어야 합니다. 1958년 10월 MIT의 내 작은 실험실에서, 나는 아무에게도 말하지 않은 채, 개구리의 망막세포를 연구하고 있었습니다. 그리고 중대한 발견을 했습니다. 나는 현미경을 통해 명백하게 두 개의 근본적으로 다른 세포 유형들이 존재한다는 것을 밝힐 수 있었습니다. 그것들 중 일부는 세포체로부터 별 모양으로 퍼져 있는, 그래서 (내 생각에) 모든 방향에서의 시각적 자극들에 반응할 수 있음에 틀림없는, 섬유질을 가지고 있었습니다. 다른 종류의 섬유질들은, 추정컨대 하나의 자극이 그에 상응하여 일방향적인 반응을 야기할 수 있도록 오직 한 방향으로 직선의 긴 가지 모양으로 뻗어 있었습니다. 제리 레트빈이 닷새 동안 그의 실험실에 나타나지 않았을 때 나는 속으로 말했습니다. '이것은 기회다! 이제 나는 세포들의 모양이 그것의 반응과 상응한다는 내 가설을 시험해 볼 수 있다.' 이것은 그때로서는 완전히 새로운 생각이었습니다. 당시 시각 과정은 보통 눈에 쏘여진 빛의 점들에 의해 연구되었기 때문입니다. 기존 견해에 따르자면, 망막은 외부 세계로부터 들어오는 정보를 빛의 반짝거림 형태로 받아들일 것이고, 그에 상응하는 반응을 계산할 것입니다. 그것이 당시의 연구 교리였습니다.

푀르크젠 이러한 특별한 세포들과 그것들의 모양에 대한 선생님의 관찰은 선생님이 나중에 발전시킨 인식론을 향한 첫걸음이었던 거군요. 시각 과정의 구조는, 그러니까 외부 세계의 영향이 아니라, 특수한 지각의 원인이군요.

마뚜라나 바로 그렇습니다. 실험실에서 나는 빛의 점들을 가지고 작업할 수 없었습니다. 그 장치들을 사용하는 방법을 몰랐고, 무언가를 망가뜨리지 않을까 두려웠기 때문이었습니다. 나는 개구리의 눈앞에서 내 손을 움직이고 그와 동시에 시신경 안의 고립된 세포의 자극들을 전극으로 기록하는 것에 내심 만족해야 했습니다. 그리고 나는 내 손을 움직인 방향과 무관하게 반응하는 세포를 정말로 발견해 내었습니다. 그 다음에 나는 전극의 위치를 약간씩 바꾸었습니다. 그리고 특별한 방향으로 내 손을 움직일 때 반응한 세포를 건드려 보았습니다. 나는 이 발견이 환상적이라고 생각했습니다. 그리고 내 실험을 마쳤습니다. 제리 레트빈이 이틀 후에 돌아왔을 때 나는 그에게 내가 발견한 것들에 대해 말했습니다. 이 놀랄 만큼 유연한 남자는 곧바로 열광적으로 고무되어서는 다음과 같이 말했습니다. "이제 우리는 모든 것을 이전과는 다르게 해야 할 거야!" 그리고 그는 즉각, 우리의 연구와 우리의 토론이 완전히 새로운 방식으로 수행될 수 있도록 전체 실험실을 재배치하기 시작했습니다. 거기에서 수행된 실험들은 마침내 두 개의 논문―「개구리의 눈이 개구리의 두뇌에 알려주는 것」과 「개구리의 시각 해부와 생리학」―의 출간으로 이어졌습니다.

푀르크젠 이 논문들의 제목들은 단지 인식론적 경향을 가리키는 것처럼 보입니다. 이것은 선생님의 이후 작업에서 더 강력하게 될 텐데요. '외부는 점차 그 중요성을 상실한다'라고 말이지요. 초점은 더 이상 자신의 속성들을 개구리의 눈에 알려주는 세계가 아니라 눈 그 자체에 중점적으로 맞추어집니다.

마뚜라나 이러한 연구들에서 당신은 분명 이 방향으로 내딛어진 한 걸음을 볼 수 있습니다. 아직 완전히 '충분히 사유된' 재정향은 아니지만 말입니다. 1965년이 되어서야 비로소 나는―칠레로 돌아가―비둘기들의 색채 지각에 대한 내 실험들을 수행했습니다. 이 실험을 통해 내 전체 인식론의 결정적인 변형이 실질적으로 일어났습니다.

푀르크젠 선생님은 또한 MIT에서 와렌 맥쿨로치와 월터 피츠를 만났습니다. 둘 모두 미국에서 첫째가는 인공두뇌학자들이었고, 모두 인공지능적 사고가 비로소 명확한 윤곽을 가질 수 있도록 해 준 메이시 회의(Macy Conferences)의 정규 참여자였습니다. 이러한 종류의 사고의 중심에는 순환적 인과관계의 형상, 그리고 보트 조종이라는 핵심적인 사례가 있습니다. 자신의 보트를 항구에 안전하게 대기 위해 조종하고 싶어하는 키잡이는 딱 한 번으로 고정된 프로그램을 행하는 것이 아니라, 끊임없이 자신의 프로그램을 변경합니다. 보트가 코스를 벗어나면 그는 항구 쪽으로 계속 움직여 갈 수 있도록 편차를 계산하고 수정합니다. 자신의 실수를 수정하는 것이 과도조종을 낳을 수도 있고, 그 결과 이번에는 코스의 재조정을 요구하는 새로운 편차를 만들어 낼 수도 있습니다. 조종하기는 새로운 효과를 위한 새로운 원인이 되는 등등의 효과를 발생시킵니다. 이를 통해 '발생하는 것'은 인과적 원(圓)의 형상입니다. 선생님 자신의 인식론의 체제 및 디자인과 유사한 원 말입니다. 그래서 다음과 같은 질문을 던져 보겠습니다. 와렌 맥쿨로치와 월터 피츠와 같은 인공두뇌학자들과 만난 것이 선생님에게 어떤 식으로건 영향을 미쳤습니까?

마뚜라나 그럴리가요. 물론 때때로 맥쿨로치를 만났지만 우리는 그렇게 많이 함께 하지는 못했습니다. 수학자인 월터 피츠와의 관계는 오히려 개인적인 종류의 것이었습니다. 그는 때때로 실험실로 나를 보러 왔습니다. 그리고 나는 그의 감수성과 부드러움을 높이 평가합니다. 또 매일 와렌 맥쿨로치의 집에 가서 매우 나이 들고 허약한 와렌의 어머니에게 음식을 먹이고 거든다는 사실에 감명을 받았습니다. 그것은 놀라운 일이었습니다. 하지만 나는 99퍼센트의 시간을 제리 레트빈과 함께 작업했습니다. 어느 날 그가 자신의 스승인 맥쿨로치와 월터 피츠를 우리 논문들—「개구리의 눈이 개구리의 두뇌에 알려주는 것」과 「개구리의 시각의 해부와 생리학」—의 출간을 위한 공동 저자들로 고려해 보자고 제안했습니다. 피츠는 출간물이 필요했고 와렌 맥쿨로치는 그의 지적 대부의 역할을 떠맡았었습니다. 나는 그 제안을 받아들였습니다. 하지만 나는 맥쿨로치나 피츠에게서는 어떤 식으로건 지적으로 관계를 이루거나 영향을 받지는 않았습니다.

푀르크젠 선생님은 인공두뇌적 사고와의 대면이 고무적이라고 생각지 않았나요? 여기에서의 우리의 대화를 위해 준비를 하면서 나는 선생님이 순환성이라는 인공두뇌학적 생각에 인식론적 전환과 철학적 기초를 제공했으며, 그래서 선생님이 이제 실제로 **인공두뇌학적 인식론**을 대표한다는 생각을 적어 두었었는데요.

마뚜라나 나는 하인쯔 폰 푀르스테르와 만나 그와 친구가 되기 전까지는 적절한 인공두뇌학과 만나지 못했습니다. 그 당시 MIT에서는 정보 개념이 중심적이었지 순환성이라는 생각은 그렇지 않았습니다. 와렌 맥쿨로치가 유기체가 자신의 매개체로부터 어떤 **피드백**을 수용한다고 진술할 때, 나는 이것을 순환성에 대한 완전한 표명으로 간주할 수 없습니다. 만일 유기체와 매개체를 이런 식으로 서술한다면, 우리는 그것들을 각각 분리시킨 것입니다. 유기체가 무언가를 발생하도록 야기하고 그래서 그것의 매개체로부터의 어떤 피드백을 수용한다는 생각을 따르는 이러한 종류의 생각은 선형적인 관계의 두 양극 사이를 앞뒤로 움직이는 것과 유사합니다. 엄밀히 말하자면 이것은 거짓 순환성입니다. 더욱이 그 피드백이 매개체의 (이런 식으로 그 자체로 중요하게 간주되는) 속성들에 대한 어떤 종류의 메시지를 포함한다는 부가적인 가정이 존재합니다. 알다시피 이러한 견해는 나와는 완전히 맞지 않습니다.

[그림 12] 순환적인 세계관은 오우로보로스의 형상 – 자신의 꼬리를 먹고 있는 뱀 – 속에서 상징적 표현을 발견한다.

피르크젠 선생님은 앎과 삶의 순환적 과정을 어떻게 서술하겠습니까?

마뚜라나 내가 순환성에 대해 이야기할 때 그것은 하나의 완전한 순환적 존재인 매개체와 상호작용하도록 만들어 주는 '유기체의 순환적 동학'을 가리키는 것입니다. (그리고 이 순환적 동학은, 신경체계 내부의 순환성뿐만 아니라 자기생산의 실현 속에서 드러나는 순환성도 아울러 의미합니다.) 매개체와의 상호작용은 그 유기체의 순환성을 방해하지 않고, 이제 순환성의 흐름을 변화시키는 구조적 변화들로 이어집니다. 이것은 매개체로부터의 피드백이나 투입-산출 관계와는 아무런 관계가 없습니다. 이것은 유기체와 매개체 둘 다의 호혜적인 구조적 변화를 수반합니다. 이것은 완전히 다른 상황입니다. 그리고 이 순환성이 매개체와의 마주침에 의해 파괴될 때, 유기체는 죽게 됩니다.

칠레로의 귀환

경쟁은 의존성을 의미한다

푀르크젠 선생님의 직업과 관련한 전기에서 1960년은 하나의 단절로 기록되는군요. 선생님은 서구의 과학 중심지를 떠나 칠레로 돌아왔습니다. 정평이 나 있는 미국 연구 시설들의 무대에서 생활할 수 있는 충분한 기회가 있었는데도 말입니다. 미국을 떠나기로 결심한 것은 언뜻 보기에 상당히 이상해 보입니다. 선생님은 도대체 왜 MIT를 떠났나요? 직업 생활의 거의 전부를 MIT에서 보내며 일한 컴퓨터 과학자인 요제프 바이젠바움이 예전에 나에게, 그와 같은 시설에 들어갈 수만 있다면 자기 오른팔이라도 기꺼이 바칠 사람들을 알고 있다고 말한 적이 있습니다. 그것은 분명 MIT의 엄청난 자기력(磁氣力)을 표현하는 끔찍한 이미지입니다. 하지만 선생님은 북미에 등을 돌리고 떠났습니다. 어떻게 된 일입니까?

마뚜라나 그렇게 결정한 데에는 몇 가지 이유가 있었습니다. 한 가지는, 칠레에서는 과학 기관을 지배하는 삭막한 경쟁을 벗어날 수 있었다는 것입니다. 나는 다른 사람들에 반대하여 자신의 생각들을 전개시키는 것을 즐기거나 그것들을 기존의 이론들과 개념들에 대한 비판으로 제시하는 경쟁 신봉자가 결코 아닙니다. 나는 성찰의 자유를 제약하지 않는 독립적인 생활방식을 더 좋아합니다. 경쟁할 필요가 없다면 자신만의 특별한 재능에 의지할 수 있고, 자기 고유의 기준에 따라 그리고 자기 자신의 책임을 기초로 하여 행동할 수 있습니다. 다른 사람보다 논문을 더 많이 출간했는지, 승진을 했는지, 고위직을 획득했는지, 더 많은 실험들을 수행했는지에 대해 더 이상 의존하지 않고 자율적으로 사고할 수 있습니다. 그리고 자기 자신을 다른 사람의 기대에 맞출 필요가 없습니다. 하지만 경쟁에 참여한다면 스스로를 다른 사람의 작업 기준에 자신을 복종시키고 그것들을 자신을 위한 적절한 표준 자질들로 받아들이게 됩니다.

푀르크젠 선생님에 따르자면 경쟁은 사실상 의존(성)이군요.

마뚜라나 그렇습니다. 의존을 하게 되면 자율을 상실하게 됩니다. 그당시 나에게 칠레는 경쟁이 없는 지역이었습니다. 칠레로 돌아오기로 결정하는 데 기여한 또 다른 이유는, 어릴 적부터 계속해서 나에게 무한히 많은 것을 주었던 내 나라에 대한 책임을 느꼈다는 것입니다. 내가 아팠을 때 사람들은 나를 도와주고 병을 낫게 해 주었습니다. 학교에 갔을 때 돈이 없음에도 불구하고 배울 수 있도록 허락받았습니다.

대학에서 공부할 때에는 한 푼도 낼 필요가 없었습니다.

푀르크젠 선생님은 어떻게 매우 다른 세계로 뛰어드는 이 엄청난 도약을 체험했나요? 북미의 과학계로 돌아가고 싶다는 욕구는 전혀 느끼지 않았나요?

마뚜라나 나는 칠레의 과학 연구의 최전선에서 작업할 수 없으리라는 사실을 아주 잘 알고 있었습니다. 그래서 무엇을 해야 하는가 생각해보았습니다. '이것이 의기소침에 빠져들기에 딱 알맞은 경우란 말인가? 내 기대에 부응할 수 있도록 대학 바깥에서 돈을 많이 벌기 위해 직업을 바꾸어야만 하는가? 세인트 루이스의 워싱턴 대학에서 교수직을 제의받은 미국으로 결국 돌아가야 하는가? 아니면 내가 시작했던 것을 단지 계속해야만 하는가?' 나는 마지막 것을 선택하기로 결정했습니다. 나는 의기소침에 빠지지 않았습니다. 불평하지 않았습니다. 그리고 미국으로 돌아가지 않았습니다. 나는 칠레에 남아 대학에서 나만의 방식으로 작업을 계속해서 수행했습니다.

푀르크젠 선생님의 논문과 책을 보면, 선생님이 선택한 연구 주제들이 종종 과학 기관 내부로부터의 적대적인 반응에 맞닥뜨렸다는 요지의 뜻밖의 언급이 보입니다. 비둘기의 색채 지각 연구를 진행하고 신경체계의 폐쇄성에 대해 이야기하기 시작했을 때, 선생님은 아마도 동료들의 사랑을 받지 못했을 것 같습니다. 그와 같은 초기 단계에 선생님은 실제로는 실재론적 경향의 과학자가 아니었을까 싶은데요.

마뚜라나 맞아요. 바로 1965년에 나는 칠레로 돌아온 이후 조수로 일하고 있던 의학부의 저널에 짧은 논문을 썼습니다. 그 논문에서 나는 과학 활동이 두 가지 근본적인 가정들에 의존하고 있다는 주장을 펼쳤습니다. 우리가 첫째, 관찰자와 독립적인 실재가 존재한다는 것을, 그리고 둘째, 우리 자신의 진술들이 (우리가 이 실재를 결코 완전히 파악할 수 없다 할지라도) 알아볼 수 있는 방식으로 그러한 실재에 준거한다는 것을 믿어야 한다는 것입니다. 하지만 이 작은 논문을 발간하고 나서 몇 달 후에 내 견해는 완전히 바뀌었습니다. 나는 물리적으로 특정한 색채와 비둘기들의 망막 신경절 세포들의 활동들 사이의 명확한 상호관계들을 발견하는 게 불가능하다는 것을 깨달았습니다. 그리고 내가 이러한 발견을 알리고 동료들과 토론했을 때, 대학의 여러 구성원들은 내가 정신이 나갔다고 말했습니다.

푀르크젠 선생님은 어느 날 그 의학부의 국장에게 불려가 선생님의 연구가 실재와 아무런 관계가 없다는 말을 들어야 했다고 하던데요. 대단히 천부적인 젊은 과학자가 유감스럽게도 학계에서 인정될 수 있는 과학의 길에서 벗어났다는 소문이 돌았던 건 분명합니다. 그 일화가 실제로 이와 같았나요?

마뚜라나 대체로 그렇습니다. 사람들은 내가 재능은 있으나 상상력이 부족하다고, 도무지 창의성이 없다고 말합니다. 내가 인지(cognition)라는 주제는 피하고 단지 내 실험들을 계속했어야 한다고 말합니다. 그랬다면 이미 노벨상을 받았을 거라고 말입니다. 나는 이렇게 물었습니다. "내가 의학부를 그만두어야 한다는 뜻인가요?" 대답은 그렇다는 것이었습니다. 물론 내 작업이 분명하게 인정받지 못하고 있다는 생각에 마음이 언짢았지만, 어느 날 한 친구가 내가 꼭 이해받아야 하는지, 도대체 내가 다른 사람들에게 이해받을 필요가 있는지 물었습니다. 정말 그가 옳다고 생각했습니다. '도대체 왜 이해받아야 하는 거지?' 나에게 가장 중요한 것은 내 작업을 진지하게 수행하는 것이었습니다. 그 사이 나는 어떠한 논쟁도 피하지 않았고 내 견해들을 확고하게 옹호했습니다. 어쩌면 사람들은 진정, 내가 미쳤다고 생각했겠지만, 그것이 사실상 나에게 특별한 영향을 미치거나 나에게 특별한 압력으로 다가오지 않았습니다. 내 주장들은 아직까지 논박되지 않았습니다.

푀르크젠 과학사를 공부하다 보면, 종종 사람을 완전히 파멸시킨 진리 테러리즘의 다양한 사례들이 드러납니다. 물론 선생님 역시 변방 연구의 알려지지 않은 어딘가에서 경력을 마감할 수 있었을 것입니다. 그리고 아무도 비둘기의 색채 지각이나 인지생물학에 대한 선생님의 작업에 대해 어떤 것도 듣지 못할 수도 있었을 것입니다.

마뚜라나 있을 법한 일이긴 하지만 사태는 그렇게 진행되지 않았습니다. 60년대 초반, 칠레 대학의 젊은 과학자들의 훈련을 위한 센터를 세우기 위해 막대한 노력들이 산티아고에서 시작되었습니다. 나는 과학부들 중의 하나를 설립하는 데 참여하게 되었고, 교사들 중의 일원이 되었으며, 마침내 교수에 지명되었습니다.

아웃사이더의 통찰들

푀르크젠 잠깐 사건들의 연대기를 따라가 보면, 우리는 60년대 말에 다다르게 됩니다. 버클리에서 파리로 이어지는 동요의 시기 말입니다. 베트남 전쟁이 발발했고, 학생들의 저항이 시작되었습니다. 선생님은 칠레에서 이 역사적 국면을 어떻게 체험하셨나요?

마뚜라나 나는 내 나라에서 일어난 저항에 동참했습니다. 내 동료들은 나를 엄청나게 질책했고, 또 대학 조수의 신분이었지만 말입니다. 시위들은 가톨릭 대학교에서 시작되어 계속 확산되었습니다. 어느 날 학생들은 의학부를 점거했습니다. 그들과 맞닥뜨렸을 때 나는 내 실험실에 있는 동물들에게 먹이를 주고 그 다음에 집회에 참석할 수 있도록 해 달라고 부탁했습니다. (대학의 미래를 다루기로 되어 있던) 그러한 집회에 참석하면서, 내게는 정말 무엇을 해야 하는지에 대한 정확한 생각을 아무도 가지고 있지 않다는 게 곧 분명해졌습니다. 그래서 급기야 내가 일어서서 대학 교육에 대한 3단계 논쟁을 제안했습니다. '첫째 날은 전적으로 비판에 바치고 그 결과들을 평가하는 총회로 마무리한다. 둘째 날은 학생들의 희망과 목표를 다루어야 한다. 셋째 날은 그것들의 실행 가능성을 토론해야 한다.' 교수들은 나를 정치선동가라고 매도했고, 학생들은 환호하며 나를 그들의 일부로 생각해 주었습니다. 사흘 동안 모두가 모두에게 귀를 기울이고 있었고, 공통의 계획들이 진지하고 즐거운 마음으로 개진되었으며, 그렇게 드러난 협력은 한 달 내내 계속되었습니다. 그것은 환상적인 체험이었습니다.

정치적인 상투구들—그는 공산주의자다! 그는 자유주의자다!—이 점차 해체되었기 때문이었습니다. 그 기간 동안에 나는 귀 기울여 듣기를 통해 행동하는 방법을, 상이한 집회들에 참여하는 과정에서 귀 기울여 듣기가 어떻게 변하는지를, 그리고 자신을 변호하기 위한 토론 속에서 적절한 순간이 언제 도래하는지를 배웠습니다.

푀르크젠 때때로 선생님은 60~70년대의 반란 기간 동안 저명한 사람들을 만나고, 새로운 종류의 사고를 하는 전위에 속하는 사람들을 만났습니다. 문화비평가인 이반 일리치가 멕시코의 쿠에르나바카로 당신을 찾아왔고, 현대의 선(禪) 신비주의 정신기술자인 베르너 에르하르트는 선생님을 캘리포니아로 초대했습니다. 그리고 선생님은 콜로라도 보울더에 있는 티벳 교사 초이감 트룽파의 나로파 학회에서 가르침을 베풀었습니다. 정치적 영역과 사적 영역에서의 자율을 위한 열렬한 탐색이 이루어진 60~70년대의 지적 분위기가 선생님에게 영향을 미쳤다고 말할 수 있을까요? 아니면 이것은 단지 공적 강의를 위한 기회들의 우연적인 집합에 지나지 않는 건가요?

마뚜라나 나는 우리가, 나에게, 또는 내 친구들을 통해 제공된 수많은 우연적인 기회들과 초대들을 찾고 있었다고 말하겠습니다. 그 체험들은 분명히, 특별하게 통찰력 있는 것은 아니었습니다. 나로파 학회는 나에게 세미나를 열라고 요청했지만 내 생각과 안전한 거리를 유지했습니다. 그들의 초점은 당연히 불교와 티벳의 심리학에 맞추어져 있었습니다. 베르너 에르하르트가 나를 초대했을 때, 나는 그의 동료들로 이루어진 상대적으로 소규모의 서클에게 인지생물학을 잘 알려주어야 했고, 그가 지도하는 수업 시간에 참여해야 했으며, 그것에 대한 보고서를 써야 했습니다. 그게 내가 한 일입니다. 쿠에르나바카에서 이반 일리치와 보낸 시간도 역시 나에게 별다른 영향을 끼치지 못했습니다.

푀르크젠 왜 영향을 끼치지 못했나요? 나에게는 조금 이상해 보이는데요.

마뚜라나 당신은 내가 결코 평생 어떤 단체나 정치 정당의 일원이었던 적이 없었다는 것을 알고 있어야 합니다. 11살 때 나는 가톨릭교회를 떠났습니다. 이유는 내가 — 모든 고통과 괴로움에 비추어볼 때 — 신이 불공평하다고 생각하기 시작했기 때문이었습니다. 전지전능하고 자비심 많은 신이 어떻게 내가 목격하는 그 모든 무수한 정의롭지 못한 것들을 허용할 수 있단 말입니까? 그의 자비가 그의 전지전능함과 모순된다는 것을 발견했던 것입니다. 어린 소년 시절에 교회를 떠난 이래로 나는 결코 어떤 특별한 종교에도 다시 가입하지 않았습니다. 나는 베르너 에르하르트의 조직에도 결코 속하지 않았거니와 보울더에 있는 티벳 단체에도 속하지 않았습니다. 아울러 나는 나 자신을 불교도나 이반 일리치 사상의 신봉자라고 생각지도 않습니다. 이것은 그들에 대한 어떠한 비판이나 일종의 평가절하가 아닙니다. 어떤 점에서 나는 언제나 아웃사이더로 남아 있었습니다.

푀르크젠 선생님은 그곳에 있었지만 단지 관찰자로서만 있었던 거군요.

마뚜라나 차라리 나 자신을 일종의 기식자(寄食者)라고 서술하고 싶군요. 나는 공간을 점유하고 있었고, 귀를 기울였고, 내 일을 했지만, 그 조직이나 종교의 일부가 아니었습니다. 하지만 인사이더들은 모든 중요한 사람들과 친숙해지고, 그들의 세계관을 받아들이며, 그들이 나중에 그들의 목표들을 진전시킬 적절한 단체나 정당에 가입합니다.

푀르크젠 그러나 인사이더들이 더 행복한 사람들은 아닐까요? 아웃사이더들의 삶은 필연적으로 고독한 삶입니다. 그들에겐 집이 없으니까요.

마뚜라나 꼭 그렇지만은 않습니다. 그들은 내면에서 자신들의 집을 발견할 수 있으니까요.

푀르크젠 선생님은 이 집을 뭐라고 부르겠습니까?

마뚜라나 자율, 자기존중이라고 부르겠습니다.

푀르크젠 아웃사이더들이 향유하는 이점들은 무엇입니까? 남들에게 상처를 주지 않는다는 점인가요?

마뚜라나 그렇다고 말할 수 있겠습니다. 아웃사이더들은 자신들의 삶을 자기가 원하는 방식으로, 특별한 원리들에 의존하라는 어떠한 압력도 받지 않고 이끌어 갈 수 있습니다. 그들은 어떠한 이데올로기에도 헌신해야 한다고 생각지 않으며, 성찰할 수 있는 모든 기회들을 자유롭게 향유합니다. 아웃사이더들은 편견 없이 참여하고, 그래서 자기 앞에 나타나는 것을 지각할 수 있습니다. 이 모든 것이 인사이더들을 뛰어넘는 이점을 그들에게 제공합니다.

푀르크젠 선생님이 서술하는 입장은 단지 우연적인 편애인가요, 아니면 실제로 그 이상인가요? 그것은 이론의 살아 있는 합체(incorporation)의 표현이 아닐까요? 수면 아래로 흐르는 선생님의 생각은 현실성과는 거리를 두는 것처럼 보이는데요. 선생님은— 직접적인 연관 없이, 구체적인 얽힘 없이— 모든 지식의 기저에 놓인 가능성의 조건들을 서술합니다.

마뚜라나 바로 그겁니다. 이러한 관찰하는 아웃사이더의 역할을 연기하는 사람들은 가장 공평한 종류의 삼중보기를 할 수 있어야 합니다. 그들은 체계의 내부를 보고 그것의 구성요소들과 그것들의 상호관계들을 확인할 수 있어야 합니다. 그리고 여전히 그 체계가 상호관계들의 영역 속에서 하나의 전체로서 어떻게 나타나는지, 그리고 어떻게 이 영역이 이번에는 '메타 영역' 안에서 내적인 관계들의 영역과 관련되는지 알아야 합니다. 만일 우리가 이런 식으로 관찰한다면 무엇을 보게 될까요? 당연히, 우리는 어떤 객관적으로 주어진 실재를 인식하지 못합니다. 이건 명백합니다. 하지만 우리는 정말로 적실한 이해를 획득하게 됩니다.

[그림 13] "나는 실험실에서 실험했던 비둘기들에게 고마워하고 있습니다. 그것은 일종의 의식이었습니다. 이 의식의 도움으로 나는 내가 실제로 했던 것에 대한 깨달음을 보존할 수 있었습니다. 이 동물들을 파괴하는 것을 위한 어떠한 초월적 정당화도 존재하지 않습니다. 진리, 과학적 진보, 인류의 번영, 또는 그와 유사한 어떤 것도 말입니다. 내가 ― 신경 체계를 이해하기 위하여 ― 비둘기들에게 했던 것은 전적으로 나 자신의 책임입니다."

푀르크젠 일부 사람들은 관찰자의 이 거리를 둔 견해를 무관심의 형태로 볼 수도 있을 것 같습니다.

마뚜라나 이 사람들은 이러한 태도에 감정적으로 채색된 딱지를 붙입니다. 그들은 무관심을 공격함과 동시에 연루(involvement)를 요구합니다. 내 견해로는, 관찰자들은 무관심한 것으로도 연루적인 것으로도 분류될 수 없는 참여 형태를 실천하고 있는 것입니다. 결정적인 것은 관찰자들이 그들 자신의 야망들과 특정한 결과를 성취하고자 하는 희망에 의해 영향 받아서는 안 된다는 것입니다. 이것이 바로 관찰자가 어쨌든 무엇인가 지각할 수 있는 이유입니다. 무언가를 보고 이해하고

자 하는 사람들은 모두, 그 무언가가 일어나도록 놓아두고, 그 무언가가 스스로 나타나도록 놓아두어야 합니다. 이러한 이해를 가능케 해 주고, 사랑에 기초한 이러한 종류의 지각을 위한 모토는 바로 '그냥 내 버려 둬'입니다.

푀르크젠 아웃사이더의 이 태도를 명확히 하기 위해서, 선생님의 일 상적인 연구 작업에서 예를 하나 보여줄 수 있습니까?

마뚜라나 짧은 얘기를 하나 들려주겠습니다. 어느 날 나는 비행 방법 을 배우기로 결심했습니다. 왜냐하면 나는 실험실에서 비둘기들의 시 각 과정들을 연구하고 있었고, 이 새들이 공중에서 세계를 어떻게 체 험하는지 이해하고 싶었기 때문입니다. 내가 글라이더 조종사들을 위 한 학교에 출석해서 훈련을 시작했을 때, 나는 비행장에서의 통상적인 교환들에 본의 아니게 참여하는 아웃사이더의 역할을 다시 맡았던 것 입니다. 내 목표는 역시 터무니없이 보였고, 또 이상하게 별나 보였습 니다. 누가 새를 이해하기를 원했겠습니까?

생물철학 논고

푀르크젠 1968년 선생님은 열 달 동안 생물 컴퓨터 실험실(BCL)에서 생물 물리학자이자 인공두뇌학자인 하인쯔 폰 푀르스테르와 작업하기 위하여 다시 한 번 칠레를 떠납니다. 당시에 일리노이 대학의 BCL은 학제간 소통이 이루어지는 학자들의 소규모 공화국이었습니다. 신경 생물학자들, 전기공학자들, 돌고래 전문가들이 철학자들, 물리학자들, 논리학자들과 함께 작업했고, 그곳에서 수행된 다수의 연구 기획들이 이때까지의 인식론적 논의 양식(style)과 관련해서 선구적이고 영향력 있는 것으로 입증되었습니다. 『인지생물학』이라고 제목이 붙은 선생님의 가장 유명한 논문도 처음에는 BCL의 연구 보고서로 모습을 드러냈습니다. 이 논문이 어떻게 쓰여지게 되었나요?

마뚜라나 1968년 11월에 도착하고 나서 몇 주 뒤에 하인쯔 폰 피르스테르는 나에게 시카고에서 열릴 예정인 '인지: 다각적인 보기'라는 제목의 회의를 위해 논문 한 편을 준비해 줄 것을 부탁했습니다. 인류학자들 역시 베르너 그렌 재단이 조직한 그 회의에 참석할 예정이었습니다. 내 과제는 인지의 신경물리학을 발표하는 것이었습니다. 처음에 나는 이 사람들이 모두 내가 신경 자극, 시냅스 등등을 얘기할 때 나의 말을 정중하게 경청해 주겠지만, 이어서 다른 주제로 넘어간 다음에는, 내가 말하고 있던 것들을 곧바로 잊어버릴 것이라고 생각했습니다. 하지만 나는 망각되고 싶지 않았습니다. 그래서 나는 신경체계와 인지에 대한 나의 견해에 보다 일반적으로 접근할 수 있는 종합을 이끌어 내었고, 관찰자에 대해 이야기했습니다.

피르크젠 "말해지는 모든 것은 관찰자에 의해 말해지는 것이다." 우리는 이 말을 나중에 발간된 논문에서 읽게 되는 거죠.

마뚜라나 바로 그 문장을 나는 강의를 하면서 칠판에 썼습니다. 그리고 그 순간부터 관찰자는 개최되는 모든 이야기자리에서 등장하게 되었습니다. 내가 '알기'의 과정에 대하여 이야기하기로 결심했기 때문에, 연관된 모든 과정들의 근본적인 조건으로서의 '아는 자'가 불가피하게 최전선으로 이동했습니다. 내가 강조하고 싶었던 것은, '모든 말해지는 것이 어떠한 조건 아래에서도 그것을 말하고 있는 사람과 분리될 수 없다'라는 것이었습니다. 말하는 사람과 말해지는 것 사이에는 어떠한 분할도 존재하지 않습니다. 관찰자는 필연적으로 모든 것의 기원이자 원천입니다. 회의에 참석한 인류학자들에게 이것은 하나의 근본적인 통찰이었습니다.

푀르크젠 『인지생물학』은 어떻게 발간되게 되었나요?

마뚜라나 BCL에 돌아갔을 때 나는 회의 논문을 다시 작업해서 하인쯔 폰 푀르스테르(와 학생 한 명)에게 내 영어 — 그는 내 영어를 스페인식 영어(Spanglish)라고 불렀습니다 — 를 교정해 주고 모든 반복된 부분들을 제거해 달라는 요청과 함께 새로운 판본을 건네주었습니다. 내가 그 논문을 되돌려 받았을 때 나는 몹시 화가 났습니다. 나는 내 논문이 엉망이 되었다고 생각했습니다. 하인쯔 폰 푀르스테르는 모든 반복 부분만을 잘라 냈을 뿐이라고 말했습니다. 하지만 내가 볼 때 그는 나의 순환 담론 방법을 직선화시켰던 것입니다.

푀르크젠 텍스트의 간결함이 포괄적인 표현을 허용하지 않기 때문에 선생님이 짧은 논문들을 쓰는 게 대체로 어렵지 않을까 싶은데요. 그래서 지식 창출의 순환적 과정은 불가피하게 일정한 지점에서 짧게 잘리게 되는 거죠.

마뚜라나 나 역시 이 문제를 알고 있습니다. 보통 우리는 사물들에 대해, 그것들이 마치 관찰자와 독립적인 실존을 가지고 있는 것처럼 말하고 씁니다. 하지만 그것이야말로 내가 하고 싶지 않은 것입니다. 그래서 나는 어떤 것도 관찰자와 독립적으로 존재하지 않으며, 관찰자와 분리될 수 없다는 것을 보여주는 방식으로 말하고 쓰려고 노력합니다. (우리가 쓰기 그 자체의 과정 속에 주어진 것으로 보통 생각하는) 어떤 것의 생산과정들에 대해 깨닫는다고 하는 것은 매우 어렵습니다.

푀르크젠 이것은, 새로운 종류의 사고가 어쩌면 새로운 종류의 말하기와 쓰기를 필요로 할 수도 있다는 것을 함축할 것입니다. 하지만 또 다른 문제가 있습니다. 만일 선생님이 모든 사고의 순환성을 위한 감수성을 일깨우고 강화하기를 원한다면, 선생님은 그저 시간이 필요할 뿐입니다. 일상생활의 확고하게 정착한 실재론은 (이번에는 새로운 체험 양태들을 낳을 수 있는) 다른 종류의 세계관으로 점차 변형되어야 합니다. 의심할 바 없이 이것은 시간과 에너지를 소비할 것입니다. 이러한 설득 작업은 신속한 이해에 경도된 세계에서는 약화되고 있지 않나요?

마뚜라나 그것은 내 문제가 아닙니다. 나는 누구도 확신시키고 싶지 않고, 사람들을 순환적인 세계관을 갖도록 바꾸고 싶지 않습니다. 나는 혁명가가 아니며 내 자신을 세계를 변화시키는 임무를 갖고 있는 사람으로 생각하지도 않습니다. 나는 단지 어떠한 과정들이 어떻게 해서 어떠한 존재[실체]들을 산출하는지 보여주고 싶을 뿐입니다. 그게 답니다. 니는 오늘도, 내가 마치 무한한 양의 시간을 가진 것처럼, 급하거나 서두르지 않고, 나만의 속도에 맞춰 움직이면서 살아가고 있습니다. 젊었을 적에는 — 심지어 60년대 초반에도 — 사정은 어쩌면 이와 달랐습니다. 나는 사람들에게 내 견해들을 확신시키고자 했습니다. 나는 이제 이러한 의도에서 완전히 벗어났습니다. 왜냐하면 어느 날 한 친구가 나에게 이런 말을 해 주었기 때문입니다. '네가 사람들을 확신시키려 애쓰면 애쓸수록, 너는 점점 더 믿을 수 없게 되는 거야.' 나는 그가 옳다고 생각합니다.

푀르크젠 되돌아보면, 선생님은 BCL에서 하인쯔 폰 푀르스테르와 함께 보낸 시간에 대해 다음과 같이 쓰고 있습니다. "아마도 우리는 통상적인 의미에서 공동작업을 하지는 않았지만, 우리는 이야기를 많이 나눴고, 서로를 자주 방문했으며, 우리가 쓸 시간을 결코 가져보지 못했던 '실천적인 생물(학)철학'을 마음속에 그리면서 충만한 시간을 많이 보냈습니다." 선생님은 하인쯔 폰 푀르스테르를 처음에 어떻게 만났나요? 연결이 어떻게 이루어졌나요?

[그림 14] 어느 회의장 주변에 함께 있는 하인쯔 폰 푀르스테르와 움베르또 마뚜라나.

마뚜라나 나는 어떤 복잡한 지적인 논쟁을 통해서 그를 만난 것이 아니라 네덜란드의 라이덴에서 열린 심리학자 회의장의 주변에서 장난스럽고 유쾌하게 만났습니다. 네덜란드 여왕이 개회식을 하면서 회의 조직자에게 감사의 말을 시작할 때 우리 둘은 거의 동시에 회의장에서 빠져 나와 밖으로 나오던 중 서로 우연히 마주쳤습니다. 그리고는 이러한 의식(儀式)들을 좋아하지 않는다고 서로 고백하고 암스테르담에 가서 박물관 사이를 거닐기로 결정했습니다. 그것은 훌륭한 산책이었고, 우리는 함께 많이 웃었으며 마치 오래된 친구처럼 즐거운 시간을 보냈습니다.

푀르크젠 두 분의 협력은 BCL에서 어떤 형태를 띠었나요?

마뚜라나 하인쯔 폰 푀르스테르는 밤을 새워 새벽까지 작업하곤 했기 때문에 정오 전에는 실험실에 거의 나타나지 않았습니다. 종종 그는 내 방으로 곧장 와서는 잠깐 동안 이야기를 나누었습니다. 나는 그가 헤르베르트 브륀과 함께 주도한 발견적 학습 세미나에 참여했고, 거기에서 좀체 이야기하지 않는―내가 보기에―낯선 예언자의 역할을 했습니다. 때때로 나는 관찰자에 대해 또는 우리가 어떤 체계에 접근할 수 있는 이중 보기에 대해 몇 가지를 말했습니다. 그러면 그 토론이 다시 진행되기 전까지 모두 침묵을 지켰습니다. BCL에 있으면서 나는 몇몇 학생들과 함께 작업했고, 그곳에서 몇 달 동안 수업을 했던 인공두뇌학자인 로스 애쉬비나 철학자 고타르 귄터와 가끔 이야기를 나누었고, 내 『인지생물학』 논문 작업을 했으며, 하인쯔 폰 푀르스테르를 그의 실험실이나 일리노이에 있는 그의 집으로 정기적으로 방문했습니다.

체계적 지혜

푀르크젠 언젠가 어떤 축하 논문집에서 선생님은 그를 체계들을 다루는 기술에서의 선(禪) 달인이라고 서술했습니다. 이것을 어떻게 해석해야 할까요?

마뚜라나 하인쯔 폰 푀르스테르는 체계들에 대해 대단히 깊은 이해를 하고 있습니다. 그는 그것들의 모체를 알고 있고, 이 모체에 의해 덮이지 않는 틈들과 빈 공간들을 발견합니다. 이 틈들 속에서 그는 완전한 자유와 더할 나위 없는 자기믿음을 가지고 움직이며, (꼭 그래야 한다면) 자기 자신을 보이지 않도록 할 수 있습니다. 어느 날 몇몇 일들을 마무리하기 위해 그와 함께 마을로 내려가서 주차 공간을 찾던 때가 기억나는군요. 하인쯔 폰 푀르스테르는 다음과 같은 경고문이 바로 아래에 붙어 있는 경찰서 앞에다 차를 주차했습니다. "특별히 허가된 차량만 주차 가능함." 그가 매우 자신만만하게 차에서 내리자, 나는 그에게 주차하기 위해 왜 딱히 이 장소를 선택했는지, 그리고 그가 진짜 특별한 허가를 얻었는지 걱정스럽게 물어보았습니다. 그는 대답했습니다. "아닙니다. 하지만 모든 사람이 특별히 허가를 받은 사람만이 여기에 주차할 수 있다고 생각하기 때문에 경찰조차도 내가 분명히 그걸 가졌다고 믿을 거예요. 그렇지 않다면 절대로 내 차를 감히 이곳에 주차시키지 않았을 겁니다!" 내 반응은 이랬습니다. "오 저런, 들통이 날 텐데요." 그가 말했습니다. "알고 있어요. 그건 당신이 실제로, 차를 이곳에 주차할 수 있는 권리를 갖고 있지 않다고 생각하기 때문이에요." 이 대화는 나한테 무엇보다도 환한 빛을 던져 주는 것이었습니다. 이것이 하인쯔 폰 푀르스테르가 갖추고 있는 체계적 이해를 밝혀 주었고, 동시에 내가 자기믿음을 결여하고 있다는 사실을 드러냈기 때문입니다. 나는 하나의 체계 속에서 활동하고 싶은 사람은 누구나 이것을 이해해야 할 뿐만 아니라 또한 이 이해를 완전히 신뢰하고 그것에 따라 행동해야 한다는 것을 깨달았습니다.

푀르크젠 BCL에서 몇 달을 보낸 뒤에 선생님은, 최초로 쓰여진 선생님의 인지이론의 종합본을 가방에 넣어 가지고 칠레로 돌아왔습니다. 그곳에서 프란시스코 바렐라가 선생님과 함께 작업을 했고, 그와 함께 선생님은 많은 책들을 출간했습니다. 다른 책들 중에서 베스트셀러는 『인식의 나무』였습니다.

마뚜라나 산티아고로 돌아왔을 때 나는 프란시스코 바렐라를 도왔습니다. 하버드에서 박사학위를 취득한 그가 다시 칠레로 돌아왔을 때 내 실험실에 그를 위한 방을 마련해 주었던 것이지요. 생명체계들의 순환적 조직에 대한 내 생각들이 적실하다면, 그것들을 정식화하는 것이 가능할 것이 틀림없다고 그가 어느 날 나에게 말했습니다. 나는 어떠한 정식화가 의미 있게 시도될 수 있기 전에 충분한 언어적 서술이 필요하다고 말했습니다. 왜냐하면 오직 '완전히 파악된 것'만이 적실한 정식화로 표현되어야 하기 때문입니다.

푀르크젠 이것은 하나의 정식화의 도입을 위한 기준이, 우리가 그것을 전개시키고 적용시키는 것을 시작하는 시간 속의 지점이라는 것을 의미하겠군요. 섣부른 정식화는 포괄적인 이해의 가능성을 박탈하고 우리의 사고를 가로막을 수 있으니까요.

마뚜라나 바로 그렇습니다. 사람들은 실제 현상을 어떤 형식주의가 아니라 그 현상에 대한 순간적인 이해로 해석합니다. 그것을 발전시킬 수 있었던 한에서 말입니다. 그래서 나한테는 언어적 서술에서 시작하는 것이 언제나 가장 중요했습니다. 그래서 우리는 기계들과 생명체계들에 대한 작은 책인 『기계와 살아 있는 존재들에 대하여』를 집필해서 출간했습니다.

푀르크젠 프란시스코 바렐라는, 생명의 조직에 전념한 선생님의 (궁극적으로 자기생산 이론으로 귀결된) 협력적인 이론적 성찰들을 칠레의 정치적 상황 속에 위치짓습니다. 공산주의자인 살바도르 아옌데가 대통령으로 선출되었고, 그렇게 되기를 바랐던 사람들은 새로운 시대가 시작되는 신호들을 보고 싶어했습니다. 바렐라는 다음과 같이 회고하면서 쓰고 있습니다. "우리에게는 우리가 단연코 혁명적이고 비정통적인(unorthodox) 여행을 막 시작했음이, 그리고 그렇게 하기 위해 필요한 용기가 칠레의 만연한 분위기로부터 흘러나오고 있음이 분명했다. …… 자기생산 개념의 출현을 낳게 된 몇 개월은 당시의 칠레와 실타래처럼 연결되어 있다."

마뚜라나 딱 잘라 말하건대 나는 그와 생각이 다릅니다. 나는 혁명적이거나 비정통적인 입장을 갖는 것에 전혀 관심이 없고, 따라서 내 작업을 표준에 상응하는가의 여부에 따라 평가하는 데 관심이 없습니다. 아마도 내 생각들 중 어떤 것들은 일부 사람들에게 혁명적으로 보일 수도 있습니다만 나 자신은 결코 혁명가가 아니었습니다. 내가 바라는 건 오직 내 일을 올바르게 하는 것입니다. 프란시스코 바렐라가 그때에 대해 쓴 것은 그의 개인적인 생각입니다. 그는 생명의 조직과 관련한 내 숙고에 막 익숙해지기 시작하고 있었습니다. 그는 사실상 어린 시절부터 오랫동안 나를 사로잡아 왔던 어떤 것을 이해하기 위해 발견하고 배우는 나의 학생이었습니다. 이것은 시시비비를 가리자는 뜻에서 하는 말이 아니라, 사실인즉슨 우리가 실험실에서 함께 작업하고 1970년대에 우리의 논문들과 책들을 쓰기 시작했을 때 이미 내가 모든 개념들을 발전시켰다는 것입니다. 다시 한 번 말합니다. 생명체계들의 자기생산을 포함하는 내 개념들은 그 당시 칠레에서 일어났던 것과 관련된 것이 하나도 없습니다. 더 정확히 말하자면 상황은 그 반대입니다. 나는 내 이론적 생각들을 내 나라에서 일어나고 있던 일을 이해하는 데에 효과적으로 이용할 수 있었습니다.

푀르크젠 예를 들어 줄 수 있습니까?

마뚜라나 아옌데가 대통령으로 선출되기 바로 얼마 전에 나는 스스로를 La O(조직)이라고 부르는 정치 단체의 집회에 프란시스코 바렐라와 우리 쌍방의 친구인 호세 마리아 불네스와 함께, 호기심에, 참석했습니다. 공산주의자가 설립한 그 단체의 목표는 오로지 극소수의 사람들만이 누리는 특권들과 급료에 대한 내용을 가지고 공장 노동자들을 계몽하는 것이었습니다. 이러한 목적을 위해 일종의 소신문이 만들어졌고, 우리는 노동자들이 그들 자신의 생활환경들을 관찰할 수 있도록 하기 위하여 그것을 그들에게 밤에 은밀하게 배포했습니다. 마침내 아옌데가 선출되었을 때, 좌파가 이제 권력에 민주적으로 접근할 수 있게 되었다는 말이 널리 퍼졌습니다. 이제 이 단체의 구성원들이 협의를 위해 모였습니다. 이런 의문이 들더군요. '그들이 해산해야 하는가? 그들이 계속 지하에서 작업해야 하는가? 이 단체를 기존 정당들 중의 하나로 통합시키는 것이 현명하지 않을까?' 나는 결정들을 내린 사람들의 서클에 속하지 않았기 때문에, 그 모임에 가까스로 참석했습니다. 나는 회의가 진행되는 도중 어떤 계제에 끼어들어서 다음과 같이 말했습니다. "여러분들은 실수를 하고 있는 것입니다. 여러분은 마치 아옌데가 선출된 대통령처럼 이야기하고 있는데, 그것은 잘못입니다. 사실은 아옌데가 지명된 대통령이라는 것입니다. 이것은 또 다른 문제입니다. 세 명의 후보 중에서 그는 단지 아주 적은 수의 표를 얻었을 뿐입니다."

푀르크젠 아옌데는 1/3의 유효표를 얻은 것이군요.

마뚜라나 맞습니다. 그리고 인구의 2/3는 그에게 표를 던지지 않았습니다. 그의 상대적인 수적 우세가 칠레의 대다수가 그에게 투표했다는 것을, 그리고 이제 그를 지지할 것이라는 것을 의미하는 것이 아니라는 게 저의 주장이었습니다. 그래서 나는 이렇게 요구했습니다. "이러한 상황에서 (여기에서 해산을 논의하고 있는) 여러분의 조직은 더 많은 권력을 얻기 위해 노력해야 하고, 어떠한 경우에도 계속해서 지하에서 작업해야 합니다. 진정한 도전이 아직 남아 있습니다." 물론 그 단체는 해산했습니다. 그리고 어느 날 반대 세력이 그 나라에서 권력을 손에 넣고야 말았습니다. 반란이 감행되었던 그 나라에서 말이지요. 그리고 모든 것이 끝나버렸습니다. 오늘날까지도 이 토론은 나에게는 일종의 전형적인 교훈처럼 보입니다. 이 사람들은 자기들을 현재의 상황 속으로 몰아넣었던 동학을 깨닫지 못했던 것입니다. 그들은 관찰할 수 있는 능력이 부족했습니다. 그것은 나에게 매우 중요한 체험이었습니다. 왜냐하면 나는 내 자신의 **행동 이론**에 맞닥뜨렸기 때문이었습니다. 그러나 궁극적으로 자기생산 개념을 낳은 근본적인 생각들은 훨씬 전에 발전되었던 것입니다.

푀르크젠 내가 선생님과 프란시스코 바렐라 사이에서 감지할 수 있는 균열이 사고방식의 차이와 관련될 수 있을까요? 바렐라는 생각들을 수학적 언어로 번역하고, 그것들을 정식화하는 데 매우 명민한 반면, 선생님은 언제나 정식화에 대한 이런 관심에 매우 비판적이었습니다. 이 자리의 우리 대화에서도 역시 마찬가지입니다.

마뚜라나 이것은 정말로 결정적인 지점입니다. 내가 언제나 생물학자였다면, 그는, 이렇게 말해도 좋다면, 한 사람의 수학자 이상입니다.

한 국가의 두뇌

푀르크젠 선생님은 본인이 정치의 일상적인 사업 — 신천지를 개척한다는 수사학, 세계를 바꾼다는 생각, 사명의 근본적인 요인 등등 — 을 정말로 싫어한다는 의사를 매우 분명하게 표현해 왔습니다. 그럼에도 불구하고 선생님의 생각들은, 내가 바르게 들은 것이라면, 의심할 바 없이 일정한 정치적 영향력을 행사해 왔습니다. 아옌데 치하에서 26살의 젊은 칠레인인 페르난도 플로레스는 경제 및 재정 겸임 장관이 되었고, 마침내 정부 대변인이 되었습니다. 그는 인공두뇌 및 경영 고문인 스태포드 비어를 산티아고로 초대해서 그와 함께 사이버신(Cybersyn) 기획을 구상했습니다. 산업생산을 계획하고 통제하기 위한 중앙집중적 모델을 창조하는 것이 목적이었습니다. 그것은, 생산에서의 변화들이 알맞은 때에 인식되고 그 다음에 적절한 조치가 취해질 수 있도록 조기경보 체제로서 작동하는 것이었습니다. 선생님의 논문들 중의 하나에 소개글을 쓴 바 있는 스태포드 비어는 전체 경제 체제를 일종의 신경 체계로 이해하고자 했고, 그래서 모든 경제적으로 유관한 변화들이 기록되어야 하는 중앙의 관찰실을 창조하고자 했습니다. 선생님은 스태포드 비어와 페르란도 플로레스가 선생님의 생각에 영향을 받았다고 말하겠습니까?

마뚜라나 아니, 그것을 그런 식으로 말할 수 있을 것 같지 않습니다. 페르난도 플로레스는 비어의 책 『공장의 두뇌』에 영향을 받았습니다. 비어가 1972년에 처음으로 칠레에 왔을 때, 그는 칠레의 인공두뇌학자인 '움베르또 마뚜라나'를 만날 수 있는지 물었습니다. 그 마뚜라나가 그 위대한 비어가 만나고 싶어 하는 사람일 수 있을 것이라고는 아무도 생각하지 못했습니다. 마침내, 그들은 수소문 끝에 나를 어떤 모임에 초대했습니다.

푀르크젠 건설된 프로그램 체계는 격렬한 비판을 불러일으켰는데, 그 이유는 그것이 사회주의적 계획 및 통제의 초기의 꿈으로 간주되었기 때문이었습니다. 이 인공두뇌학적으로 고무된 정보 체계라는 생각은 분명 경직되게 중앙집중적이었으며, 급기야는 트럭운전수들의 파업을 무력화시키는 데 이용되었습니다. 새롭게 구성된 트럭운전수들은 의외로 빨리 풀려났으며, 파업 파괴자가 되어 학생들 곁에 배치되었습니다.

마뚜라나 그것이 이 기획의 목표도 아니었고, 분명 스태포드 비어의 의향도 아니었습니다. 『공장의 두뇌』를 전체 국가 차원에서 실행해 보길 원했던 것은 페르난도 플로레스였습니다. 그리고 그는 엔지니어들이 그것을 실현할 수 있도록 돕고, 그들에게 필요한 인공두뇌학을 가르치게 하기 위하여 스태포드 비어를 초대했습니다. 그가 적극적으로 참여함으로써, 생산이 실제로 국가의 여러 장소들에서 실시간으로 모니터되고, 그 결과자료들이 소위 통제실에 수집된 것이 사실입니다. 이 통제실에서, 어려움들이 현실적으로 발생하거나 어떤 변화들이 일어나는 바로 그 순간에 (즉 몇 달 지나서가 아니라) 즉각적으로 적절한 결정들을 취하고 실행 계획들을 효과적으로 수정하기 위하여, 그것들의 초기 단계들에서 이루어진 발전들이 앞으로 어떠할지를 적합한 모델들의 도움으로 추정하였습니다. 비어가 생각한 것은 중앙집중적인 경영 체계였지 지배 도구가 아니었습니다. 통제에 대한 생각은 그에게 핵심적으로 중요한 것이 아니었습니다. 아마도 그것은 페르난도 플로레스에게 중요했을 것입니다. 하지만 이 중앙통제실이, 같은 시기에 칠레를 방문하고 있었던 하인쯔 폰 푀르스테르가 말한 바처럼, 실제적인 통제실은 전혀 아니었습니다. 왜냐하면 요구되는 자료 처리 역량들과, 특수한 상황들의 다양한 상관 변수

들을 실험적으로 시험하기 위한 충분히 복잡한 시뮬레이션 모델들이
가능하지 않았기 때문입니다.

독재의 경험

맹점의 출현

푀르크젠 사이버신 기획과 사회주의자 아옌데의 계획들은 1973년 9월 11일에 폭력적인 결말에 봉착했습니다. 오후 2시 반란군 장군 피노체트의 군대가 대통령 관저를 습격했습니다. 그리고 그 날이 저물 무렵에 살바도르 아옌데가 죽었고, 페르난도 플로레스는 시에라 델 푸에고의 섬 근방에 있는 감옥에 처해졌습니다. 피노체트 장군은 수년 동안 독재자로 그 나라를 지배했습니다. 대학의 많은 구성원들은 다른 나라로 도피를 했고 미국이나 유럽으로 이민을 갔습니다. 선생님은 어땠습니까?

마뚜라나 군사 쿠데타가 일어난 날 나는 하인쯔 폰 푀르스테르에게 전화를 걸어 나와 내 가족이 칠레를 떠날 수 있도록 도와달라고 부탁했습니다. 상황은 위험했습니다. 많은 사람들이 갑자기 박해를 받는 처지에 놓이게 되었고, 거리는 죽은 사람들로 넘쳐났으며, 통행금지가 시행되었고, 체포상태가 이어졌습니다. 군인들이 대학에 나타났습니다. 하인쯔 폰 푀르스테르는 나를 미국으로 초대하려 했지만, 물론 결코 쉽지 않았습니다. 나는, 모든 사람이 신경체계가 명백히 개방된 체계라고 알고 있었는데도, 신경체계의 폐쇄성에 대해 이야기하는 과학계의 이단아로 간주되었습니다. 나는 유명했지만 주류 과학에는 속하지 않았습니다. 따라서 하인쯔 폰 푀르스테르의 노력에도 불구하고, 처음에는 아무도 나를 받아들이려 하지 않은 것이 놀랄 일은 아니었습니다. 일리노이 대학도 마찬가지로 관심이 없었습니다. 열흘 후에 뉴욕의 한 신경생리학자가 내 작업에 관심을 보였습니다. 그러나 그때에는 나는 이미 칠레에 남기로 결심을 했습니다.

푀르크젠 어떻게 그런 결정에 도달하게 되었요? 당시에는 지식인들의 대탈출 — 억압과 고문으로부터의 탈출 — 이 있었는데 말입니다. 1만여 명의 칠레인들이 이민을 갔고, 반대세력은 끊임없는 박해의 대상이 되었으며, 족히 3천 명이 되는 사람들이 목숨을 잃었습니다.

마뚜라나 내가 남기로 결심하게 된 동기들은 사정이 다릅니다. 나는 처음에 이렇게 생각했습니다. '만일 민주적인 성향의 사람들이 모두 이 나라를 떠난다면, 곧 민주적인 문화와 또 다른 시대, 더 좋은 시대에 대해 회상할 수 없게 될 것이다.' 이런 견지에서 볼 때, 나이든 사람들은 누구나 살아 있는 보물입니다. 그때에 나는 의기소침해지고 별안간 대학 생활을 표류하게 된 대다수의 모든 학생들의 운명이 걱정되었습니다. 많은 교수들이 도피를 했거나 몸을 숨겼으며, 또는 이미 체포되었습니다. 나는 어느 날 대학에서 그들 중 일부를 만나, 일종의 협약을 맺고 칠레에 남기로 결정을 했습니다. 나는 그 협약을 지켰고 대학의 민주적 성향의 구성원으로 계속 작업을 했습니다. 학생들과 내 나라에 대한 책임을 느꼈기 때문입니다.

푀르크젠 선생님은 언젠가, 선생님이 남아 있기로 한 동기들 중의 하나가 독재의 본질을 파악하는 것이었다고 쓴 적이 있습니다.

마뚜라나 다소 미친 소리처럼 들리겠지만 사실입니다. 그러나 나는 정말이지 독재 치하에서 산다는 것이 무엇을 의미하는지 알고 싶었습니다. 나는 독일에 대해, 특히 그 체제들을 이해함으로써 나치의 테러를 이겨내고 살아남았던 내 친구 하인쯔 폰 푀르스테르의 역사에 대해 이해하고 싶었습니다. 그는 언젠가 나에게 이런 말을 한 적이 있습니다. '하나의 체제에 대해 더욱 자세히 알면 알수록, 그 체제를 속이기가 더욱 쉬워지는 법이야.' 사람들이 어떻게 점차 맹목적이 되어 가는지를, 그리고 이러한 지각상의 상실이 무엇 때문에 일어나는 것인지를 이 독재 체제 속에서 내가 관찰할 수 있을 것인지 자문해 보았습니다. '만일 우리가 충분히 미리 경각심을 갖는다면, 그리고 이데올로기적으로 생산된 맹목성의 위험들을 깨닫는다면, 그것이 전개되는 걸 막을 수 있을까? 우리의 시각과 지각의 가능성들을 유지할 수 있을까?' 독재의 목표들 중의 하나는 언제나 사람들에게서, 그들 자신의 환경들에 대해 관찰자로 남아 있거나 관찰자가 될 수 있는 모든 기회를 박탈하는 것입니다. 그리고 이 상황들을 바꾸고 그것들을 그들 자신의 욕망에 따라 변형시킬 수 있는 모든 기회들을 인정하지 않는 것입니다.

퓌르크젠 이데올로기들의 인식론을 이해하게 되기를 바랐던 거군요.

마뚜라나 그런 식으로 이야기할 수 있을 겁니다. 무수한 독일인들이 전후에, 나치 시절의 공포에 대해 아는 바가 전혀 없다고 주장했는데, 나는 그들 모두가 거짓말쟁이는 아니라고 확신합니다. 아마도 그들 중 일부는 단순히 끔찍한 진실에 대면할 수 없었을 것입니다. 나는 그들 내면에서, 그리고 그들의 영혼 안에서 무슨 일이 일어났던 것인지를 알고 싶었습니다. '그것에서 벗어나기가 매우 힘들도록 만드는 독재 체제 하에서 우리는 어떻게 살아가는가? 틀림없이 그런 일이 일어나기를 바라지 않을 텐데 어느 정도로 불가피하게 맹목적으로 되어 가는가? 맹목적이 될 수 있다는 것을 알기 때문에 맹목적이 되어 가는 것인가? 도대체 맹목성은 어떻게, 그리고 어떤 식으로 생산되는가?'

퓌르크젠 무엇을 관찰하게 되었나요?

마뚜라나 어디에도 사람이 없다는 것입니다. 만일 통행금지를 공표한다면 그것은 사람들로 하여금 특정한 것들을 못 보도록 하는 것입니다. 그들은 밤에 거리에서 사람들이 살해당하는 것을 알아챌 수 없을 것입니다. 그들은 시체들을 못 볼 것입니다. 모든 것이 장막 뒤에서 일어납니다. 그래서 사람들은 아침에 밖에 나가게 될 때 전해 듣게 되는 소문들과 이야기들을 믿지 않을 수도 있을 겁니다. 아무것도 보이지 않으며, 심지어 피의 흔적조차 없습니다. 실제로 일어났던 일은 당국에 의해서 철저히 부인되고 부정됩니다. 더욱이 사람들은 어쩌면 군인들도 역시 인간들이라고, 그래서 어떤 인간도 그와 같은 식으로 행동할 수 없다고 스스로에게 말할지도 모릅니다. 따라서 이러한 인간주의적 전제들은 우리들을 매우 효과적으로 맹목적이게 만들 수 있습니다. 이러한 전제들은 공포에 대해 우리를 보호해주고, 우리가 다른 사람들에 대한 신뢰를 보존할 수 있도록 해 줍니다. 물론 독재라는 새로운 상황들은 일부 사람들을 위한 새로운 이점들을 가져다줍니다. 갑자기 특수한 직업들을 가질 수 있게 되는 것이지요. 다른 사람들이 그것들을 포기하고 도망가야 했으니까요.

이데올로기와 군대

푀르크젠 칠레의 독재와 나치의 독재를 비교하면서 우리는 본질적인 차이를 발견하게 됩니다. 아돌프 히틀러는 이데올로기적인 독재를 만들어냈습니다. 그는 한편으로는, 비록 엄청난 협박 수단을 사용하기는 했지만, 선거에서 이기려고 노력했고, 다른 한편으로는 그의 광적인 반유대주의 생각들과 인종주의의 신앙에 대해 대중들에게 확신시키고 그들을 선동하고 싶어 했습니다. 칠레에서의 군사독재는 우선적으로 무장폭력과 군대의 권력에 기초했습니다. 그 이데올로기적 토대는 다소 취약했습니다.

마뚜라나 그것이 핵심 지점입니다. 이데올로기적 독재 치하에서 살아가는 사람들의 운동이 가지고 있는 정신적 자유는 이중적으로 제한되어 있습니다. 한편으로 '믿어야 하는 것'이 공표되고, 다른 한편으로 삶과 지위를 위태롭게 하는 어떠한 위험도 피해야 한다면 '결코 말하거나 생각해서는 안 되는 것'이 상술됩니다. 군사독재는 우선 '해서는 안 되는 것'을 규정합니다. 그 당시 칠레에서는 정부에 대한 어떠한 종류의 비판도 사회주의의 이상들에 대한 어떠한 지지도 금지되었습니다. 그것만 제외한다면, 원하는 것은 무엇이든 생각할 수 있고 가르칠 수 있었습니다.

푀르크젠 피노체트는 좌파가 가족, 사적 소유, 자유, 조국을 반대한다고 계속 반복했습니다. 그는 단지 무미건조한 이데올로기적 관용구들을 사용했을 뿐입니다. 그것뿐입니다.

마뚜라나 그것은 공산주의에 대한 반대를 겨냥한, 반이데올로기였습니다. 결국 우리는, 피노체트가 항상 지적했듯이, 어떤 전쟁 상태에, 그것도 적들을 죽이지 않으면 안 되는 전쟁 상태에 놓여 있었습니다. 그것이 그의 주장이었습니다. 그는 자기가 선언한 이 전쟁 상태를, 자행된 인권 침해들을 정당화하는 데 이용했습니다.

푀르크젠 칠레의 독재 체제의 핵심적 요소는 공포(miedo), 테러, 두려움의 확산이었습니다. 가수이자 기타연주자인 빅토르 자라는 체포되어 손이 짓뭉개졌으며 결국에는 살해되었습니다. 시인 파블로 네루다는 연금을 당했고 그의 집은 감시당했습니다. 사람들은 고문을 당했습니다. 사람들이 이 모든 것을 알고 있었나요?

마뚜라나 그렇습니다. 1년여 동안 모든 TV 뉴스방송은 정부 관저의 폭격에서부터 시작해야 했습니다. 이어서 **혁명가들**이 체포되고 비밀 무기 은닉처가 발견되었다는 따위의 소식이 보도되었습니다. 하지만 우리는 피노체트가 상당수의 주민들의 지지를 받았다는 사실을 잊어서는 안 됩니다. 많은 사람들이 공적 재산의 사유화를 통해 그의 체제 아래에서 막대한 부를 거머쥐었고, 그로 인해 피노체트 정부의 활동들로부터 직접적으로 이득을 보았습니다.

푀르크젠 (오늘날 구성주의의 정초자들로 여겨지는) 선생님과 여러 다른 필자들이 모두 독재 체제 하에서 고통을 겪어야 했고 독단적인 세계관에 맞닥뜨려야 했다니 인상적이군요. 하인쯔 폰 푀르스테르는 나치 암살단을 피해 몸을 숨겨야 했고, 에른스트 폰 글라제르스펠트는 나치가 권력을 잡았을 때 빈을 떠났고, 폴 바츠라빅은 자신이 나치 체제에 의해 얼마나 심각하게 충격을 받았는지를 반복해서 말해 왔으며, 프란시스코 바렐라는 피노체트를 피해 코스타리카로 탈출했습니다. 그리고 선생님은 그 기간 내내 칠레에서 살았습니다. 이제 이렇게 물어보겠습니다. 이 필자들의 이론들과 독재 체험 사이에는 관련이 있을까요? 아니면, 이 전기적 상응은 순전히 우연적인 것일까요?

마뚜라나 그것은 우연이 아니라 그 시절의 결과입니다. 많은 사람들이 지난 세기 — 러시아혁명의 세기이자 파시즘과 나치의 세기 — 동안 어느 정도 직접적으로 권위주의 체제들에 직면했습니다. 물론 나 자신에 대해서 말할 수 있을 뿐이지만, 권력에 대한 나 자신의 이해는 칠레에서 일어난 군사쿠데타 이후 내내 겪었던 체험들에서 유래하지 않습니다. 오히려 그 반대입니다. 독재 하의 내 삶은, 민주주의에 대한 나의 영원한 갈망에서 기인하는, 권력에 대한 나의 이해로 가득 차 있었습니다. 민주주의를 지지하는 것은, 그로 인해 이면에 잠복되어 있는 적이 되고 항구적인 위협이 되는 독재에 대한 거부를 함축합니다. 나라의 민주화에 적극적으로 가담한 사람들은 모두, 민주적인 문화를 살아 있도록 유지하는 것이 얼마나 어렵고 힘든 일인가를 금방 깨닫습니다. 우리는 (우리 문화에 만연되어 있고 깊이 뿌리박혀 있는) 완벽이라는 이상과 (겉으로 보기에 완벽하고 민주적이라고 주장되는, 심지어는 억압수단을 곁들인 '더불어 살기'의 형태들을 낳기 위한) 시도를 감수해야 합니다. 우리는 분명 독재에 반대합니다. 따라서 어떤 집단적인 것의 목표들이 아니라 개인(적인 것)의 적극적인 지지자입니다. 그렇지만, 개인의 민주적인 참여를 위해 작업하면서도 전체 사회에 대한 시야를 놓쳐서는 안 됩니다. 당신이 언급한 사람들은, 내가 생각하기에, 이 어려움들을 잘 알고 있었고, 개인과 사회 사이에 적대란 없다는 것을 이해했습니다. 이것이 바로 그들 모두가 공통적으로 가지고 있는 것입니다.

권력의 무력함

푀르크젠 체계이론과 인지생물학에 대한 선생님의 논문들은 언제나, 개인[개체]들의 자율과 그들이 세상을 바라보고 그 안에서 움직이는 특별한 방식들을 다룹니다. 선생님은 모든 인간들이 그들만의 인식 및 행위상의 법칙들을 따른다고, 그것들이 '구조적으로 결정된' 체계들이라고 주장합니다. 이 생각은 직접적이고 선형적인 통제 개념에 엄밀한 한계들을 설정합니다. 하지만 독재자들이 휘두르는 권력과 폭력은 결국, 사람들이 외적 폭력들에 의해 얼마나 광범위하게 통제되고 영향을 받을 수 있는가에 대한 강력한 사례가 아닐까요?

마뚜라나 아닙니다. 그것은 사실이 아닙니다. 독재 체제 하에서 살아 보았기 때문에, 나는 내가 뭘 말하는지 알고 있답니다. 이상할 만도 하지만, 권력은 복종이 있을 때에만 출현합니다. 그것은 스스로 당하는 개인들의 결정들과 구조에 의존하는 복종 행동의 결과입니다. 그들이 원하는 것을 함으로써 권력이 독재자들에게 부여됩니다. 우리는 어떤 것 —생명, 자유, 재산, 직업, 관계 등등— 을 지키거나 구하기 위해 타자들에게 권력을 부여합니다. '권력은 복종을 통해 탄생한다'라는 게 내 주장입니다. 독재자들이나 다른 사람들이 내게 총을 겨누고 나에게 무력을 행사해서 내가 어떤 것을 하기를 원할 때, 나는 다음과 같은 것을 숙고해야 하는 사람인 것입니다. '내가 이 사람들에게 권력을 부여하길 원하는가?' 유리한 상황에서 그들로부터 더 좋은 것을 얻기 위해 당분간 그들의 요구들을 충족시켜 주는 것이 현명할 수도 있습니다.

푀르크젠 선생님이 말하고 있는 것이 나치 독재에도 역시 적용될까요? 아돌프 히틀러를 강력하게 만든 것은 게슈타포의 테러였을까요? 아니면 사람들이 정말, 오스트리아의 3류 화가에게 권력을 부여하기로 결정했던 걸까요?

마뚜라나 사람들의 의식적이거나 거의 무의식적인 결정이 바로 아돌프 히틀러에게 권력을 부여한 것입니다. 저항하지 않은 모든 사람들은 저항하지 않기로 결정했던 것입니다. 그들은 복종하기로 결정했습니다. 어떤 독재자가 나타나서 자기를 따르기를 거부하는 모든 사람들을 죽인다고 생각해 보세요. 또 그 나라의 사람들이 전부 그를 따르기를 거부한다고 생각해 보세요. 결과는 이렇겠죠. 그는 죽이고 또 죽일 것입니다. 그러나 얼마나 오래 그렇게 할 수 있을까요? 글쎄요, 극단적인 경우에는 그는 모든 사람이 죽을 때까지 계속해서 죽일 것입니다. 그렇게 되면 그 독재자의 권력은 어디에 있을까요? 권력은 사라지게 됩니다.

푀르크젠 선생님은, 권력과 무력함(helplessness)의 관계에 대한 이 새로운 정식화를 우리가 어떻게 해석하길 바라나요? 이것은 복종하지 말라는 이상주의적인 요청인가요? 아니면 선생님이 말하고 있는바 그대로인가요?

마뚜라나 나는 정말로 진지하게 말하고 있는 것입니다. 우리는 언제나 우리가 하고 싶은 것을 합니다. 설령 우리의 의지에 반하게 행동하고 있다고, 또는 무언가를 하도록 강제되고 있다고 주장할 수 있다 하더라도 말입니다. 이러한 경우에 우리는 우리가 그 순간 우리가 하고 있는 것을 좋아하지 않을 수 있다 할지라도 우리의 행위들이 낳을 결과들을 욕망합니다.

푀르크젠 이러한 생각들을 예를 들어 설명해 줄 수 있을까요?

마뚜라나 누구도 당신에게 강제로 다른 사람을 쏘라고 할 수 없지만, 물론 당신은 당신 자신의 생명을 구하기 위하여 쏘기로 결정할 수 있습니다. 당신이 쏠 수밖에 없었다고 주장하는 것은 당신이 추구하는 목적, 즉 복종을 대가로 당신의 생명을 구하기 위한 목적을 은폐하는 변명에 지나지 않습니다. 그러한 상황에서 당신이 다른 사람을 쏘지 않기로 결정한다면, 총성은 여전히 들릴 수 있지만, 그것은 당신을 향해 발사된 총성일 것입니다. 그리고 당신은 당신의 존엄을 간직한 채로 죽게 될 것입니다.

푀르크젠 그러니까 진정한 희생자들은 없다는 말인가요?

마뚜라나 엄밀히 말하자면 그렇습니다. 희생자들은 그들이 타자들에게 권력을 부여했고 복종의 행동을 통해 자신의 자율을 스스로 거부했기 때문에 자신을 경멸합니다. 스스로를 희생자라고 서술하게 되면, 권력을 발생시키는 실제적인 과정들이 보이지 않게 됩니다.

푀르크젠 칠레의 독재자 피노체트는, 우리 모두가 알다시피, 자신의 반대자들에 대한 납치, 고문, 살해를 명령했습니다. 살바도르 아옌데가 죽고 사회주의 실험이 유혈적인 결말을 맞이했을 때 선생님은 어떻게 했나요?

마뚜라나 나는 살아남기 위해 그리고 내 가족과 아이들을 보호하기 위해 속이기로 결심했습니다. 그와 동시에 나는 나의 존엄과 자기존중을 위험에 빠뜨리는 것을 피하는 것과 같은 방식으로 움직이고 행동하려고 노력했습니다. 나는 특정한 상황들을 피하고, 통행금지를 따랐으며, 대학에서는 특정한 주제에 대해서는 토론하지 않았습니다. 군인들이 들이닥쳐서 내게 손을 들고 벽으로 가라고 명령했을 때, 나는 손을 들고 벽으로 갔습니다. 하지만 그러한 순간에도 나는 내가 더 이상 독재자의 체제에 권력을 부여하기 위해 준비하지 않아도 될 때가 올 것이라고 확신했습니다.

푀르크젠 특별한 상황에 대해 한 가지 말해줄 수 있나요?

마뚜라나 1977년 어느 날 나는 체포되어 투옥되었습니다. 이유는 내가 다음과 같이 세 번의 강의를 했다는 것이었습니다. 첫 번째 강의는 창세기와 원죄에 대해 다루었습니다. 나는 사과를 따 먹고 그것을 아담에게 준 이브가 하나의 사례로서 기능할 수 있을 것이라고 말했습니다. 그녀는 순종하지 않았습니다. 그리고 신의 계율에 맞선 그녀의 반란이 인간의 자기인식과 책임 있는 행위를 위한, 낙원―자기인식이 없는 세계 — 으로부터의 추방을 위한 토대를 마련했던 것입니다. 두 번째 강의에서는 아씨시의 성 프란체스코[10]에 대해 이야기했습니다. 그가 인간을 지각하는 방식은 그들을 향한 너무나 깊은 존중을 낳기 때문에 그들을 적으로 규정하는 것이 불가능하게 됩니다. 그리고 나는 모든 군대가 처음에는 다른 인간들을 이방인들로 변형시키고, 그 다음에는 그들을 학대하고 죽이기 위해 적들로 변형시킨다고 덧붙였습니다. 세 번째 강의는 예수와 신약에 바쳐졌습니다. 나는 수강생들에게 물었습니다. '만일 우리가 모든 것을 사랑의 감정에 의거한다면, 우리는 어떻게 더불어 살아가게 될까요?'

푀르크젠 선생님이 마지막 강의를 하고 나서 정확히 어떤 일이 일어났나요?

마뚜라나 며칠 뒤에 나는 감옥으로 보내졌고 죄수처럼 취급되었습니다. 심문을 받을 것이라고 하더군요. 어느 날 누군가가 와서 내 이름을 소리쳐 부르더니 이렇게 말했습니다. "당신이 움베르또 마뚜라나 교수요?" 그 소리를 들었을 때 그들이 나를 죽이더라도 나는 영원히 교수로 남게 되겠구나 하는 생각이 들었습니다. 교수의 신분은 그들이 내게 부여해 준 보호 방벽이었습니다. 그들은 나를 세 사람이 기다리고 있는 방으로 데려갔습니다. 나는 앉아서 질문을 던졌습니다. "군사

---

10. [옮긴이] 프란체스코 수도회 및 수녀회 설립자, 13세기 초 교회 개혁운동 지도자로서 자선, 청빈과 강력한 지도력으로 수많은 추종자를 불러 모았으며, 가장 존경받는 종교인 가운데 하나가 되었다.

정부가 선포한 방침들의 성명서를 내가 어떤 식으로 어겼다는 거죠?" 이것은 심문을 시작하고 게임의 규칙을 바꾼 것이 바로 나였음을 의미합니다. 내가 말하고자 하는 것은, 내가 이 사람들을 능숙하게 다뤘다는 것이 아니라 내가 나의 존엄과 자기존중을 지킬 수 있도록 하는 방식으로 심문이 이루어졌다는 것입니다. 나는 계속해서 교수처럼 행동했으며, 그들이 꾸며낸 혐의들을 반박하려고 노력했습니다. 그리고 나는 그들에게 진화론에 대해 강의를 했고, 그들에게 공산주의자들을 박해하는 것으로 공산주의를 결코 파괴할 수 없는 이유를 설명해 주었습니다. 우선 공산주의를 가능하게 하는 조건들을 바꾸거나 제거하는 것이 필요하다고 말이지요. 그 세 사람은 점점 놀라면서 내 말에 귀를 기울였습니다. 나는 그들에게 언제라도 강의를 위해 나를 초대할 수 있다고 말했습니다. 그 뒤 그들은 나를 다시 대학으로 보내주었습니다.

자기존중의 유지

푀르크젠 독재 시절 동안의 선생님만의 바로 그 체험들이 내게는 가장 중요한데, 그것은 그러한 체험들이, 내 생각에는, 선생님을 보다 잘 이해하도록 해주기 때문입니다. 선생님은 어떤 운명적인 영웅주의를 옹호하지 않고, 복종하는 사람들을 비난하지 않으며, 권력을 다루는 데 있어서의 최대한의 깨달음을 주장합니다.

마뚜라나 당연히 그렇습니다. 당분간 복종하고 되받아칠 적절한 기회를 기다리지 않는 것은 매우 어리석은 일이 될 수 있습니다. 나의 근본적인 요점은 우리의 책임을 선언하는 것이고 타자들이 완전한 깨달음을 가지고 행동하도록 초대하는 것입니다. '우리가 타자들에게 권력을 부여할 때 나타나는 세계를 우리가 원하는가? 우리가 우선 살아남기를 원하는가? 권력을 무제한적이고 강경한 방식으로 행사하는 것을 통해 출현하는 세계를 우리가 거부하는가?'

푀르크젠 선생님은 그와 같은 각기 다른 깨달음의 상태가 결정적이라고 생각합니까? 의식적이거나 거의 무의식적인 복종이 다음과 같은 동일한 결론들 — 독재는 권력 속에 깃들인다 — 을 낳는다는 것은 논쟁거리가 될 수 있을 것 같은데요.

마뚜라나 이 각기 다른 깨달음의 상태가 결정적인 까닭은 그것 때문에 당신이 위선적이 될 수 있기 때문입니다. 위선적이 된다는 것은 비실체적인 감정을 흉내낸다는 것을 의미합니다. 당신은 내적 거리를 유지하면서 관찰자로 남아서, 언젠가 다시 다른 방식으로 행동할 수 있습니다. 이것이 의미하는 것은, 위선자들의 지각 능력들이 파괴되지 않는다는 것이고, 그들의 자기존중과 존엄이 보존된다는 것입니다. 이러한 결정적이고 매우 중요한 체험들 덕분에 그들은 색다른 삶을 영위할 수 있을 것입니다. 만일 권력을 의식적으로 다루는 이러한 태도를 단념한다면, 맹목적이 되기로 결심한 것이기 때문에 길을 잃게 됩니다.

푀르크젠 우리가 단지 위선적일 뿐이며 그저 관찰하고 있다는 믿음이 교활하고 세련된 형태의 자기기만에 불과한 것이 아니라고 어떻게 확신할 수 있죠?

마뚜라나 글쎄요, 그건 정말로 어려운 문제입니다. 상황은, 사람들이 자기들이 권력의 유혹물들에 면역되어 있다고 확신할 때 특히 위태롭습니다. 이 사람들은 그들 자신이 유혹당할 수 있다는 가능성을 깨닫지 못하게 됩니다. 권력을 휘두르는 것의 기쁨, 통제의 통제되지 않은 행사가 주는 유쾌함을 깨닫지 못하게 됩니다. 도덕이나 그 밖의 다른 것이 관계되는 한 우리가 어쨌거나 특별하다고 결코 믿어서는 안 된다는 것이 내 견해입니다. 그럴 때 우리는, 우리를 고문자들로 만들 수도 있는 상황들에 정신적으로 대비하지 못하게 됩니다. 자신이 면역되어 있다고 생각하는 사람들이 어떤 상황들에서는 앞장서서 고문자가 될 것이라고 나는 생각합니다. 어떤 끔찍한 일이건 또는 어떤 훌륭한 일이건 한 인간은 그것들을 모두 할 수 있습니다. 언제나 그와 똑같은 일을 할 수 있는 또 다른 인간 — 당신이나 내가 될 수도 있습니다 — 이 존재할 것입니다. 이러한 통찰로 인해 우리는 우리의 생활을 완전한 깨달음 속에서 영위할 수 있게 되고, 민주주의를 지지할지 독재를 지지할지 결정하게 됩니다.

푀르크젠 칠레에서의 17년의 독재 체제 시절 내내 선생님은 학생들과 함께 대학교수로서 작업했습니다. 선생님은 대학 내에서 어떻게 공개적으로 일을 할 수가 있었습니까? 선생님은 강의를 어떻게 운영했습니까?

마뚜라나 내가 '인지생물학'이라는 제목의 연속강의들을 생각해 냈던 때는 아직 1973년이었고, 이 강의가 나중에 『인식의 나무』가 되었습니다. 나는 매년 이 강의들을 했고, 단일 세포에서 사회로 이르는 길을 서술했습니다. 나는 어떠한 직접적인 방식으로도 정부를 공격하거나 어떤 정치적 목적을 위한 공개적인 운동을 하지 않으려고 주의했습니다. 그것은 내 일이 아니었습니다. 나는 절대로 내 학생들을 일정한 방향으로 가도록 재촉하지 않고 성찰을 위한 자신들의 역량을 한 걸음 한 걸음 발전시키기를 바랐습니다.

푀르크젠 만일 내가 올바르게 이해한 것이라면, 선생님은 그들에게 독립적으로 생각하는 법을 가르치고 싶어 한 것이군요. 선생님의 접근법을 예증할 만한 교육의 사례를 제시해 줄 수 있나요?

마뚜라나 앞에서 권력은 복종을 통해 부여된다는 내 견해에 대해 이야기한 바 있습니다. 나는, 아무도 권력을 소유하고 있지 않지만, 그들[권력자들]은 스스로 복종하는 사람들에 의해 권력을 부여받고, 그 사람들이 요구하는 것을 한다고 말했습니다. 실물 같은 장난감 총을 갖고 강의를 한 적이 있었습니다. 학생들에게 말했습니다. "나는 이 총으로 여러분을 죽일 수 있어요." 한 여학생을 지적하고 다음과 같이 말했습니다. "일어나세요, 아니면 쏘겠어요." 그녀는 물론 내가 절대 쏘지 않을 거라는 걸 알았지만 일어났습니다. "교실 한 가운데로 오세요!" 그녀는 교실 한 가운데로 갔습니다. "바닥에 드러누우세요!" 그녀는 바닥에 드러누웠습니다. "옷을 벗으세요!" 이 순간 그녀는 벌떡 일어나 소리쳤습니다. "싫어요! 그렇게는 못 합니다!" 나는 잠깐 기다리고 나서 다음과 같이 말했습니다. "보세요, 이렇게 복종하기를 거부하는 것이 나에게서 내 권력을 빼앗아 갔어요. 내 권력은 여러분이 자진해서 복종하는 것에 의존하는 것이지 내가 권총을 휘두르고 있다는 사실에 의존하는 것이 아닙니다." 알다시피, 나는 내 학생들에게 그들이 무엇을 해야 하는지 알려주지 않고, 그들을 성찰과 지각의 다른 가능성들로 이끌려고 노력했습니다. 내 견해는 이렇습니다. '일정한 방식의 삶과 (그 삶의 방식이 출현하고, 또 그 자신들과의 관계 속에서 그 모습을 드러내는) 욕망을 소중히 여기는 사람들은 주저함 없이 그것을 살아야 한다. 기다림은 아무 쓸모가 없다.'

피르크젠 구조적으로 결정된 체계들 — 인간들 — 은 제한된 방식으로 통제될 수 있을 뿐입니다. 그들을 섭동할 순 있지만 통제할 순 없습니다. 강요는 원리상, 승산이 없는 것으로 보입니다. 내 테제는, 선생님이 독재 권력의 개념적 토대를 제거하는 인식론을 발전시켜 왔다는 것입니다.

마뚜라나 나는 이 테제를 강력히 지지할 뿐더러, 내가 독재의 개념적 토대들을 파괴할 수 있다는 점을 덧붙이고 싶습니다. 왜냐하면 내 작업으로 인해 나는 민주주의에 대한 보다 심도 깊은 이해에 도달할 수 있기 때문입니다. 나는 민주주의가, 자기존중과 타자들에 대한 존중을 바탕으로 참여와 협력이 가능할 수 있는 '더불어 살기'의 공간으로서 매일 새롭게 창조되어야 한다고 생각합니다. 독재가 파괴하는 첫 번째의 것은 한 사람 한 사람의 개인의 자기존중과 자율입니다. 독재는 살아 있음의 대가로 복종과 순종을 요구하기 때문입니다.

푀르크젠 오늘날 선생님의 생각들이 대단한 인기를 누리는 것이, '종종 상기되는' 모든 이데올로기들의 종언과 실존 사회주의의 붕괴 덕분이라고 말할 수 있을까요?

마뚜라나 연관이 있는 것 같습니다. '내가 써 온 것'은─독재가 근본적으로 부정하는─자기존중의 가능성을 위한 새로운 토대를 제공합니다. 내 저작을 읽은 독자들이 깨달을 수 있는 것은, 우리가 모두 우리가 살고 있는 세계의 창조에 불가피하게 참여하고 있다는 점입니다. 이것이 내가 사람들이 강제나 대가 없이 시도해보도록 초대하는 견해─개인의 가치를 평가하는 견해─입니다. 그리고 진가를 인정받고 존경받는다고 느끼는 사람들은 누구나 그들 자신의 진가를 인정하고 존경할 수 있게 될 것입니다. 그들은 '그들이 하는 것'에 대한 책임을 받아들일 수 있습니다.

피노체트와의 만남

푀르크젠 선생님이 어느 때인가 독재자 피노체트를 직접 만났다고 하던데요. 이 만남이 이루어진 상황에 대해 말해줄 수 있나요?

마뚜라나 1984년 어느 날 나는 대통령의 봉인이 찍힌 편지 한 통을 받았습니다. 피노체트와 점심을 함께 하자는 초대장이었습니다. 나중에 알고 보니까 다른 교수들에게도 역시 보내졌더군요. 일부 사람들은 사절할 수 없다고 생각했고, 다른 사람들은 만찬에 참석하지 말라고 경고했지만, 나는 초대에 응하기로 결심했습니다. 어머니는 항상, 나에게 가족이 있음을 애원하며 상기시켜 주었습니다. 그래서 나는 잊지 않겠다고 어머니에게 약속을 했지요. 마침내 대통령 관저에 도착했을 때 나는 약 85명의 교수들이 모여 있다는 걸 알았습니다. 우리는 잠시 멍하니 서서, 서로 얘기를 나누며 도대체 왜 우리가 초대를 받았는지 궁금해 했습니다. 그때 피노체트가 나타났습니다. 그가 우리를 환영하는 동안 수행원이 우리 이름을 그에게 말해주었습니다. 그에게 인사할 차례가 돌아왔을 때, 나는 큰아들이 자기는 결코 피노체트와 악수하지 않을 것이라고 말했던 것이 생각났습니다. 그런데 나는 거기에 있었고 이 남자와 악수를 했습니다. 그 이후 우리는 웅장하고 장대하게 꾸며진 연회장으로 식사를 하러 들어갔습니다. 우리가 자리를 잡고 앉자마자 피노체트가 다시 일어나 자신의 와인 잔을 들고 말했습니다. "우리의 조국을 위하여 건배!" 그리고 우리는 일어서서, 서로 잔을 권하며 들고, 다시 앉아서 '공화국의 대통령'을 위해 특별히 제작된 우아한 자기(磁器)에 차려진 맛있는 음식을 먹었습니다.

푀르크젠 공포와 테러를 퍼뜨린 비밀경찰을 관리하는 사람과 거기에 앉아 있었군요. 정부를 비판한 수많은 비판자들이 흔적도 없이 실종된 것에 책임이 있는, 그리고 사람들에게 고문을 명령한 그런 남자하고 말이지요.

마뚜라나 딱 맞는 말입니다. 디저트가 제공되기 전에 내게서 겨우 몇 미터 떨어지지 않은 곳에 앉아 있던 피노체트가 다시 우리에게 연설을 했습니다. 나는 그가 말하는 것을 들었습니다. "신사숙녀 여러분, 이 모임의 유일한 목적은 서로를 알게 되는 것입니다. 그게 답니다. 마음 푹 놓으셔도 됩니다. 여러분에게 어떤 종류의 요구들도 하지 않을 것입니다." 그가 다시 앉았고, 바로 그때 나는 내 잔을 들고 일어나서 이렇게 말했습니다. "신사숙녀 여러분, 나 역시 여러분과 함께 우리의 조국을 위해 건배를 하고 싶습니다." 순식간에 죽음과 같은 침묵이 흘렀습니다. 모임에 참석한 사람들이 느끼는 깊은 공포감을 누구라도 알아챌 수 있었을 것입니다. 그들은 급작스런 두려움에 망연자실한 것처럼 보였습니다. 피노체트는 나를 보더니 몸을 약간 앞으로 굽혔습니다. "우리는 오늘 여기 대통령과 동석하는 자리에 모이게 되었습니다." 나는 계속 말을 이었습니다. "그리고 이것은 어떤 정부 하에서도 드문 경우입니다. 그래서 나는 이 기회에 여러분과 대통령과 함께, 여기에 모인 우리 모두가 지적 자유와 우리나라 칠레의 문화적 자율에 기여하자는 뜻으로 건배를 제안하는 바입니다." 나는 잔을 들이켰습니다. 피노체트는 몸을 뒤로 젖히고 손뼉을 네 번 쳤습니다. 방 안에 있던 모든 사람들이 손뼉을 네 번 쳤습니다. 친구 하나가 내게 몸을 돌려 속삭였습니다. "정말 고맙네, 대단했어." 그리고 다시 잡담이 시작되었습니다.

푀르크젠 그 독재자는 선생님이 말한 내용을 파악하지 못했군요.

마뚜라나 잠깐만요, 미안하지만 이야기가 아직 끝나지 않았답니다. 디저트를 먹고 나서 곧바로 우리는 모두 또 다른 방으로 갔습니다. 우리 대학의 물리학자인 친구 한 명이 나에게, 피노체트가 혼자 있으며 우리가 그와 자리를 함께 해야 한다고 말했습니다. 나는 처음에는 그러고 싶지 않았지만 그는 계속해서 나를 재촉했습니다. 그래서 결국 나는 장군들 중의 한 명과 거기에 서 있는 피노체트와 자리를 함께 하기 위해 그와 함께 갔습니다. 내 친구가 말했습니다. "대통령 각하, 각하에게 매우 유명한 생물학자인 마뚜라나 교수를 소개하게 되어 기쁘게 생각합니다." 나는 그와 다시 악수를 했고, 그가 말했습니다. "이 나라를 위한 당신의 충정에 공감합니다." 나는 대답했습니다. "A dios roganda, y con el mazo dando." 이것은 스페인 속담으로 대략 다음과 같은 뜻입니다. '신에게 무언가를 기도한다면, 역시 그에 따라 행동해야 한다.' 기도와 경건한 소망만으로는 충분하지 않다는 것이죠. 정말 기묘한 상황이었습니다. 피노체트가 거기에 서서 지적 자유와 문화적 자율을 향한 내 욕망에 공감한다고 말하고 있었으니 말입니다. 그의 정치의 모든 목표들은 정반대였습니다. 그는, 그의 동맹자들의 도움으로 공산주의의 첫 싹을 짓밟기 위하여 이 나라를 다른 나라들에 의존하도록 만들기를 원했습니다.

푀르크젠 선생님은 많은 사람들이 상당히 사람됨이 협소한 것으로 간주하는 사람과 이야기 한 것입니다. 피노체트를 맨 먼저 권력의 자리로 나아가게 했던 ─ 이로부터 피노체트는 자신의 반란을 감행할 수 있었습니다 ─ 살바도르 아옌데는 언젠가 자기가 그를 "너무 둔감해서 자기 아내조차 속일 수 없는 사람"으로 생각한다고 말한 적이 있습니다.

마뚜라나 그것은 매우 어리석은 오판이었습니다. 필요한 지성이 결여되어 있는 사람이 군 장성이 되는 경우란 세상천지 어디에도 없습니다. 그는 광신적일 수 있고 편협하고 이데올로기적일 수는 있지만 어리석지는 않습니다.

푀르크젠 어떻습니까? 피노체트는 선생님이 얘기한 것을 어떻게 이해했을까요?

마뚜라나 그는 나를 더할 나위 없이 잘 이해했습니다. 본질적인 것은, 내가 그를 상관·우월한 사람으로 대한 것이 아니라 동등한 칠레인으로 대했다는 것이었습니다. 그는 나에게 대통령이었고, 우리와 동행했으며, 이 나라의 지적 자유와 문화적 자율을 지키는 이 원대한 임무에 기여해야 했습니다. 그는 우리들 중의 하나였습니다. 그리고 이것은 모욕적인 것을 의미하는 것이 아니었습니다. 절대로 말입니다.

푀르크젠 선생님은 통치자와 그 국민들 사이의 관계를 재해석했군요.

마뚜라나 그런 식으로 이야기할 수 있을 것입니다. 그리고 더군다나, 나는 그가 건배하면서 썼던 말들을 사용했습니다. 나 역시 우리의 공통의 조국을 위해 건배했던 것입니다.

푀르크젠 이건 매우 의미심장한 것 같습니다. 선생님은 폐쇄적인 체계의 고유한 논리를 이용해서 그것을 공격하고 변형시켰습니다. 선생님은 물론, 조국이 그것에 적합한 훌륭한 단어라는 것을 알고 있었습니다.

마뚜라나 바로 그렇습니다. 물론 유대인에 대해 이야기하고 그들을 존중할 것을 요구하는 만찬 후 연설로 아돌프 히틀러를 감동시킬 수는 없을 것입니다. 우리는 또한 모욕들이 그러한 상황에서는 성공적일 수 없다는 것을 분명하게 알아야 합니다. 이러한 점을 알지도 못하고 이해하지도 못하는 사람은 누구나 완전히 맹목적이게 됩니다.

푀르크젠 하지만 이것은, 보다 일반적으로 말하자면, 우리가 한 체계의 고유한 논리를 전복적인 방식으로 이용하는 것을 의미하겠군요.

마뚜라나 그 체계의 고유한 논리에 방향을 잡는 것은, 말해지는 것의 의미나 재해석이 그 체계의 평가절하로 이해될 수 없는 한에서만 작용할 것입니다. ("당신은 정말 더러운 독재자야!"와 같은) 모욕은 물론, 매우 어리석은 짓이 될 것입니다. 피노체트가 그것에 반응했음에 틀림없을 것이기 때문입니다. 따라서 나는 어쨌건 그를 자극하지 않고 공통의 시각에 호소하기 위해 대단히 주의를 기울였습니다. 그는 어쩌면, 우리가 사랑하는 나라를 위해 봉사의 노력을 하자는 간청을 반대할 수 없었을 것입니다.

푀르크젠 그 만남은 어떻게 끝났나요?

마뚜라나 우리가 계속 이야기를 나누는 동안, 또 다른 과학자가 다가와서 매우 비굴한 자세로 피노체트에게 이야기를 걸었습니다. 피노체트는 즉시 차려 자세를 취하고 다시 독재자가 되어 무뚝뚝하게 대꾸했습니다. "자네가 원하는 게 뭔가?" 나는 이러한 형태의 비굴함을 가지고 얽히고 싶지 않아서 자리를 물러났습니다. 피노체트가 떠나려고 돌아섰을 때 그는 다시 내게로 와서는 내 팔을 잡고 말했습니다. "챠오." 나도 "챠오!"라고 작별인사를 했습니다. 오만하지 않게, 그에게 복종하지 않았고 그에게 권력을 부여하지 않았기 때문에, 그가 나를 한 사람의 동등한 신분의 칠레인으로 대했다고 말할 수 있을 것 같습니다.

푀르크젠 다시 만난 적이 있나요?

마뚜라나 아니, 전혀 만나지 못했습니다. 그날 저녁, 나는 두 종류의 전화를 받았습니다. 어떤 사람들은 내가 모두를 위험에 빠뜨릴 것으로 생각했기 때문에 분노로 제정신이 아니었다고 했습니다. 다른 사람들은 나에게 감사하다고 했습니다. 교수 동료들 중의 하나는 내 건배의 말이 자기들에게 존엄을 되찾아 주었다고 말했습니다.

푀르크젠 나는 이 체험에 매우 감명을 받았습니다. 이것이, 다른 방식들로 개인들에 의해 이용될 수 있는 자유의 정도들, 행동의 자리들이 언제나 존재한다는 걸 보여주기 때문입니다. 하지만 선생님이 했던 것과 같은 행동은 필연적으로 재능과 지성에 의존한다는 게 분명합니다.

마뚜라나 이러한 행동은 지성과 아무런 관계가 없습니다. 확실히 없습니다. 필요한 것은 어쩌면, 편견과 전제 없이 지각할 수 있는 역량에 기초하고 있는 충분한 정도의 지혜입니다. 만일 당신이 당신의 마음을 꽉 채운 끔찍한 멍청이와 범죄자의 이미지를 가지고 이러한 독재자에 접근한다면, 당신은 부득이하게, 특별한 방식으로 행동할 것입니다. 물론 그 남자는 범죄자이며, 그 점에서는 의심의 여지가 없습니다. 그리고 물론 그는 칠레에서 일어난 일에 대해, 그리고 그의 독재 체제의 공포들에 대해 자기가 책임이 있다는 것을 완전히 모르고 있는 것처럼 보입니다. 그의 연설을 들으면 알 수 있듯이 말입니다. 그러나 만일 우리가 이 평가에 매달린다면, 우리는 정신적 갈등들을 가지고 있는, 그리고 (결국에는 틀림없이 의도되어 있는) 애국심을 갖고 있는 그의 내면의 감옥에 갇힌 인간을 볼 수 없을 것입니다. 또 그에게 말을 할 때 이 인간에게 집중할 수 없을 것입니다.

푀르크젠 독재의 시절은 이제 분명히 사라졌습니다. 1989년 칠레에서는 자유선거가 다시 치러졌습니다. 이 나라는 이제 과거에 대한 정당한 평가 문제를 가지고 씨름하고 있습니다. 만일 (이제는 국제적으로 비난을 받는 늙은 남자이면서도 아직까지 많은 칠레인들에게 숭배를 받고 있는) 피노체트와 만날 수 있는 또 다른 기회가 생긴다면, 선생님은 그에게 뭐라 말하겠습니까?

마뚜라나 칠레의 위대한 자유 투사인 베르나도 오히긴스처럼 행동하라고 조언해주고 싶습니다. 어느 날, 폭군으로 변했다고 공개적으로 비난받게 되었을 때 그는 격노한 대중에게 다음과 같이 대답했습니다. "내가 무엇을 했건, 나는 그것이 우리나라에 이득이 될 것이라는 확신을 가지고 했습니다. 만일 내가 야기했을 수도 있는 고통과 괴로움이 내 피를 바쳐서 덜어질 수 있다면, 나는 죽을 준비가 되어 있습니다." 결국 오히긴스는 죽지 않고 1823년에 추방되었습니다. 그는 자신이 한 행동들에 대해 책임을 질 준비가 되어 있었고, 다른 사람들의 판단에 승복할 준비가 되어 있었습니다. 피노체트는 결코 그와 같이 하지 않았습니다. 그는 아직도 자기가 결백하다고 주장합니다. 그것이 그의 가장 커다란 범죄입니다.

과학의 세계

도그마를 넘어서

푀르크젠 독재 체제 시절 내내 선생님은 또한 한 사람의 — 물론 80년
대 초반부터 착실하게 국제적인 명성이 높아지기 시작했던 — 과학자로
서 연구 활동을 벌였습니다. 선생님은 과학계의 이런 반응을 — 아주 일
반적으로 말해서 — 어떻게 체험했나요? 선생님의 작업은 어떻게 받아
들여졌나요? 프란시스코 바렐라의 논문을 보니까 선생님이 출간을 위
해 제출한 첫 논문들이 완전히 거부당했다고 하던데요. 아무도 그것들
을 출간하려고 하지 않았다죠.

마뚜라나 상황이 그렇게까지 나쁜 것은 아니었답니다. 나는 첫 논문
을 하인쯔 폰 푀르스테르에게 직접 보냈고, 그의 도움으로 그 논문은
1975년 『바이오시스템즈』지에 실려 간행되었습니다. 분명 몰이해의

국면이 있었지만 그것이 나에게 문제가 되지는 않았습니다. 오히려 그 반대였습니다. 자기생산에 대하여 처음으로 '생물학 협회'에서 강연을 하고 내 생각을 상세하게 제시했을 때, 한 친구가 나중에 내게로 와서 이렇게 물었습니다. "마뚜라나, 뭐가 문제야? 어디 아파?" 수많은 과학자들이 내가 제시한 것에 어떠한 직접적인 관심도 보이지 않는다는 사실이, 정말 솔직히 말하자면, 나한테는 아무 상관이 없었습니다. 그리고 내 작업에 대한 비판적 논평들은 언제라도 문제가 되지 않았습니다. 다양한 반대들과 주장들이 타당하지 않다는 것을 언제나 증명할 수 있었으니까 말입니다. 예를 들어, 어느 날 동료 하나가 나에게 우주의 다른 일부에서 (우리가 알고 있는 생명체계들과 완전히 다른) 생명체계들이 있을 수도 있지 않느냐고 물었습니다. 나는 그에게 물었습니다. "만일 그것들이 완전히 다르다면 우리가 생명체계들을 다루고 있는지 어떻게 알겠는가? 내 주제는 살아 있는 모든 것에 공통적인 것과 관계가 있네." 이것은 그저 학자적 현학이 아니라 인식론적으로 확고한 주장입니다.

푀르크젠 정상과학의 현재의 패러다임은 의심할 바 없이 실재의 패러다임입니다. 과학적 커뮤니티의 대다수가 (우리가 단계적으로 그것의 본질적 특징들을 발견해 갈 수 있는) '관찰자와 독립적인' 세계를 믿고 있습니다. 이러한 패러다임은 종종 — 철학자 요제프 미테레르의 용어를 사용하자면 — 패러도그마(paradogma)의 형상과 견고함을 가지고 있습니다. 과학사는 환영받지 못한 견해들이 어떻게 비과학적인 것으로 분류되는지, 그 견해들의 주창자들이 어떻게 과소평가되거나 쉽사리 무시되는지, 많은 사례들을 보여줍니다. 이러한 배제의 관례들이 종종 선생님에게 행사되었을 때, 그것들에 대해 전혀 걱정하지 않았나요?

마뚜라나 아닙니다. 나는 내 자신을 (과학적 탐구의 특수한 패러다임에 맞서 싸워야 하는) 혁명적 과학자나 어떤 신세대 이론의 주창자로 생각하지 않았기 때문에 이 모든 것은 나와 상관이 없었습니다. 나는 인정받는다거나 팬들이 엄청 따르기를 동경한 적이 결코 없습니다. 내 작업이 정당하게 이해되지 못하거나 홀대를 받았을 때 결코 불안하거나 동요하지 않았습니다. 이러한 종류의 역사는 나에게 적용되지 않습니다. 나는 독재의 시절을 통과한, 확신을 갖고 주의 깊게 논리적 오류 없이 완벽한 작업을 이루어 내려 했던, 완고한 과학자였고 지금도 그러합니다. 그게 답니다!

푀르크젠 그래도 동료들과 친구들의 비판이나 당황한 시선들에 한 번도 화가 나지 않았습니까? 내가 1년 전에 칠레의 산티아고에 있는 선생님의 실험실에 처음 나타났을 때, 다음과 같은 무언가 매우 이상한 일이 일어났습니다. 선생님에게 전화가 걸려 와서 우리의 대화를 중단해야 했을 때마다, 선생님의 동료들 중의 한 명이 나에게 와서 이렇게 말했습니다. "당신, 여기에서 시간낭비하고 있는 거야. 중요한 건 사실들이야. 관찰자는 잊어버리라고."

마뚜라나 (웃음) 누굴 얘기하는지 알겠군요. 글쎄 그렇다니까요. 어떤 사람들은 내 견해들에 대해 전혀 아무것도 할 수 없습니다. 그들은 내 견해들을 받아들일 수 없다고 생각하지만, 그것들을 논박할 수도 없습니다. 때때로 비평가들은 내가 정말로 철학자, 시인, 신비주의자라고 말합니다. 뭐 그런 식입니다. 이러한 딱지붙이기는 내 견해들을 제거하는 한 가지 방식이자 내 견해들을 더 이상 다루지 않기 위한 정당화 [수단입니다. 물론 나는 내 동료들을 진심으로 존중하지만 그들이 가지고 있을 수 있는 좋거나 나쁜 의견은 나와는 전혀 상관이 없습니다. 그것은 나에게 조금도 영향을 미치지 못합니다. 내가 비판받거나 칭찬을 받을 때 나는 이렇게 자문해 봅니다. '이러한 평가 이면에 있는 논거는 무엇일까? 그 안에서 내 생각들에 대한 정당한 이해를 알아낼 수 있을까? 그 비판이나 칭찬의 기저에 놓인 이유들을 공유할 수 있을까?'

푀르크젠 선생님, 사람들이 선생님을 철학자로 평가하는 것이 좋은지 아니면 과학자로 평가하는 것이 좋은지 계속 염려하고 있다는 것을 방금 암시했습니다. 선생님의 생각들을 분류하는 것과 관계되는 이 불안은 다음과 같은 짧은 일화에서 분명하게 드러납니다. 선생님 연구소의 게시판에는 수년 동안 다음과 같이 적혀 있었습니다. '신경생물학 연구소', 그 다음에는 '실험 인식론'이 적혀 있었습니다. 마지막으로는 혼성적 표현인 '신경철학'이 등장했습니다. 이렇게 질문해 보겠습니다. 선생님은 자신을 어떻게 서술하겠습니까?

마뚜라나 아마도 과학과 철학의 분리 이전의 시기로 되돌아간 — 오늘날의 지식으로 무장한 — 인간주의 철학자라고 가장 잘 특징화할 수 있을 것입니다. 갈릴레오가 과학으로부터 철학을 분리시켰을 때, (내가 말하고자 하는 바이지만) 그는 상이한 것들을 포함하고 보존한 이론들을 분리시켰습니다. 철학 이론들의 목적은 원리들을 보존하는 것입니다. (이러한 원리들을 보존하는 데 아무런 기여를 하지 않는) 체험들은 부적절한 것으로 판단됩니다. 그것들은 버려지고 무시된 채 남아 있습니다. 반면 과학 이론들의 목적은 체험과의 정합성을 유지하는 것입니다. 따라서 원리들은 용해될 수 있습니다. 이런 식으로 하나의 과학 이론이 생겨납니다. 당연히 갈릴레이는 이러한 구분을 이 말들로 서술하지 않았습니다. 그런데 '원리 지향적인' 성찰에 온 노력을 쏟아 부었던 철학자들은 갈릴레이의 구분을 현실적으로 완성함으로써 체험 세계와의 모든 연결[접촉]을 잃어버리고 말았습니다. 나는 내 작업 속에서 철학적 성찰(다시 말해 우리가 하는 것의 토대들에 대한 분석)과 과학 및 과학 이론 구조를 재결합시키고 있습니다.

철학과 과학 사이에서

푀르크젠 선생님은 철학과 과학 사이의 이 다소 이상한 구분에 어떻게 도달하게 되었습니까?

마뚜라나 그것은 브레겐츠에서의 체험으로 거슬러 갑니다. 철학자들과 칼 포퍼의 신봉자들이 콘래드 로렌츠가 전개한 진화론적 인식론을 비판해 달라고 나를 초대했습니다. 나는, 우리가 분명 매우 다른 견해들을 가지고 있다 할지라도, 로렌츠 같이 그렇게 뛰어난 생물학자를 비판하는 데 관심이 없기 때문에 그러고 싶지 않았습니다. 그래서 나는 내 강의에서 신경체계의 폐쇄성을 다루었고, 매우 일반적으로 그리고 모든 종류의 인식론을 참조하면서 어떠한 인간도 '독립적으로 존재하는' 실재에 접근할 수 없다는 점을 보여주려 노력했습니다. 이어진 토론에서 실재 문제가 모든 것을 압도했습니다. 어떤 사람이 일어서서 나에게 물었습니다. "무언가 출간한 적이 있나요?" 나는 대답했습니다. "물론입니다. 당신 도서관이 소장하고 있는 다양한 저널들에서 내 논문을 찾을 수 있을 것입니다." 그는 알고 싶어 했습니다. "내가 선생님의 **실재** 논문들을 거기에서 찾을 수 있을까요?" 사태는 이런 식으로 계속되었습니다. 마침내 한 철학자가 끼어들어 다음과 같이 말했습니다. "선생님의 강의를 경청해 보니, 정말 감탄스럽습니다. 이렇게 아름답게 영어를 구사할 수 있는 사람을 전에는 한 번도 만난 적이 없었습니다. 정말 아무것도 아닌 것을 말하기 위해서 말이지요."

푀르크젠 이건 정말이지 칭찬처럼 들리지 않는군요.

마뚜라나 물론입니다. 그 결과로서 나는, 거기에 모인 이 모든 유명하고 의심할 바 없이 학식 있고 교양 있는 사람들이 실제로 나에게 하고 싶은 말이 무엇인지 생각해 보았습니다. 마침내, 철학 이론과 과학 이론 사이에는 근본적인 차이가 있다는 생각이 형성되었습니다. 그 이론들을 설계하고 정식화하는 사람들은 서로 다른 것들을 보존하기를 원한다는 것이지요. 이렇게 반복해서 말할 수밖에 없겠군요. 만일 목표가 체험될 수 있는 것과의 정합성을 유지하는 것이라면, 사람들은 과학 이론을 만들어냅니다. 만일 사람들이 원리들을 보존하기를 원한다면 그들은 철학 이론을 만들어냅니다. 원리들에 부합하지 않는 체험들은 버려지고, 폐기되고 평가절하됩니다. 이러한 점에서 철학 이론은 이데올로기와 강한 유사성을 공유합니다. 이러한 철학자들의 견지에서 무조건적으로 보존되어야 하는 것은 비타협적으로 남아 있어야 하는 '관찰자와 독립적인' 실재라는 생각입니다. 그리고 이것이 바로 그들이 오직 한 방향의 질문들만을 던지는 것에 독선적으로 묶여 있는 이유입니다.

푀르크젠 우리가 선생님의 작업 속에서 발견하는 철학과 과학의 특별한 혼합을 좀 더 자세하게 상술해 줄 수 있습니까? 선생님이 철학적 문제들을 제기하고 과학적 대답들을 내놓는다고 말할 수 있을까요?

마뚜라나 철학을 한다는 것은 '우리가 하는 것'의 토대들에 대해 성찰한다는 것을 뜻한다는 게 내 주장입니다. 그것이 바로 '내가 하는 것'이고, 그래서 사람들이 나를 철학적 사상가라고 부르는 것도 어떤 면에서는 정당한 측면이 있습니다. 하지만 하나의 대답을 탐색하면서 나는 과학자로서 일을 해나가는 것입니다. 나는 체험을 내 방침으로 사용하고 과학 이론들을 구상합니다. 당신이 내 작업에서 발견하는 것은 실제로는 철학적 물음들과 과학적 대답들의 혼합물입니다. 내가 볼 때 이것은 올바른 관찰인 것 같습니다. 그러나 만일 적합한 호칭을 선택하는 게 문제라면, 나는 내 자신을 분리된 상이한 두 영역들―체계의 내적 동학의 영역과 그러한 체계의 상호작용들의 영역―을 유지하기 위해 매우 열심히 노력하고 있는 생물학자라고 부르는 것을 선호할 것입니다.

피르크젠 선생님의 책들에서, 선생님은 실제로 철학적 선구자들을 결코 참조하지 않습니다. 아무도 없어서인가요? 선생님은 그것의 기저에 있는 전통들에 주목하지 않고 선생님의 **신경철학**을 발전시켰습니까?

마뚜라나 당연히 나는 몇몇 철학자들을 읽었습니다. 예를 들어 나는 플라톤과 '원 이념'(ur-idea)에 대한 그의 생각에 사로잡혔습니다. 하지만 그의 접근법은 생명체계들의 구조와 그러한 구조로부터 기인하는 과정들에 관심이 있는 생물학자로서의 내 작업과는 어떠한 연관도 없습니다. 헤겔의 『정신현상학』과 주인과 노예에 대한 그 책의 서술이 매혹적인 것을 발견했지만, 내 자신의 통찰들은 그것으로부터 전혀 연유하지 않았습니다. 니체의 『차라투스트라는 이렇게 말했다』를 읽고서도 역시 대단히 많은 깨달음을 얻었지만, 그것을 내 원천들 중의 하나로 인용할 까닭은 없었습니다. 나는 칸트를 약간 읽었고, 하이데거와 사르트르를 어느 정도 공부했으며, 메를로-뽕띠에 흥미를 가졌습니다. 하지만 나에게 흥미의 문제들은 이 독서의 결과가 아닙니다. 이 모든 필자들은―그들이 생물학에 대해 언급할 때조차도―철학자들의 입장에서 주장합니다. 그것은 그들이 언제나 이론들을 낳을 때 그들의 원리들을 보존하는 것에 기울어지기 때문입니다. 그들은 생물학자들이 아니고, 나는 전문적인 철학자가 아닙니다.

푀르크젠 그렇지만 선생님이 과학자로서 주장하고 있고 철학적 인식론과 동일한 결론들에 도달하고 있다고 말하는 게 옳지 않을까 생각하는데요. 예컨대, 선생님의 생각들이 (**초월적 주체**에 초점을 맞추는, 그리고 모든 지각이 불가피하게 구조화되어 있고 절대적인 것 ― 물자체 ― 은 지각불가능하다고 밝힌) 칸트의 생각들과 상응한다는 것이 다양하게 언급되었습니다. 선생님은 **경험적 주체**의 연구에 관심을 갖고, 모든 지식의 '관찰자 의존성'을 서술합니다. 그 결론들은 유사합니다.

마뚜라나 당신이 결론들 속에서 발견하고 있는 유사성들은 어떠한 심층에 도달하는 일치도 나타내지 않습니다. 여기에 알맞은 유비가 하나 있습니다. 일정한 점에서 교차하는 두 개의 곡선을 생각해 보세요. 이 교차점의 좌표는 두 곡선에게 동일한 것이지만, 각각의 곡선은 상이한 기울기와 상이한 궤적을 가지고 있습니다. 칸트와 내가 우연히 유사한 결론들에 이르렀다 할지라도, 우리는 근본적으로 상이한 진술들을 하고 상이한 배경을 가지고 일을 처리합니다. 칸트는 철학적 성찰의 경로를 따르고, 나는 생물학자로서 주장합니다. 그는 물자체 ― 그에게는 궁극적인 준거점인 절대적인, 독립적으로 주어진 실재 ― 의 불가지성에 대해 이야기합니다. 하지만 나는 물자체에 대해서 이야기하는 것이 무의미하다고 주장합니다. 그것을 알 수 없다는 점을 인정한다 하더라도 말입니다. 이 물자체의 실존은 어떤 식으로건 타당성을 인정받을 수 없습니다. 우리가 그것에 대해 말할 수 있는 모든 것은 우리의 개성[인격]들과 우리의 지각들에 의존하기 때문입니다.

관찰자의 노트들

피르크젠 선생님의 이론들을 연대순으로 그리고 발표순으로 정렬하는 관찰자는 선생님의 발전에서 네 개의 서로 다른 단계를 설정할 수 있습니다. 우선, 선생님은 경험주의적 생물학자로서 실천하는데, 실험실에서 개구리들, 비둘기들, 도룡뇽들을 연구합니다. 그리고 **신경해부학** 영역에서 산출된 결과들을 출간합니다. 다음에 선생님은 살아 있는 존재가 그 자신의 세계를 어떻게 창조하고 생산하는지에 대한 문제와 관계되는 **생물인식론**을 전개합니다. 객관성의 이념에 대한, 그리고 진리의 광신에 대한 선생님의 비판이 그 뒤를 따릅니다. 즉 **생물윤리학**의 단계입니다. 선생님은 절대 진리를 가지고 있다는, 생물학적으로는 옹호할 수 없는 신념이 어떻게 다른 노선들을 가지고 생각하는 사람들에 대한 억압을 낳게 되는지 상술합니다. 마지막으로 네 번째 단계는 인간의 보편적인 토대들, 일종의 **생물인류학**을 다룹니다. 이제 여기에서의 초점은 인간 공존재(co-existence)의 기초이자 토대인 사랑에 맞추어집니다. 선생님은 어떻게 생각하나요? 이러한 종류의 범주화가 선생님의 발전을 바르게 평가하고 있나요?

마뚜라나 당신이 말하고 있는 것을 경청하다 보니까 정말이지 내 작

과학의 세계 307

업에서 이러한 상이한 단계들이 있었다는 걸 깨닫게 되는군요. 비록 이러한 발생적 순서가 결코 나에게 어떠한 영향도 미치지 않았지만 말입니다. 그것은 내 자신의 체험과 부합하지 않습니다. 나는 차라리, 내가 언제나 근본적인 질문들의 전체 집합의 주변에서 작업하고 있었다고 말하겠습니다. 예를 들어 겨우 아이였을 때 나는 이미 삶과 죽음을 이해하고 싶어 했습니다. 이러한 근본적인 질문들은 내가 학생이었을 때, 그리고 실험실에서 작업했을 때 나의 끊임없는 동반자들이었고, 보다 철저한 성찰을 탐색할 수 있도록 고무했습니다. 나는 어떤 전제를 낳는 원인들이 무엇인지를 발견하려고 노력했습니다. '어떤 과정들이 하나의 특별한 실체를 구성하는가? 내 질문들 중의 하나를 푸는 올바른 대답을 찾았다는 것을 어떻게 아는가? 왜 어떤 견해는 나에게 호소력을 갖고, 다른 견해는 그렇지 못한가?'

피르크젠 선생님은 말 그대로, 80년대 중반 광범한 명성을 얻었으며, 그 이전에는 원래 생물학자들과 인공두뇌학자들 사이에서 이름을 얻었습니다. 자기생산은 갑자기 널리 유행하는 용어가 되었고, 전 세계의 사회학자들, 경영 고문들, 요법학자들이 선생님의 생각들을 선택했습니다. 선생님의 인상적인 인기는 내게는 언제나 의문 덩어리였습니다. 선생님은 실제로 어려운 사상가이기 때문이지요. 선생님이 사용하는 언어는 이해하기가 결코 쉽지 않습니다. 선생님은 많은 개념들을 재해석하고, 새로운 단어들을 창안하고, 독자들에게서 많은 것을 기대합니다. 요컨대, 선생님은 실제로 많은 청중을 겨냥하고 있지 않습니다.

마뚜라나 나는 내 고찰들이 이해하기에 특별히 어렵다고 생각하지 않고 오히려 받아들이기에 특별히 어려울 수 있다고 생각합니다. 내가 그렇게 새로운 개념들을 매우 많이 창안해 냈다는 것 역시 사실이 아닙니다. 나는 언제나 엄밀하게 규정된 의미를 가지고 개념들을 사용하고 은유를 피하기 위해 — 은유들은 내가 의미하는 것을 이해하는 것을 막거나 심지어 방해하기도 하기 때문에 — 엄청나게 노력했습니다. 말하자면, 이해가능성의 문제는, 내 견해로는, 실제로 수용가능성의 문제입니다. 대부분의 경우에 있어서, 사람들은 자기들이 좋아하지 않는 것과 듣거나 읽고 싶지 않은 것을 이해하지 못하는 것 같습니다. 따라서 그들은 다음과 같은 것을 희망하면서 물음들을 던집니다. 자기들이 들었던 것이, 그리고 실제로 이해는 하지만 동의하지는 않은 것이 결국엔 그들이 이해한, 그리고 어떤 이유로 거부했던 것과 다른 것으로 반복해서 판명날 수 있기를 희망하면서 말입니다.

푀르크젠 선생님은 비관습적인 은유들, 우화들, 개인적인 이야기들을 제거하면서, 확실히 추상적인 문체로 글을 씁니다. 그렇지만 추상은 관찰자가 보이지 않게 만드는 데 기여하지 않나요? 추상은 특별한 체험으로부터 하나의 테제를 분리시킵니다. 설령 그 테제가 체험으로부터 유래된 것이라 해도 말입니다.

마뚜라나 나는 동의하지 않습니다. 당연히 나는 내 글쓰기에 추상들을 사용합니다. 하지만 그것들은 우리가 체험할 수 있는 것의 정합성들로부터 유래합니다. 따라서 그것들은 파악될 수 있으며, 더 많이 알고자 하는 독자들을 자극할 것입니다. 상대적으로 이야기들, 은유들, 이미지들을 사용하는 것은 내게는 전혀 의미있는 것으로 보이지 않습니다. 나는 관찰자 움베르또 마뚜라나와 그의 개인적 체험들을 드러내는 것이 좋은 생각이라고 여기지 않습니다. 또한 나는 그렇게 하고 싶지 않은데, 왜냐하면 우리가 특별한 관찰자의 작동들을 다루고 있는 것이 아니라 관찰하기 일반의 작동을 다루고 있기 때문입니다. 결정적인 통찰은 관찰자들이 그들이 구분의 작동들을 통해 그들이 지각하는 것을 상술한다는 것입니다. 이것이 중요합니다. 나는 은유들 역시 사용하지 않습니다. 은유들은 영역들을 뒤섞어 버리기 때문입니다. 그것들은 이해하기 쉬워 보입니다. 하지말 사실상 그것들은 이해에 손상을 가합니다. 나는 은유들이 우리를 미혹시킨다고 생각합니다. 그래서 나는 '막 논의되고 있거나 서술되고 있는 것'을 스스로 예증하는 진술들—그것들이 표현하고 있는 것의 본보기들인 진술들—을 위해 '이소퍼(isopher)'라는 용어를 도입했습니다. 여기에서 나는 이해에 다다르기 위하여, 은유의 경우에서처럼, 상이한 영역들을 연결하거나 뒤섞지 않습니다.

지각의 문들

푀르크젠 선생님은 과학계에서 일어나는 그와 같은 인기의 격동을 어떻게 체험했나요? 한때 선생님이 칸트나 비트겐슈타인과 비교되었던 시기에, 『인지생물학』은 금세기에 가장 중요한 논문으로 분류되었고,

그 저자는 "떠오르는 스타"로 분류되었습니다. 선생님 개인을 향해 나타났던 숭배는 때로는 약간 불가사의했습니다. 한 유명한 인공두뇌학자이자 일찍이 체계적이고 생태학적인 사유의 주역이었던 어떤 사람은 자신의 임종 자리에서, 생명 세계를 이해하기 위한 본질적인 자극들은 칠레의 산티아고의 '움베르또 마뚜라나'라는 사람으로부터 나올 것으로 기대할 수 있다고 언급했다고 하더군요.

마뚜라나 분명히 내 평범한 삶은 내 작업이 받아들여졌다는 행복감으로 인하여 약간 변했습니다. 무수한 초대들이 있었습니다. 나는 한때 '신경생리학의 에디트 피아프'로 불렸습니다. 인기 덕택에 더 많이 여행하고, 많은 사람들을 만나고, 상당한 돈을 벌 수 있었습니다. 하지만 기본적으로 나는 많은 영역들에서 단지 스쳐지나가는 스타였다고 생각합니다. 처음에 사람들은 신경해부에서의 내 테제에, 그 다음 신경생리학에서의 내 작업에, 마지막으로 논문 『인지생물학』 등등에 환호를 보내주었습니다. 그런 다음, 어느 날, 어떤 다른 주제가 새롭고 중심적인 것으로 나타났습니다. 개인들의 열광은 언제나 한정된 지속만을 갖습니다. 사태는 지나갑니다. 나는 나에게 쏟아졌던 찬사들을 결코 중요하게 생각한 적이 없습니다. 나는 그들의 말에 귀를 기울였으며 내 고마움을 표현했습니다. 그리고 그들이 무슨 말을 하건 내버려두었습니다. 이것이 자만한 것으로 오해되어서는 안 됩니다. 오히려 나는 어떤 유혹들, 특히 명성의 유혹에 대해 매우 잘 알고 있습니다. 당신은, 『인식의 나무』의 첫 부분에 그려져 있는, 히에로니무스 보쉬의 그림을 기억하나요?

[그림 15] 히에로니무스 보쉬의
『가시면류관』

푀르크젠 예수를 몇몇 사람들이 둘러싸고 있는 그림이지요.

마뚜라나 내가 지금 말하려고 하는 것을 당신이 이 책에 포함하고 싶은지 어떤지를 결정하는 것은 당신에게 맡겨 두겠습니다. 당신이 현명하게 판단하리라 믿습니다. 1962년 나는 환각제들의 '정신확장' 효과를 연구하고 있던 내 친구로부터 호출을 받았습니다. 당시 많은 사람들이 앨더스 헉슬리의 논문 「지각의 문들」에 영향을 받고 있었습니다. 이 친구는 엘에스디(LSD)[11] 실험에 나를 계속 초대했지만, 나는 그 상

---

11. [옮긴이] 정식 명칭은 리세르그산디에틸아미드(lysergic acid diethylamide)로서 강한
    환각작용을 일으키는 합성물질이다.

황에서 대답되기를 원했던 어떠한 질문도 갖고 있지 않았기 때문에 사양했습니다. 어느 날 — 1963년이었습니다 — 그가 나를 다시 불렀는데, 이번에는 연관된 질문이 생겨났기 때문에 수락했습니다. 나는 인간의 신경체계가 LSD를 먹은 뒤에도 정상적으로 계속 기능하는지 알고 싶었습니다. 어느 날 저녁 우리는 우리 집에서 만났습니다. 아이들은 이미 잠들어 있었습니다. 우리는 음악을 들었습니다. 탁자 위에는 책이 몇 권 있었습니다. 친구가 준 LSD가 작게 부풀려진 종이조각들 형태로 책들 위에 놓여져 있었습니다. 그것들에는 서로 다른 그림들이 그려져 있었습니다. 이 그림들 — 재규어, 태양, 달 — 은 특정한 양(量)을 가리켰습니다. 나는 '태양'을 먹었습니다. 그리고 한 권의 책과 히에로니무스 보슈의 그림 『가시면류관』을 바라보았습니다. 나는 몇 시간 동안 이 그림을 관찰했습니다. 이 각기 다른 사람들이 모두 예수에게 말하고 싶어 하는 게 무엇일까 생각해 보았습니다. 마침내, 네 명의 사람들이 서로 다른 유혹들을 상징한다는 생각이 떠올랐습니다. 물론 이 해석은 전적으로 나의 것입니다. 예수의 손을 어루만지고 있는 나이 든 남자는 무관심한 피상성의 유혹을 나타냅니다. 그는, 연루되어 있고 관련되어 있지만 냉정하고 침착하게 보이는 예수에게 다음과 같이 말하고 있는 것 같습니다. "모든 것을 내버리세요. 그럼 당신은 아주 오래 살 수 있을 거예요." 또 다른 남자는, 그가 무언가 말할 것이 있다는 인상을 보이려 애쓰면서, 예수의 귀에 대고 무엇인가 속삭이는 것처럼 보입니다. 그는 겸손하게 보이려고 꾸미는 허영의 유혹을 상징합니다. 예수에게 가시면류관을 얹어 주고 있는 남자는 질투의 유혹을 나타냅니다. 그는 자기 자신에게 불만족스러워 하는 것처럼 보이고 다른 사람과 비교해서 자기 자신을 평가절하합니다. 그림에서 네 번째 인물은 예수의 외투를 그러쥔 채 당기고 있습니다. 예수의 자유와 가능성들을 제한하고 있는 것입니다. 아주 오랫동안 나는 이 인물의 의미를 이해할 수 없었습니다. 이렇게 몇 년이 지난 뒤에야 이 남자가 확실성의 유혹을 상징했구나 하는 생각이 떠올랐습니다. 그는 대안들이 없는 세계에, 성찰이 없는 세계에 살고 있습니다.

푀르크젠 선생님은 이 네 가지 유혹들을 전망들(prospects)의 문제와 명성의 위험들에 어떻게 연관시킵니까?

마뚜라나 나는 허영, 피상성, 질투, 확실성의 유혹들이, 당신이 더 잘 알려지고 갑자기 다른 사람들의 칭송을 받게 될 때 직접적으로 작동한다고 말하고 싶습니다. 어쩌면 당신은 아부하는 속성들(attributes)의 목록을 믿기 시작하고 그에 따라 행동할지도 모릅니다. 특별한 누군가로 간주되는 것은 사로잡힘의 한 형태입니다. 더욱이 다른 사람들이 뭐라뭐라 하는 속성들(attributions)을 자신의 뛰어난 자질들(properties)과 동일시하는 사람들은 내가 볼 때 맹목적으로 보입니다. 다른 누군가가 내 안에서 보는 모든 것 ― 그것은 결코 내 자신이 아닙니다. 그것은 결코 내 자신의 인성(personality)이 아닙니다.

IV

이론의 윤리학

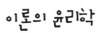

사랑의 생물학

사랑의 생물학

과학자의 두 가지 정체성들

푀르크젠 선생님의 논문 『인지생물학』의 말미에서 선생님은 과학자는 자신의 작업이 가져올 결론들—요컨대 그러한 작업의 윤리적인 또는 비윤리적인 결론들—을 의식하고 있어야 한다고, 또 직시해야 한다고 지적하고 있습니다. 이것은 과학이 선생님에게는 가치중립적인 활동이 아니라는 것을 의미할 텐데요.

마뚜라나 당연히 많은 과학자들은 자신들이 중립적이고 객관적이며, 연구하는 대상과 자신들은 아무 상관이 없다고 생각합니다. 나는 이런 견해에 공감하지 않습니다. 과학은 객관적 지식의 영역이 아니라 주체 의존적인 지식의 영역이며, '그 아는 사람'의 자질들을 규정하는 방법론에 의해 규정되고 한정됩니다. 순수 과학은 우리에게 말을 하지 못합니다. 자신들의 의견에 대해 책임을 지는 과학자들이 우리에게 말을 하는 것입니다. 과학자들은 객관적으로 주어진 세계, 초월적인 실재를 서술하지 않습니다. 그들은 오직 자신들이 구분하고 연구할 수 있는 것만을 파악할 수 있습니다. 그들은 자신들이 적절하다고 생각하는 것을 서술하고, 자신들이 관찰하고 싶고, 보여주고 싶고, 특정한 방식으로 실험을 통해 입증하고 싶은 것을 서술합니다.

푀르크젠 이러한 통찰로부터 어떤 것이 이끌어져 나오나요? 더 잘 표현하자면, 어떤 것이 이끌어져 나와야 하나요?

마뚜라나 말해지는 것이 모두 자신들에 의해 말해진다는 것을 깨닫고 있는 과학자들은 자신들의 연구가 다른 사람들에게 영향을 미칠 수밖에 없다는 것 역시 알고 있습니다. 그러므로 그들은 자신들의 작업과 그들이 살고 있는 세계의 윤리(학) 사이의 연결관계들을 분명히 해 두어야 합니다. 그들은 사실상 두 개의 정체성들을 가지고 살아갑니다. 한편으로는 발생적 메커니즘들을 제시함으로써 체험들을 설명하는 것을 과제로 삼는 과학자의 정체성, 다른 한편으로는 자신들의 행위들이 낳는 결과들을 성찰하는 인간들의 정체성 말입니다.

푀르크젠 많은 과학자들이 윤리적 문제들을 논의하면서 사회적 책임을 언급합니다. 하지만 선생님 자신의 윤리적 성찰들이 갖고 있는 본질적이고 건설적인 초점은 또 다른 개념에 맞추어져 있습니다. 그러니까 이러한 맥락에서는 색달라 보이고 지금까지 우리의 대화들 속에서는 산발적으로만 나타났던 개념인 **사랑** 말입니다. 선생님은 윤리와 사랑을 어떻게 연결짓습니까? 사랑이란 무엇입니까?

마뚜라나 우리가 상관적 행위(이것을 통해 또 다른 관계가 그것이 발생하는 공존의 영역 속에서 정당한 타자로서 출현합니다)를 볼 때마다 우리는 사랑에 대해 이야기합니다. 그 자체가 관계를 이루는 하나의 방법이자 상관적 영역인 사랑은 모든 생명체계들 속에서, 특히 포유류들과 인간들 속에서 사실상 자연스럽게 나타납니다. 사랑은 인간들이 존재하는, 그리고 우리의 진화적 기원을 위한 상관적 조건들이 구축되었던, 근본적으로 상관적인 영역입니다. 우리는 다른 사람들을 보살필 수 있을 때 기분이 좋아집니다. 나는 사랑이 인간 공존의 특징이라고 주장하는 바입니다. 사랑은 성찰의 가능성을 열어젖힙니다. 그리고 사랑은 타자가 정당하게 보이도록 해 주는 지각 형태에 기초하고 있습니다. 이런 식으로, 협력이 가능해 보이고 우리의 외로움이 극복되는 하나의 공간이 출현합니다. 타자는 우리가 관계를 맺는 존재로서 주어집니다.

푀르크젠 사랑이라는 개념을 이런 식으로 이해하는 것은 다소 어려워 보입니다. 통상적인 말로 사랑에 대해 말하는 것은 보통 두 사람의 조화로운 이미지들을 떠오르게 합니다. 함께 해변을 산책하기, 입맞춤하기, 껴안기. 선생님은 그런 것에 대해서는 함구를 하시는군요.

마뚜라나 꼭 그런 것은 아닙니다. 당연히 우리는 껴안고 싶다는 공통적인 갈망이 존재한다고 느낄 때 누군가를 껴안을 것입니다. 내가 사랑에 대해 이야기할 때는 이런 종류의 사랑스러운 친밀함을 언급하고 있는 것이 아닙니다. 어쩌면 다음과 같은 사례가 도움이 되겠군요. 당신이 해변을 따라 산책을 하고 있다가 별안간, 한 아이가 파도 때문에 바다 속으로 휩쓸려 들어가는 것을 갑자기 발견했다고 생각해 봅시다. 그때 당신이 물속으로 달려 들어가 아이가 물에 빠져 죽지 않도록 구해낸다면, 당신은 사랑의 발로로 행동하고 있는 것입니다. 하지만 당신이 그 아이를 불러서 그 아이를 꾸짖는다면, 그것은 사랑의 활동이 아닙니다. 당신은 그 아이가 느꼈을 두려움에 주목하지 않고 오직 당신 자신의 불안에 따라 행동한 것입니다. 그 순간 당신의 활동들을 지배한 감정은 당신 자신의 두려움입니다. 그 아이 나름의 적당한 지각에 기초해 취할 수 있는 행위는, 그 아이의 공포를 줄여주고 해변을 안전하게 돌아다니는 방법을 알려 주기 위해 그 아이를 달래주는 일일 것입니다.

푀르크젠 선생님이 서술하고 있는 이 사랑의 수용(acceptance)이 어디까지 확장될까요? 이것은 인간과 동물 사이의 관계를 포함하나요?

마뚜라나 여기에서 우리가 사랑이라고 부를 행위 양식들을 보여주는 많은 사례들이 있습니다. 꼬리를 흔들면서 당신 주변을 뛰어오르고 그 답례로 우리가 쓰다듬어 주는 강아지의 경우가 분명한 사례가 되겠군요. 하지만 인간과 동물 사이의 사랑이 덜 분명한 경우들 역시 존재합니다. 내가 예전에 볼리비아에서 체험한 일에 대해 간단히 얘기해 보겠습니다. 우리는 저녁을 먹고 나서 뜻이 맞는 사람들끼리 유쾌한 마음으로 담배를 피우고 담소를 나누면서 함께 앉아 있었습니다. 갑자기 거미 한 마리가 식탁 한가운데로 떨어졌습니다. 손님들 중의 한 명이 호스티스에게 그 동물의 출현에 대해 호들갑스럽게 알렸습니다. "여기 봐요, 거미가 나타났어요!" "걱정할 것 없답니다." 호스티스가 말했습니다. "그 녀석은 저녁 식사 후에는 언제나 나타나서 남은 찌꺼기를 모은답니다. 그리고는 자기의 은신처로 다시 올라갑니다." 나는 여자와 거미가 하나의 사회적 관계 속에서 살고 있었다고 말하고 싶습니다. 각각이 정당한 존재를 가지고 있었던 거지요. 거미는 홀로 있다가 오직 사람들의 식사에 방해되지 않을 때에만 나타났습니다. 그때 우리가 관찰한 것이 바로 사랑이었습니다.

존재를 신뢰하기

푀르크젠 선생님은 예전에, 모든 질병의 99퍼센트가 사랑의 결핍에 의해 야기되었다고 이야기했습니다. 다음과 같은 조건을 달아 선생님이 틀릴 수도 있다고 덧붙였습니다. 오직 97퍼센트만이 그럴 수 있겠지만 틀림없이 그보다 못하지는 않을 것이라고 말입니다. 우리가 그것을 어떻게 이해해야 하나요? 사랑의 결핍과 질병 사이에 어떤 연결관계가 있다고 보는지요?

마뚜라나 존재의 근본적인 조건은 신뢰입니다. 나비가 자신의 번데기를 벗고 나왔을 때, 나비의 날개와 더듬이, 몸통과 전체 몸의 상태는, 공기와 기운을 북돋워주는 바람, 그리고 꿀을 빨 수 있는 꽃들이 있을 것이라고 신뢰합니다. 나비와 세계 사이의 구조적 상응은 암묵적인 신뢰의 표현입니다. 하나의 씨앗이 젖어들어 싹을 틔우기 시작할 때, 씨앗은 모든 필요한 영양소들이 자기가 성장할 수 있도록 마련되어 있을 것이라고 그렇게 신뢰합니다. 아기가 태어날 때, 아기의 안녕 (well-being)을 보살펴 줄 엄마와 아빠가 있을 것이라는 점은 추호도 의심의 여지가 없습니다. 하지만 모든 살아 있는 존재들의 실존이 기초하고 있는 이런 암묵적 신뢰는 끊임없이 좌절됩니다. 꽃들은 살충제에 중독되고, 씨앗들은 물이 부족하고, 이 세상에 사랑스러운 존재로 태어난 아기는 사랑을 받지 못하며, 또 그 자신의 존재의 측면에서 배려되지 못하고 부정됩니다. 타자를 끊임없이 부정하는 것이야말로 질병을 낳는 것이라고, 말하자면 유기체들 내부에서, 그리고 그것들이 존재 상황들과 맺는 관계에서 모두 유기적 조화를 상실하는 것이라고 주장하고 싶습니다. 인간의 체계적 동학은, 그것이 영구적으로 부정된다면, 그것이 원래 가지고 있던 조화를 파괴하는 것과 같은 방식으로 변화를 일으키며, 이번에는 추가적인 부조화들을 야기할 한층 더 파괴적인 도전들과 스트레스들을 신체들에 유발합니다. 그 결과들은 전염병들과 육체적·정신적 질병들에 감염될 가능성들을 증대시키고 있습니다.

푀르크젠 사랑에 대한 선생님의 서술을 인간의 '더불어 살아가기'의 방식들과 방법들을 드러내기 위해 사용할 수 있을까요? 그렇게 되면 선생님의 사랑 이해는 하나의 수단으로, 지적 자극으로, 정밀한 서술과 대조되는 거울의 이면으로 기능할 수 있을 것입니다.

마뚜라나 물론입니다. 일단 사랑이 무엇인지 이해된다면 언제 어떤 조건 하에서 사랑이 부정되는지 즉각적으로 알아낼 수 있습니다. 우리는 자기 자녀들을 끝없이 교정하고, 실수를 했다고 해서 꾸짖고, 벌을 주겠다고 윽박지르는 부모들을 관찰할 수 있습니다. 우리는 우리 문화의 특징들을 지각할 수 있고, 무한 경쟁이라는 높이 숭상되는 생각이 진보의 원천이 아니라 맹목을 낳으며 (타자를 부정하기 때문에) 공존의 기회를 제한한다는 것을 인식할 수 있습니다. 우리는 야망, 불신, 문화적으로 정착된 권력 추구, 통제를 향한 열정 등이 사랑을 사라지도록 하는 힘[폭력]들이라는 것을 깨닫게 되었습니다. 관계들의 경제화 — 요구들의 **교환**, 필요들의 **협상**, 타협들의 **강제** — 는 소박한 연대감이 주는 유쾌함을 파괴합니다. 이 경제화가 상업적인 거래 실천 유형들에 따라 조직되기 때문입니다. 협력(partnership)의 기초는 더 이상 상호신뢰와 상호존중이 아니고 단 하나 이익을 목적으로 하는 협상입니다.

푀르크젠 타자를 더 이상 볼 수 없다면 어떤 일이 일어날까요? 선생님은 이 부정의 테크놀로지에 알맞은 예를 찾을 수 있습니까?

마뚜라나 1960년대 초반, 미국인들이 베트남에 연루되기 시작했을 때 나는 『유럽 타임』지에서 다음과 같은 표제기사를 발견했습니다. "미국인 50명 피살! 빨갱이들 200명 몰살!" 여기에서 결정적인 차이가 모습을 드러냅니다. 그 표제기사를 쓴 사람에게, 미국인들은 정당한 존재 가치를 가지며, "빨갱이들"은 그렇지 않았던 것입니다. 그들의 운명은 문제되지 않았습니다. 그들은 피살된 것이 아니라 그저 "몰살된" 것입니다. 이것은 또한 다음을 함축합니다. '윤리적 참여는 우리 자신의 사회적 귀속 영역을 넘어 확장되지 않는다.'

푀르크젠 이 표제기사에 비추어 본다면, 타자는 더 이상, 우리와 공통적인 것을 아무것도 갖지 않은 인간으로 보이겠군요.

마뚜라나 그렇습니다. 전쟁에 연루된 당사자들에 있어서 윤리적 자극들을 파괴하는 한 가지 가능성은 상대방적을 인간들의 형상으로 인정하지 않는 것입니다. 적은 인간성을 박탈당하고, "하류인간"이자 "극단론자", "공산주의자"나 "나치"로 강등됩니다. 전쟁에 참여한 군인들에게 제시되는 지침들에는 '먼저 죽이고 나중에 생각하라'가 포함되어 있습니다. 타자를 정당화하는 영역, 즉 사랑의 영역을 모든 인간들을 보호하기 위한 방식으로 기꺼이 확대하려는 사람들만이, 차별적 명명법들에 휘둘리기를 거부하는 사람들만이 각각의 그리고 모든 개인들의 운명에 의해 마음이 움직일 수 있고, 그들을 자신들의 성찰들 안에 포함시킬 수 있습니다.

푀르크젠 만일 우리의 행위들이 사랑에 의해 인도된다면 우리는 어떤 식으로 더불어 살 수 있을까요?

마뚜라나 사태에 대해 철저하게 이야기하고, 문제들을 함께 토론하고 연구하며, 다른 사람들과 관련된 공통의 과제들을 수행하는 데 참여하는 것이 가능합니다. 누구도 자신의 존재에 대해 사과할 필요가 없을 뿐더러 사람들은 사회적 영역의 특징들을 갖고 있는 협력의 영역에 존재해야 합니다. 좀 더 일반적인 말로 표현해 보자면, 우리는 여기에서 민주주의를 보는바 사랑은 민주주의를 구성하는 감정이기 때문입니다. 민주주의의 근본적인 특징들은 자신과 서로를 존중하면서 공존의 기획과 형태 위에서 더불어 살아가고 더불어 작업하는 인간들— 시민들—을 포함합니다. 군주제나 독재에서 시민들이 존재하지 않는다는 것이 의미심장하지 않습니까? 여기에서는 사람들이 무조건적으로 명령에 따르고 복종할 것을 강요받습니다. 한 나라의 왕이나 폭군이 아무리 우호적으로 또는 공손하게 자신을 드러낸다 하더라도 여기에서 사람들은 신민이나 노예일 뿐이지 시민이 아닙니다.

푀르크젠 선생님은 사랑에 기초한 '더불어 살기' 형태가 독재보다 더 안정적이라고 이야기하는 건가요? 우리는 압제적인 지배자들이 끔찍한 파멸을 야기할 수 있을 뿐이며 지배를 영구히 유지할 수 없다는 것을 충분히 자주 체험했습니다. 아돌프 히틀러의 기획된 천 년 '제국'은 약 12년 동안만 지속되었을 뿐입니다.

마뚜라나 하나의 체계는 그것을 구성하는 조건들이 유지되는 한 존재할 것이기 때문에 항상 그와 같이 작동할 필요는 없습니다. 완전한 독재는 반대자들을 체계적으로 제거하고 그렇게 함으로써 붕괴를 막습니다. 하지만 만일 사람들이 이러한 상황 아래에서 사랑을 발견한다면, 그들은 끊임없는 억압에 맞서, 그리고 개인들로서 계속적으로 부정당하는 것에 맞서 반항할 것입니다. 천 년 동안 기획된 독재는 궁극적으로 전 세계를 그 자신의 체계로 변형시켜야 할 것이고, 자기를 따르지 않고 반역하는 사람들은 모두 죽어야 할 것입니다. 이러한 지배를 유지하기 위해서는 막대한 노력들과 엄청난 폭력 사용을 필요로 합니다. 경찰력, 경호원, 속임수 수단이 필요할 테니까요. 하지만 독재가 오랜 기간 동안 안정적으로 유지되는 것은 불가능합니다. 그렇지만 만일 한 개인이 살아남아서 다른 사람들에 대한 사랑과 상호존중의 생각들을 보존하고 가르치는 데 성공한다면, 그때 저항은 다시 전개될 것입니다. 사랑은 이러한 행복(well-being)을 낳고 또 너무나 해방적이어서, 많은 사람들이 목숨을 걸고 그것을 확산하고 지키려고 할 것입니다.

푀르크젠 이러한 사유의 결과물들은 무엇일까요? 그것들은 오래된 히피의 슬로건 — '사랑을 하라, 전쟁 말고' — 으로 수렴될까요?

마뚜라나 아닙니다. 우리 인간들은 상이한 감정들이 상이한 가치들을 가진다고 생각합니다. 그래서 우리는 이따금 이러한 감정들의 실현을 억압합니다. 모든 종류의 명령들은 언제나 우리가 선전자들과 폭군들의 역할들에 운명적으로 다가가도록 부추깁니다. 그것들은 차별화에 알맞은 수단들입니다. 사람들은 그렇게 해서 다음과 같이 거만한 분위기로 선언할 수도 있습니다. "우리는 여기에서 사랑을 강력히 지지하지만 다른 사람들은 전쟁을 사용한다!" 그래서 나는 사랑을 설교하지 않고, 어떠한 계율도 정식화하지 않으며, 사실상 어떤 것도 추천하지 않습니다. 사랑도 무관심도, 우정도 증오도 말입니다. 하지만 나는 만일 사랑이 없다면 사회현상도, 사회관계도, 사회생활도 존재하지 않는다고 말합니다. 사회생활을 구성하는 감정은 증오, 사리사욕과 탐욕, 또는 경쟁과 공격이 아니라 사랑입니다.

푀르크젠 하지만 의심할 바 없이, 인간의 사회생활이 사랑에 의해서만 형성되지 않는다는 것이 분명하지 않습니까?

마뚜라나 물론입니다. 분노, 혐오, 시기, 그리고 다양한 여타의 감정들이 우리의 사회생활의 행위들과 관계들을 형성합니다. 물론, 사랑에 기초하지 않은 공통적 존재의 다양한 변이들이 존재합니다. 군주제에 대해, 다소 이데올로기적으로 또는 종교적으로 결정된 분파들, 아니면 군대에 대해 한 번 생각해 보세요. 그들의 구성적인 위계들은 항상 개인들의 소멸로 귀결됩니다. 군대에는—만일 우리들이 군인들이나 장교들 사이에서 이루어지는 우호적인 개인적 관계들을 고려하지 않는다면—어떠한 사회관계들도 존재하지 않는다는 게 내 주장입니다. 때때로 사회관계들의 작은 섬들이 (상이한 노선들을 따라 조직되는) 이러한 전체들 내부에서 생겨날 수 있습니다. 하지만 나는 사회생활이 사랑에 기초한다고 주장합니다.

사회적 체계들

푀르크젠 선생님은 개인과 사회 사이에 모순이 있다고 생각지 않으십니까? 개인에 대해 이야기하고 개인성[개별성]을 강조하는 사람들은 보통 개인이 자율적이고, 단자이며, 외적 인상들로는 파악하기 어렵다는 것을 전제합니다. 그와 반대로, 사회의 형성적 힘(power)을 전면에 내세우는 사람들은 대개 개인의 투과성(permeability)을 주장합니다. 즉 개인들이 그들이 속한 집단의 눈을 통해 그리고 그들의 역사의 배경에 의지해서 세계를 관찰한다고 가정하는 것이지요.

마뚜라나 내 견해는 그와 다릅니다. 나는 개인과 사회 사이에 어떠한 모순도 존재하지 않는다고 생각합니다. 사회는 근본적인 감정을 기초로 해서 더불어 살아가는 개인들의 집합입니다. 사회 공동체의 구성원은 어쩔 수 없이 한 사람의 개인이며 또 그렇게 남아 있습니다. 개인들이 서로에게 이야기하고, 약속을 정하고, 함께 일들을 할 때, 그들은 분명히 자신들의 개인성을 상실하지 않습니다. 그들은 자신들의 견해들을 바꿀 수 있고 마주침들을 통해서 변모될 수 있지만, 자신들의 자율적인 동학 속에서 개인들로서 계속해서 존재합니다. 그들은 단지 관계된 사람들 중의 하나로 쉽사리 귀속되거나 심지어 환원될 수 없는 무언가 새로운 것을 그들 간의 상호작용들 속에서 창조해 냅니다. 그들의 개인성이 예컨대 질병으로 인해 완전히 축소되거나 사라진다면, 그들은 더 이상 사회 공동체의 충분히 책임질 수 있는 구성원들이 아닐 것입니다. 다른 한편, 군대 ― 이것은 의심할 바 없이 하나의 사회체계가 아닙니다—에서 개인들은 분명 환영받지 못합니다. 군대는 행위자들, 계획된 행위들의 실행자들, 성찰하지 않고 명령을 수행하는 사람들을 이용할 수 있을 뿐입니다. 군대의 규율들을 따를 수 없는 사람들은 쫓겨날 것입니다.

푀르크젠 선생님은 개인들을 평가절하하기 위해 생물학을 이용하지 않는 사회학적으로 관심을 갖는 몇 안 되는 과학자들 중의 한 사람입니다. 사회진화론의 역사 속에서, 우리는 그와 반대되는 많은 입장들을 발견할 수 있습니다. 생물학은 집단들의 우월과 개인들의 평가절하를 뒷받침하는 주장들을 제공한다는 것이지요.

마뚜라나 그러나 이러한 논증 유형들 및 정당화 절차들은 생물학적 과정들에 대한 적절한 이해에 기반하고 있지 않습니다. 이러한 설명들과 생각들은 특정한 목적들에 기여하는 것을 목적으로 하고, 실제로 그러기 위해 창안된 것입니다. 그런 다음 그것들은 생물학과 자연에 투사되고 두 번째 단계로, 원래의 전제들을 뒷받침하기 위해 인간 영역에 다시 적용됩니다. 찰스 다윈은 당대 영국의 경제학자들에게서 경쟁이라는 관념을 빌렸습니다. 얼마 후에 경제학자들은 그들 자신의 경제 패러다임들의 타당성을 입증하기 위해 생물학으로부터 경쟁 관념을 차용했습니다. 우리가 개인의 불필요성(dispensability)과 집단의 최우선적인 중요성을 입증하는 사회이론을 몹시 창조해내고 싶어한다고 가정해 봅시다. 우리는 집단이 최고의 가치로서 주어지는 준거틀을 창안해 낼 것입니다. 동시에 우리는 집단의 구성요소들이 부정할 수 없이 (다른 사람들과의 상호작용들 속에서 그 자율적인 동학이 보존되는) 개인들이라는 사실을 보고도 못 본 체해야 할 것입니다. 그리고 오직 그들이 여전히 개인들인 한에서, 그래서 집단의 안녕(well-being)의 유지와 진보에 기여하는 한에서, 우리는 예컨대 군대, 군주제, 독재가 아닌, 사회 체계에 대해서 조금이라도 이야기할 수 있습니다. 따라서 나는 개인들이 없어도 좋은 것이 아니라고 주장하는 바입니다.

푀르크젠 개념적 분류의 요점은 이것이겠군요. 선생님은 실제로 어떤 형태의 더불어 살기를 **사회체계**라고 부르는 겁니까? 이 용어는 보통 인간관계들로 이루어진 구조들의 전체 집합을 가리키기 위한 포괄적인 의미로 사용됩니다.

마뚜라나 만일 당신이 일정한 종류의 행위를 비사회적이라고 특징짓는 것을 주의 깊게 들어보면, 그것이 타자에 대한 존중의 결여를 둘러싸고 일어나고 있다는 것을 알아낼 것입니다. 우리는 사람들이 존중 없이 행동할 때, 예컨대 그들이 이웃의 소유지에 있는 정원 담장을 가로질러 무심코 쓰레기를 버릴 때, 우리는 그들의 비사회적인 행위에 대해 불평합니다. 우리가 이러한 경우에 보통 듣게 되는 불평들은 언제나 하나의 감정을 나타냅니다. 이러한 개념적 특정화(specification)를 가지고 나는 무엇이 사회적인 것인지에 대한 규정을 내릴 의향이 전혀 없습니다. 나는 단지 우리의 일상생활 속에서의 특정한 행위들을 서술하도록 우리를 이끌어주는 조건들을 비사회적인 것으로 또는 사회적인 것으로 간주할 뿐입니다. 사회학의 통상적인 자기규정적 특징들 중의 하나는 모든 인간관계들이 사회관계들이라는 점입니다. 나는 이러한 견해에 전혀 동의하지 않습니다. 인간관계에 그것의 특별한 특징을 부여하는 것은 그것의 특수한 감정적 기초입니다. 일단 이것이 이해된다면 (우리가 우리의 일상언어로 사회관계들이라 부르는) 그러한 모든 관계들이 사랑에 기초하고 있다는 것을 파악하는 것은 더 이상 어렵지 않습니다.

푀르크젠 만일 사회체계들이 그것들이 특수한 요구들—타자의 수용과 인정—을 충족시킬 때처럼 그렇게 범주화될 수 있을 뿐이라면, 사회학자들, 사회에 대한 전문적인 관찰자들의 현실적 과제들이 무엇일 수 있는가 하는 문제가 발생합니다. 그들의 주제들은 무엇입니까? 더불어 살기의 어떤 형태들이 사회학적 분석의 적법한 대상들로 남아 있습니까?

마뚜라나 사회학자들은 인간관계들의 기저에 있는 감정들을 다루어야 합니다. 그들의 과제는 어떻게 이러한 감정들이 공통적인 삶의 방식들과 양식들을 주조하는지 보여주는 것이어야 합니다. 나는 예전에 호모 사피엔스 아만스(homo sapiens amans)와 호모 사피엔스 아그레상스(homo sapiens aggressans)를, 그리고 호모 사피엔스 아그레상스와 호모 사피엔스 아라곤스(homo sapiens arrogans)를 구분할 것을 제안한 적이 있습니다. 이들 개념들은 모두 사랑, 공격, 오만과 같은 근본적인 감정들과 관계가 있습니다. 이것들은 관계들이 인간 진화의 과정 중에 확립된 유형들에 영향을 미쳐 왔고 호모 사피엔스 사피엔스(homo sapiens sapiens) — 언어 속에서 살아가는 인간 — 의 존재를 이루어 냈습니다.

푀르크젠 선생님은 — 합리적인 논증들이 아니라 — 감정들을 본질적으로 결정적인 힘들(forces)로 간주하는 것 같은데요.

마뚜라나 감정들이 우리를 인도합니다. 다른 사람들과 맺는 관계를 '모든 것을 감싸는' 방식으로 변모시키는 사람들은 좀더 면밀한 고찰을 통해, 그들이 사실상 자신들의 기저에 존재하는 감정을 근본적으로 변화시켰다는 점을 인식합니다. 감정들이 행위들을 위한 배치라는 것이 내 견해입니다. 내가 볼 때 감정들은 합리적인 체계를 수용하느냐 또는 거부하느냐 하는 것 역시 결정하는 매우 기본적인 무엇인 것 같습니다. 모든 합리적인 체계들과 토론들은 본래 비합리적인, 그리고 개인적인 편견들로 인해 받아들여지는 토대에 의존합니다. 따라서 이러한 편견들에서 기인하는 우리의 행위들을 합리화하고, 그렇게 함으로써 그 사건 이후에 그러한 행위들을 정당화하는 일이 쉽게 일어날 수 있습니다. 그래서 솔직히 말자하면 합리성이란 정당화의 방법이자 수단인 것입니다. 내게 인간들은 감정들을 부정하거나 정당화할 목적으로 자기의 마음과 합리성을 이용하는 감정적 동물입니다.

푀르크젠 이러한 서술을 들으니 조금 골치가 아파지는군요. 선생님은 이런 골치 아픈 느낌을 예술 분과 대표자의 전형적인 편견으로 해석할 수도 있을 것입니다. 여하튼, 선생님의 특징화는 인간들을 합리적 동물로 평가절하하는 것과 매한가지 아닌가요?

마뚜라나　전혀 그렇지 않습니다. 감정들을 이성에 간섭하는 힘들 (forces), 심지어는 이성을 위협하는 힘들로 평가절하하는 것이 우리 문화가 가지고 있는 독특한 특징입니다. 여기에서 이미 현실적인 평가 절하가 존재하게 됩니다. 하지만 내가 말하고 있는 것은 사랑이 윤리 적 행위를 가능케 해주는, 무엇보다도 행위들의 결과들에 대해 성찰할 수 있도록 해 주는 것을 포함하는 행위를 가능케 해주는 가장 중요한 감정이라는 것입니다. 윤리적 관심은 자기 깨달음이 발생하는 순간에, 그리하여 한 인간의 행위들이 개인적 중요성을 갖는 또 다른 인간에 게 가할 수 있는 결과들이 의식적으로 성찰되는 순간에 나타나게 됩 니다. 내가 볼 때 윤리는 사랑의 결과입니다. 윤리는 언어 속에서 출 현합니다. 오직 언어만이 우리로 하여금 우리의 선택된 행위 과정을 성찰할 수 있도록 해 주기 때문입니다.

도덕 없는 윤리

푀르크젠　갈등이 발생할 때 어떤 일이 일어날까요? 합리적으로 조정 된 해결책이 있을 수 있을까요?

마뚜라나　어떠한 성공적인 갈등 해결책도 감정적인 본성에서 연유합 니다. 이것은 결코, 내가 모든 토론을 멈추고 모든 대화를 그만두자고 주장하고 있는 것을 뜻하지 않습니다. 반드시 이루어져야 하는 것은, 화해를 가능케 하고 두려움들로 인한 갈등에 빠져 있는 당사자들의 마음을 풀어주는 공통의 기초를 창출하는 것입니다. 사람들이 그들의 갈등을 해결하기 위해 서로 이야기할 때, 그들은 우선 상호 신뢰와 존중을 회복하는 것에서부터 시작해야 합니다. 실수를 받아들이고, 사과하고, 다른 사람의 지성을 긍정하는 것이 아마도 좋을 것입니다. 상호 신뢰가 회복된다면, 사람들은 상관적인 실재 영역에서 말해지는 것을 타당한 것으로 인정하는 방식으로 서로의 말에 귀를 기울일 것입니다. 이러한 기초 위에서 새로운 공통적인 감정적 동학이 전개될 수 있습니다. 관계를 지탱시킬 수 있는 동학 말입니다. 낡은 확실성들은 버려지고, 내가 사랑이라고 부를 수 있는 일종의 행위가 회복됩니다.

푀르크젠 내가 볼 때에 사랑과, 감정들의 힘을 다루는 선생님의 성찰들은 언제나, 공정하지 못한 비약을 포함하는 것 같습니다. 자연과학의 사실들과 논증들로부터 실천 분야들에 적용되는 시적 서술들로, 거기에 무엇이 있는가 하는 특징화에서 무엇이 있어야 하는가 하는 특징화로, 인식론에서 윤리학으로 넘어가는 비약이 있습니다. 선생님은 이야기를 바꾸고 있습니다.

마뚜라나 옳지 않습니다. 생물학은 우리에게 우리가 무엇을 해야 하는지 말해주지 않습니다. 생물학자로서, 그리하여 과학자로서, 나는 누구에게도 무엇을 해야 하는지 말해줄 수 없습니다. 만일 그렇다면 그것은 오해일 것입니다. 사실상, 어떤 것도 좋거나 나쁘지 않습니다.

사물들은 그저 사물들일 뿐입니다. 좋다 또는 나쁘다와 같은 평가들과 구분들이 발생하는 것은, 오로지 특정한 종류의—예컨대 우리의 특별한 선호가 걸려 있는 경우의—행위를 정당화하고 거부하는 바로 이 인간 영역에서일 뿐입니다. 다시 한 번 말하자면, 나는 어떠한 추천도 하지 않지만, 예컨대 게놈을 조작하면 괴물들이 나타날 수 있다고 생물학자로서 주장할 수는 있습니다. 그러나 그것은 내가 게놈 조작에 대한 찬성 또는 반대를 주장하고 있다는 것을 함축하지 않습니다. 그것은 단지 내가 행위의 특수한 과정에 기인하는 결과들을 서술한다는 것을 의미할 뿐입니다. 그 다음에 사람들은 자신의 선택을 할 수 있겠지요.

푀르크젠 특정한 서술 양식이 당파적 견해와 간접적인 옹호를 포함하지 않나요?

마뚜라나 아닙니다. 아마도 사람들의 수용 여부는 그들 자신의 가치들과 준거들의 영향을 받을 것입니다. 하지만 그것은 별개의 문제입니다. 이러한 경우에, 무엇이 일어나고 있는지 그리고 무엇이 보이고 있는지 간단히 지각하는 것은 분명 어렵습니다.

푀르크젠 하지만 사랑의 개념이 이미 긍정적인 가치평가와 연결되어 있는 것 아닌가요? 사랑이라는 말은 듣기가 너무나 좋거든요. 바른 마음을 가지고는 누구도 공개적으로 착취와 독재를 장려하지는 않을 것입니다.

마뚜라나 만일 내가 가치평가와 서술 사이의 구분을 분명하게 유지하고자 원한다면, 내가 해야 하는 것이란 가능한 한 분명하고 정확하게 주장하는 것이고 내가 의미하는 것을, 그리고 내가 말하고자 하는 것을 꼼꼼하게 진술하는 것입니다. 물론 내가 정당한 상대방으로서의 다른 사람에게 영향을 미치는 어떤 행위를 관찰할 때마다, 나는 넘(Num) ─ 새롭고 부담 없는 단어 ─ 을 사용할 수 있었습니다. 그럼 사람들은 아마도 나에게 내가 왜 그러한 표현을 사용하고 있었는지 물어볼 것입니다. 사랑이라는 단어와 같이, 이러한 종류의 행위에 대해, 그리고 관계들의 흐름 속에서의 이러한 자취에 대해 사용할 수 있는 공통의 개념이 있으니까 말입니다. 나는 다시 한 번 반복하고 싶습니다. 나는 무엇이건 사랑을 장려할 의향을 가지고 있지 않지만, 정말로, 사랑이 없다면 사회현상들은 있을 수 없다고 강력히 주장하는 바입니다.

피르크젠 그럼에도 불구하고 그 생각은 선생님의 고찰들에서 윤리적 규범(imperative)을 이끌어 내기를 제안하는 것 같습니다. 이렇게 말할 수 있지 않을까요? '사랑을 창조하거나 보존하는 것과 같은 방식으로 항상 행동하라.'

마뚜라나 물론 그렇게 말할 수도 있을 것입니다. 그러나 규범의 정식화는 윤리를 도덕으로 바꾸어 버립니다. 나는 우리 대화의 이 지점에서, 우리가 윤리와 도덕을 분명하게 구분해야 한다고 제안하고 싶습니다. 비록 이러한 구분이 언뜻 보기에 다소간 자의적인 것처럼 보일 수 있다 해도 말입니다. 도덕론자들은 규칙들의 고수를 지지합니다. 그들은 이것을 자신들의 진술들과 이상한 생각들에 권위를 부여해 주는 외적 준거로 간주합니다. 그들은 그들 자신의 책임에 대한 깨달음이 부족합니다. 도덕론자로서 행동하는 사람들은 동시대 인간들을 인정하지 않습니다. 왜냐하면 이들은 규칙들과 규범들을 옹호하는 것에 완전히 사로잡혀 있기 때문입니다. 그들은 무엇을 해야 하는지, 그리고 다른 모든 사람들이 어떻게 행동해야 하는지 분명하게 알고 있습니다. 그와 반대로 윤리적으로 행동하는 사람들은 타자들을 지각하고, 그들을 중요하게 간주하며, 그들을 인정합니다. 물론 사람들이 도덕론자들처럼 주장하면서도 윤리적으로 행동하는 것은 가능합니다. 사람들이 윤리적이지 않은 도덕론자들이라거나, 또는 그들이 보통은 부도덕한 채로 있으려 하면서도 실제로는 윤리적으로 행동하는 것은 상상할 수 있습니다. 이러한 각각의 경우들에서 윤리학의 가능성과 타인의 존재에 의해 감응될 가능성은 다른 인간이 정당한 타자로 인정될 때에만, 그리고 한 사람의 행위들이 다른 사람의 행복(well-being)에 미칠 수 있는 결과들이 성찰될 때에만 출현합니다. 윤리학은 사랑에 기초하고 있습니다.

푀르크젠 선생님이 규칙들과 규범들을 정식화하는 것을 단호히 거부함에도 불구하고, 여기에서 자신을 사랑하는 것과 같이 우리의 이웃을 사랑해야 한다는 기독교의 계율과 어떤 유사성을 찾는 사람들에게 선생님은 무어라고 이야기해 주겠습니까?

마뚜라나 예수는 이웃에 대한 사랑을 이야기했습니다. 하지만 전쟁들과 파멸들에 연루되어 온 기독교 교회들은 예수가 말한 것을 2천 년 동안이나 계율로 해석해 왔습니다. 우리는 오히려 이렇게 말해야 할지도 모르겠습니다. 우리가 만일 우리의 이웃을 신뢰할 수 없다면, 우리는 항상 총을 준비해 두어야 하고 방아쇠 위에 손을 얹어 놓아야 한다고 말입니다. 그렇다면 물음은 이것입니다. '우리는 정말 그것을 원하는가? 우리는 밤낮으로 총을 들고 돌아다니기를 원하는가? 불안과 불신이 지배하는 세상에서 살기를 원하는가?' 만일 이것이 사람들이 원하는 것이라면, 그렇다면 그들은 어떠한 경우에도 자신들의 이웃들을 사랑해서도 안 되고, 그들을 신뢰해서도 안 됩니다. 그렇게 되면 이웃들도 마찬가지로 그들을 불신하고 두려워하는 것이 당연할 것이기 때문입니다. 이렇게 해서, 무기 휴대를 위한 분명한 이유가 만들어집니다. 역으로 만일 당신이 다른 사람들을 존중하는 식으로 행동한다면, 이번에는 당신이 그들로부터 존중을 받을 것입니다. 만일 당신이 어린이를 신뢰한다면, 그 아이가 이번에는 당신을 신뢰할 것입니다. 이것이 내가 지금, 우리가 직접 체험하고 경험하고 싶지 않은 것을 타자들에게 해서는 안 된다는 견해를 지지하고 있는 것을 의미하는 것은 아닙니다. 그것은 단지 기회주의일 뿐이지 사랑이 아닙니다. 내가 말하고자 하는 것은 결국, 우리는 우리가 세상을 살아감으로써 살아가는 세상을 내어 놓는다는 것입니다. 우리가 바라는 것이 무엇이든 우리는 바로 그것을 해야 합니다.

옮긴이 후기

이 책은 독일의 저널리스트 푀르크젠과 칠레의 인지생물학자 마뚜라나가 나눈 대담집 *From Being to Doing: The Origins of the Biology of Cognition*(Carl-Auer, 2004)을 옮긴 것이다. 서문에서 알 수 있듯이 이 책은 2002년에 처음 독일어로 발간되었고, 2004년에 영어판이 같은 출판사에서 나왔다.

마뚜라나는 그간 국내에서 구성주의와 체계이론과 관련되어 간헐적으로 소개되거나 논의되어 왔다. 프란시스코 바렐라와 함께 쓴 『인식의 나무 - 인식활동의 생물학적 뿌리』(최호영 옮김, 자작아카데미, 1995)가 번역되어 삶과 생명, 인식에 대한 그의 독특한 설명과 해석을 접할 기회가 있었지만 이내 절판되어 많은 독자들의 아쉬움을 산 바 있다.

마뚜라나를 가장 적실하게 표현할 수 있는 말은 무엇일까? 이 책에서 우리는 '철학적으로 성찰하는 생물학자'의 면모를 만날 수 있다. 마뚜라나는 '생물학자' 외에 다른 어떤 수식어로 자신을 '환원'하는 것에 강력하게 이의를 제기한다. 그는 생물학자로서 생명에 대해 말하고, 생물학자로서 다른 사람의 말에 귀를 기울이며, 생물학자로서 사랑의 윤리를 이야기한다. 그러나 그의 말이 갖는 울림의 힘은 그의 자기규정을 훌쩍 뛰어넘는다.

우리는 이 책에서 마뚜라나의 독특한 개념과 이론이 어떻게 형성되었는가를 흥미롭게 살펴볼 수 있다. 관찰자, 조직과 구조, 자기생산, 구조적으로 결정된 체계, 실재, 객관성, 섭동, 인식(인지), 언어, 사랑 등 마뚜라나의 핵심적인 개념들이 그것들이 형성된 상황 및 일화들과 함께 흥미진진하게 서술되고 있다. 따라서 옮긴이가 이 자리에서 그 개념들을 다시 설명하거나 요약하는 것은 아마도 군더더기가 될 것이다.

마뚜라나의 독특하고도 낯선 순환적 사고와 표현을 우리말로 옮기는 것이 결코 쉬운 일은 아니었다. 마뚜라나의 원뜻이 훼손되지 않는 범위 내에서 우리말로 가능한 한 매끄럽게 다듬으려 노력했지만 그것이 바란 대로 되었는지는 독자의 판단을 기다릴 뿐이다.

이 책은 비록 옮긴이 한 사람의 이름으로 출간되지만 많은 분들의 공동의 노력이 어우러진 결과물임을 밝혀야겠다. 정남영 선생님은 이 책의 번역 모임을 꾸려주시고 옮긴이의 서툰 영어 능력이 향상될 수 있도록 배려해 주셨다. 또한 독일어본과 대조해 가면서 오역을 바로잡아 주셨다. 정성훈, 문병호, 신은주, 안보경, 김문갑, 이종호, 이승준, 김선미, 김혜정 님은 번역 모임에 참석해서 번역을 함께 하고 다양한 의견을 나누어 주셨다. 특히 정성훈 님은 적절한 번역어를 선정하는 데에 큰 도움을 주셨다. 모든 분들께 이 자리를 빌어 감사를 드린다. 그러나 이렇게 많은 분들의 도움에도 불구하고 혹시 있을지 모르는 오역과 어색한 문장은 전적으로 역자의 부족함 때문임을 밝혀둔다. 꼼꼼한 교정과 편집 디자인으로 책의 모양새와 가치를 높여 주신 우공 님과 은주 님께도 고마운 마음을 전한다. 그리고 내가 새로운 삶의 가능성을 모색할 수 있도록 시간을 함께 해 주신 조정환 선생님께 특별한 감사의 말씀을 전한다.

2006년 3월 30일

찾아보기

갈무리 신서

14. 포스트모더니즘 이후의 정치와 문화

마이클 라이언 지음 / 나병철·이경훈 옮김

맑스주의와 해체론의 연계문제를 다양한 현대사상의 문맥에서 보다 확장시키는 한편, 실제의 정치와 문화에 구체적으로 적용시키는 철학적 문화 분석서.

15. 디오니소스의 노동·I

안토니오 네그리·마이클 하트 지음 / 이원영 옮김

'시간에 의한 사물들의 형성'이자 '살아 있는 형식부여적 불'로서의 '디오니소스의 노동', 즉 '기쁨의 실천'을 서술한 책.

16. 디오니소스의 노동·II

안토니오 네그리·마이클 하트 지음 / 이원영 옮김

이딸리아 아우또노미아 운동의 지도적 이론가였으며 『제국』의 저자인 안토니오 네그리와 그의 제자이자 가장 긴밀한 협력자이면서 듀크대학 교수인 마이클 하트가 공동집필한 정치철학서.

17. 이딸리아 자율주의 정치철학·1

쎄르지오 볼로냐·안또니오 네그리 외 지음 / 이원영 편역

이딸리아 아우또노미아 운동의 이론적 표현물 중의 하나인 자율주의 정치철학이 형성된 역사적 배경과 맑스주의 전통 속에서 자율주의 철학의 독특성 및 그것의 발전적 성과를 집약한 책.

19. 사빠띠스따

해리 클리버 지음 / 이원영·서창현 옮김

미국의 대표적인 자율주의적 맑스주의자이며 사빠띠스따 행동위원회의 활동적 일원인 해리 클리버 교수(미국 텍사스 대학 정치경제학 교수)의 진지하면서도 읽기 쉬운 정치논문 모음집.

20. 신자유주의와 화폐의 정치

워너 본펠드·존 홀러웨이 편저 / 이원영 옮김

사회 관계의 한 형식으로서의, 계급투쟁의 한 형식으로서의 화폐에 대한 탐구, 이 책 전체에 중심적인 것은, 화폐적 불안정성의 이면은 노동의 불복종적 권력이라는 것을 이해하는 것이다.

21. 정보시대의 노동전략 : 슘페터 추종자의 자본전략을 넘어서

이상락 지음

슘페터 추종자들의 자본주의 발전전략을 정치적으로 해석하여 자본의 전략을 좀더 밀도있게 노동의 관점에서 분석하고 또 이로부터 자본주의를 넘어서려는 새로운 노동전략을 추출해 낸다.

22. 미래로 돌아가다

안또니오 네그리·펠릭스 가따리 지음 / 조정환 편역

1968년 이후 등장한 새로운 집단적 주체와 전복적 정치 그리고 연합의 새로운 노선을 제시한 철학·정치학 입문서.

23. 안토니오 그람시 옥중수고 이전

리처드 벨라미 엮음 / 김현우·장석준 옮김
『옥중수고』이전에 씌어진 그람시의 초기저작. 평의회 운동, 파시즘 분석, 인간의 의지와 윤리에 대한 독특한 해석 등을 중심으로 그람시의 정치철학의 숨겨져 온 면모를 보여준다.

24. 리얼리즘과 그 너머 : 디킨즈 소설 연구

정남영 지음
디킨즈의 작품들에 대한 치밀한 분석을 통해 새로운 리얼리즘론의 가능성을 모색한 문학이론서.

31. 풀뿌리는 느리게 질주한다

시민자치정책센터
시민스스로가 공동체의 주체가 되고 공존하는 길을 모색한다.

32. 권력으로 세상을 바꿀 수 있는가

존 홀러웨이 지음 / 조정환 옮김
사빠띠스따 봉기 이후의 다양한 사회적 투쟁들에서, 특히 씨애틀 이후의 지구화에 대항하는 투쟁들에서 등장하고 있는 좌파 정치학의 새로운 경향을 정식화하고자 하는 책.

피닉스 문예

1. 시지프의 신화일기

석제연 지음
오늘날의 한 여성이 역사와 성 차별의 상처로부터 새살을 틔우는 미래적 '신화에세이'!

2. 숭어의 꿈

김하경 지음
미끼를 물지 않는 숭어의 눈, 노동자의 눈으로 바라본 세상! 민주노조운동의 주역들과 87년 세대, 그리고 우리 시대에 사랑과 희망의 꿈을 찾는 모든 이들에게 보내는 인간 존엄의 초대장!

3. 볼프

이 헌 지음
신예 작가 이헌이 1년여에 걸친 자료 수집과 하루 12시간씩 6개월간의 집필기간, 그리고 3개월간의 퇴고 기간을 거쳐 탈고한 '내 안의 히틀러와의 투쟁을 긴장감 있게 써내려간 첫 장편소설!

4. 길 밖의 길

백무산 지음
1980년대의 '불꽃의 시간'에서 1990년대에 '대지의 시간'으로 나아갔던 백무산 시인이 '바람의 시간'을 통해 그의 시적 발전의 제3기를 보여주는 신작 시집.